교통사고
자력구제

지금 당장 자동차 글러브 박스에 구비해야 할 책!

권영록 지음

교통사고
자력구제

교통사고에서 스스로를 구하는 비법

PRACTICAL PRESS

골프바라기의 탄생

　　분해서 잠이 안 왔다. 상대방이 피할 겨를도 없이 깜빡이도 안 켜고 갑자기 훅 들어와 내 차를 박았는데, 보험사에서는 나에게도 무조건 20%의 과실이 있다는 것이었다. 당시 영어 과외교사였던 나는 보상처리에 대한 경험이 전무한 상태로 보상 담당자와 며칠 동안 이어지는 통화에 지쳐가고 있었다. 손해사정사나 변호사에게 문의하면 천편일률적인 답변만 돌아왔고, 수임료를 지불하고 의뢰하자니 배보다 배꼽이 커질 판이었다. 그렇게 여기저기 알아보고 인터넷을 뒤지던 중 구상권 분쟁조정 심의제도를 알게 되어 심의 과정을 거친 끝에 과실 없음을 판정받았다. 20대 후반, 우연한 교통사고에서 이어진 이 자력구제의 경험은 온라인 자동차 동호회 회원들의 교통사고를 해결하는 골프바라기를 탄생시켰다. 폭스바겐의 차량 골프를 사랑한다는 단순한 이유로 붙인 골프바라기라는 이름이 여러 분들의 후기로써 퍼져나가다 보니, 어느새 나는 법학학사를 취득한 교통사고 전문 법률사무소의 사무국장이 되어 있다. 보험사를 상대로 하는 소송 외에도 합리적인 차량수리와 과실협의, 최대한의 대인합의 등 보험사와의 커뮤니케이션을 컨설팅하는 교통사고 보상 컨설턴트라는 개념을 국내에 도입하여 배보다 배꼽이 커지지 않게 하는 것이 나의 일이다.

교통사고 보상 컨설턴트 **권영록**

추천의 글

나는 한문철 대표의 소송 전담 변호사로, 교통사고를 전문으로 다루며, 한문철 변호사와 함께 일한 지는 10여 년째다. 글자 그대로 교통사고 소송에는 '전문가'라 자부한다. 거대 집단인 보험사에 맞서 직접 교통사고를 해결해야 하는 피해자 입장에서는, 변호사뿐 아니라 감정사, 손해사정사의 도움이 절실하다. 하지만 전문가를 쓰는 데는 돈이 든다. 그래서 피해자의 90퍼센트 이상은 본인이 직접 협의에 임할 수밖에 없고, 박격포를 든 보험사에 맞서 나무칼을 들이대 봤자 전투 후에 남는 것은 상처뿐이다. 조금이나마 기대를 걸고 유튜브를 둘러보면 보험사와 싸워 이기는 방법이 꽤 눈에 띈다. 그러나 영상 말미에 만나는 것은 결국 구체적인 방안은 대면상담을 통해 얻으라는 영업 멘트뿐. 이 책을 집필하는 저자에게 "당신 노하우를 공개하면 앞으로 어떻게 먹고 살 예정이냐"고 물은 적이 있다. 나 역시 권영록 사무국장에게 소송 외 합의나 보상 처리에 관한 자문을 구할 때가 많은데, 어쩐지 다른 변호사에게는 그 내용을 공유하지 않았기 때문이다.

고액의 비용으로 전문가를 섭외하는 것이 마음 편한 난도 높은 사건이 있다. 그러나 피해자 스스로도 충분히 협의할 난도의 케이스가 그보다는 훨씬 흔하다. 보험사와 협상한 대화를 그대로 옮겨 놓은 이 책을 한번 훑어보게 된 것만으로 당신은 운이 좋다. 만에 하나 당신이 운 나쁘게도 교통사고를 겪었을지라도.

한문철법률사무소의 소송전담 변호사 **주태권**

이 책은 10여 년간 수천 번의 교통사고 합의 및 소송을 치른 경험과 자동차 및 자동차보험 판매 종사자를 대상으로 한 수백 회 이상의 강의를 진행하면서 작성한 강의노트를 토대로 작성하였습니다. 처음부터 끝까지 정독하며 읽을 필요는 없고, 교통사고를 당했을 때 목차만 살핀 뒤 본인의 상황에 해당하는 부분을 찾아 읽는 것으로 충분합니다. 적게는 수십만 원에서 많게는 수백만 원에 이르는 손해사정사와 변호사들에게 수임료를 내는 대신, 길지 않은 시간을 투자하기를 권합니다. 스스로 보상금을 받을 방법을 알아내고 익혀서 못 준다고 억지를 쓰는 보상담당자와의 사이에서 만족스러운 합의서에 사인하는 순간에 이르기를 응원합니다.

PART 01

교통사고가 나도
정신줄은
잡고 있자

사고가 나면 현장에서 가장 먼저 해야 할 일은 무엇인가요

	교통사고 직후 사고 현장 체크 리스트	
01	인명피해 정도 확인	✓
02	블랙박스의 사고 영상 확보	✓
03	블랙박스가 없거나 녹화가 되지 않았다면 주변 CCTV 확인	✓
04	블랙박스나 CCTV가 없다면 목격자 확인 및 연락처 확보	✓
05	사고 상황 전체 장면 촬영 확인	✓
06	차량 파손 부위 촬영 확인	✓
07	차량을 도로에서 벗어난 안전지대로 이동	✓
08	보험사 직원 호출	✓
09	차량 내 개인 물품 파손 확인 후 현장 출동 요원에게 확인	✓
10	대물과 대인 모두 접수되었는지 확인	✓
11	견인은 반드시 보험사 견인 차량으로 견인해야 함	✓
12	사고 현장에서 보험접수를 해주지 않으면(특히 택시) 경찰서로 가서 사고접수	✓

교통사고 자력구제

후배 나 지금 사고 났어. 짜증 나 미치겠어. 차 산 지 3개월도 안 돼서 차 다 망가졌어.

골프 진정하고, 다친 데는?

후배 몰라 충격은 꽤 셌는데 지금 아픈 데는 없어.

골프 상대 차량에 탄 사람들은 다 괜찮아?

후배 그런 것 같아. 다들 나와서 전화하고 있어.

골프 그러면 빨리 블랙박스에 사고 장면 녹화되어 있는지 봐봐.

후배 잠깐만. 날짜가 다 작년 건데?

골프 뭔 소리야 차 산 지 얼마 안 됐다며? 블랙박스*도 새 걸 거 아니야?

후배 아니야. 돈 아끼려고 예전에 쓰던 거 옮겨 달았어.

골프 아니, 돈도 잘 벌면서 왜 그러냐? 아무튼 사고가 어떻게 난 건데?

후배 몰라 나도, 앞차가 갑자기 서길래, 나도 급브레이크 밟는데 뒤차가 박았어.

골프 삼중 추돌이네. 주변에 CCTV 있는지 봐봐.

후배 여기 동부간선도로야. 그리고 이 밤에 CCTV를 어디서 찾아? 보이지도 않는구만.

골프 거긴 고속도로라 목격자도 있을 곳이 아닌데. 그러면 일단 앞 차에 가서 다친 데 없냐고 정중하게 물어보면서 혹시 차량 충격을 몇 번 느끼셨는지 여쭤봐!

후배 알았어. 잠깐만. *(잠시 뒤)* 충격은 한 번 있었다고 하시네.

블랙박스는 소모품이다

블랙박스 사고 장면은 제일 중요한 증거이다. 요즘 블랙박스가 많이 좋아졌지만 저장 장치인 SD카드의 수명은 1년 정도이므로 1년에 한 번은 SD카드를 교체해 주고 가끔 영상 녹화가 잘되고 있는지 점검하고, 필요하다면 포맷해주어야 한다. 차량의 배터리 방전 때문에 주차녹화를 사용하지 않는 경우가 있는데 거의 모든 블랙박스에 저전압 차단 장치가 있어서 배터리가 방전될 위험이 매우 적을 뿐 아니라 자동차 배터리는 몇 년마다 한 번씩 교체해 줘야 하는 소모품일 뿐이다. 차량배터리에 목숨 걸다가 정작 블랙박스의 사고영상을 놓칠 수 있다.

골프	그러면 네 뒤차가 너를 박고 나서 네 차는 그 충격으로 밀려서 앞차를 박은 거야. 넌 잘못 없어. 다시 앞차 운전자분한테 가서 사고 영상 블랙박스에 녹화되어 있으면 좀 보여 달라고 하면서 스마트폰으로 촬영해도 되는지 물어보고 찍어 놔.
후배	근데 뒤차 블랙박스에 사고 장면이 더 잘 녹화되어 있지 않을까?
골프	너 같으면 가해자인데 자기한테 불리한 영상을 순순히 보여주겠니? 빨리 앞차에 가 봐.
후배	(잠시 후) 다행히 보여주셔서 녹화했어. 오빠 근데 지금 레커차 기사가 도로에서 차 빼야 된다고 내 차를 레커차로 끌고 가려고 하는데 시키는 대로 하면 되지?
골프	야! 빨리 멈추라고 하고 보험사에서 왔는지 사설 레커차인지 물어봐 빨리.
후배	보험사 레커차 아니라는데?
골프	보험사 레커차 아니면 절대 네 차에 손대지 못하게 해. 근데 네 차 시동 안 걸릴 정도로 망가졌어?
후배	아니 그냥 앞이랑 뒤만 찌그러졌어.
골프	그럼 네가 운전해서 도로 옆으로 옮겨 놔.
후배	사고 나면 보험사 직원이나 경찰 올 때까지 사고 난 상태 그대로 둬야 하는 거 아니야?
골프	블랙박스랑 사진 있는데 뭔 소리야. 너 사진은 찍었니?
후배	맞다, 사진!
골프	빨리 사진 찍고 얼른 도로 옆으로 차 빼. 사진 찍을 때 네 차랑 상대차 다 나오게 몇 장 찍고, 네 차랑 상대차 부딪혀 있는 부분 자세히 찍고, 네 차 파손된 데랑 상대차 부서진 데 자세히 찍어. 그리고 차 안에 실려 있던 물건 중에 부서진 거 있으면 그것도 잘 찍어놓고.
후배	사진 찍은 거 다 선배 카톡으로 보냈고, 차도 갓길로 옮겼어.
골프	카톡 봤어. 사진 다 잘 찍었네. 근데 아이패드 액정 나간 거야?
후배	조수석에 올려놓았는데 급브레이크 밟을 때 앞으로 튕겨 나가면서 글로브 박스에 부딪혔나 봐. 이것도 산 지 얼마 안 된 건데.

골프　걱정 마. 그것도 다 배상 돼. 이따가 보험사 현장출동직원 오면 아이패드 부서진 거 보여주면서 꼭 사진 찍으라고 해야 해.

후배　*(잠시 후)* 근데 사진도 다 찍고, 상대방이랑 연락처도 주고받았고, 서로 보험 접수번호도 주고받았는데. 보험사 현장 출동하는 분이 여기가 고속도로라 좀 늦는대. 꼭 그분 만나고 헤어져야 하나?

골프　꼭 그럴 필요는 없어. 보통은 사고 현장 사진하고 블랙박스 사고 영상 있으니까 그냥 가도 되긴 하는데 넌 아이패드가 사고 때문에 부서졌으니 그건 나중에 보험사에서 교통사고 때문에 부서진 건지 아닌 건지 입증하라고 하면 골치 아파지거든. 그러니까 늦더라도 보험사 현장 출동요원한테 꼭 확인을 받아야 해.

후배　*(잠시 후)* 앞차랑 나랑 같은 보험사라서 앞차 때문에 출동하신 보험사 직원분이 내 것도 같이 처리해 주신다고 하네. 근데 보험사 직원분이 자기가 렌터카도 빌려주고 공업사도 소개해 준다고 하는데 그렇게 맡기면 되나?

골프　그분 보험사 직원 아니야. 그냥 보험사 외주업체 직원이거나 보험사랑 계약된 공업사 영업직원이야. 자기가 공업사랑 렌터카 연결하고 수수료 받으니까 소개 시키는 거지. 집까지 직접 운전해서 갈 수 있으면 그렇게 하고, 아니면 렌터카만 불러 달라고 해서 타고 가. 네 차는 보험사 레커차로 가까운 공식 서비스센터로 견인해달라고 해.

후배　그냥 내 차 타고 집에 가야겠다. 이 차도 아직 적응 못 했는데 다른 차 타면 더 적응 안 될 거 같아. 차는 내일 공식 서비스센터에 맡겨야겠네.

골프　보증기간 남아있는 차를 사설 업체에서 고치면 그 부분은 더 이상 보증이 안 돼. 지금 네 앞에 헤드라이트랑 뒤에 트렁크 다 부서졌는데 그거 사설 업체에서 고치면 거긴 보증 끝나는 거야. 그리고 보험사랑 계약된 공업사는 보험사의 눈치를 볼 수밖에 없기 때문에 싸게 고치려고 해서 수리에 문제가 되는 경우가 가끔 있어.

후배　알았어. 빨리 집에 가서 씻고 내일 병원 가봐야겠다. 시간이 좀 지나니까 아까 충격 때문에 그런지 목이 뻐근하네.

골프　너 대인 접수는 받았니?

후배 그게 뭐야?

골프 아까 사고접수번호 받은 건 대물 접수된 건데. 대물은 물, 즉 물건이나 자동차 파손된 것, 대인은 인, 즉 사람 다친 걸 보험처리해 주는 거야. 뒤 차주한테 대인 접수까지 했냐고 확인해봐. 어서.

후배 뒤차 차주가 대인 접수는 내일 해준다는데?

골프 당장 대인 접수 안 해주면 같이 경찰서 가서 사고 접수하자고 해. 사고 현장에서 대인 접수 못 받으면 나중에는 네가 가해자한테 사정해가며 접수해달라고 할 수도 있어, 대인 접수는 나중에 가해자가 배 째라고 나오면 강제로 접수시키기 힘들어. 빨리 가서 지금 바로 해달라고 해.

후배 *(잠시 후)* 경찰서 가자고 하니까 바로 해주네. 아무튼 이제 집에 가도 되지?

골프 응. 고생 많았다. 운전 조심하고.

골프바라기의 TIP TIP TIP

TIP	- 사고 직후의 현장체크 리스트(10쪽)를 출력하거나 캡처하여 보관한다
	- 블랙박스가 소모품임을 잊지 말고, 컨디션 체크와 교체를 게을리하지 않는다
	- 보험접수는 사고현장에서 즉시 진행한다

교통사고 자력구제

괜찮다고 해서 헤어졌는데 뺑소니래요

수사관 안녕하세요. ○○경찰서 교통사고조사계의 김○○ 수사관입니다. '12도 1234' 차주분인 ○○○ 씨 되시죠?

골프 네, 그런데요.

수사관 어젯밤 11시경 서울 잠실 석촌호수 근처에서 지나가는 행인을 선생님이 운전하시던 차량으로 치고 간 적 있으시죠?

골프 네, 그런데 그분이 괜찮다고 하셔서 헤어진 거예요.

수사관 피해자분이 오늘 오전에 손등에 타박상이 있다는 진단서를 제출하시고 선생님을 **뺑소니**로 신고하셨어요. 그래서 경찰서로 오셔서 진술을 해주셔야 하는데 언제 괜찮으세요?

골프 오늘 오전에 진단서를 냈다고요? 어젯밤에 골목길에서 정말 천천히 지나가는데 옆에서 갑자기 사람이 툭 튀어나와서 제 차 사이드미러와 그분 오른쪽 손이 살

뺑소니가 성립되는 경우

01 피해자가 다쳤다는 사실을 알면서도 구호 조치를 하지 않고 연락처만 주고 가 버린 경우

02 교통사고를 내고 피해자를 차량에 태운 채로 오랜 시간 후에 늦게 병원에 데리고 간 경우

03 동승자가 사고를 낸 것처럼 허위진술을 경찰에게 한 경우

04 피해자를 병원에 데리고 갔으나 자신의 신원을 밝히지 않고 가 버린 경우

05 비접촉의 원인을 제공하여 충돌 사고가 나는 것을 보고 아무런 조치 없이 가 버린 경우

짝 부딪혔는데, 그걸 가지고 진단서까지 받아서 경찰서를 갔다고요?

수사관   저희는 일단 피해자분이 진단서 들고 오셔서 신고하시면 조사할 수밖에 없는 입장이니까 경찰서로 출석을 요청드리는 겁니다. 협조해주셔야 할 부분이고요. 피해자분 말로는 연락처도 안 주고 그냥 가 버리셨다고 하시던데요.

골프   제가 내려서 정중히 사과드리고 보험사에 대인 접수 해드린다고 하니까, 뭐 이런 걸 가지고 보험접수까지 하냐, 자기는 괜찮다고 제가 주는 명함까지 됐다고 하면서 거절하시던 분이, 되려 저를 뺑소니범으로 신고했다고 하니 정말 어이가 없네요.

수사관   네, 선생님의 억울한 심정도 알겠는데요. 아무리 피해자분이 그렇게 해결을 하셨다 하더라도 사고 현장에서 그분 휴대폰으로 선생님이 전화를 거셔서 연락처라도 남겨놓지 그러셨어요.

골프   저도 그러고 싶었죠. 그런데 그분이 제가 드리는 명함도 뿌리치시면서 괜찮다고 휙 가버리셨어요. 참 별의별 사람 다 있네요. 아무튼 제가 수사관님께 말씀드린 상황이 제 블랙박스에 다 녹화되어 있습니다. 그 영상하고요, 제가 어제 그분하고 헤어지자마자 112에 전화해서 이런 일이 있었는데 피해자분이 한사코 괜찮다고 하시면서 연락처도 안 받으시고 그냥 가버리셨다, 그래서 그분이 나중에 아프실 수도 있으니 혹시 몰라 제 연락처를 남길 테니까 그분한테 신고 들어오면 제 연락처를 알려드리라는 내용으로 통화한 녹취도 제 휴대폰에 있으니까 이메일 주소 하나 알려주시면 일단 영상과 녹취 파일 보내 놓고 경찰서로 갈게요.

수사관   네, 그러셨군요. 그럼 저도 112에 조회해 볼게요.

결국 저자는 무혐의 판결을 받았고 보험사기가 의심되어 그 사람을 무고죄로 고소하였지만, 아쉽게도 무혐의로 처리되었다. 사고가 나자마자 옆에 있던 그 사람을 일부러 차량 앞으로 유인하여 블랙박스 영상에 녹화되게 하고, 헤어진 즉시 112

에 신고하여 연락처를 남기는 등의 증거를 확보해놓았기 때문에 뺑소니범으로 몰리는 억울한 일을 당하지 않은 것이다. 즉, 피해자에게 구호 조치를 취해야 할 정도의 상황이 아니었다는 점과 명함을 전달하여 연락처를 알려주려고 하였지만 피해자가 거부하였다는 점, 그리고 경찰관을 부를 새도 없이 피해자가 사고현장을 떠났고 즉시 112에 신고하여 자신의 연락처를 남겨놓은 점을 입증하였기 때문에 뺑소니범으로 몰리지 않을 수 있었다. 피해자가 괜찮다며 가라고 할지라도 자신의 신원을 알리지 않고 헤어진다면 뺑소니로 처벌*받을 수 있다. 만약 허둥대다가 아무런 조치도 취하지 않았다면 여지없이 뺑소니로 입건되어 최악의 경우 몇백만 원의 벌금은 물론 4년의 면허취소도 피할 수 없었을 것이다.

뺑소니 처벌규정

특정범죄 가중처벌 등에 관한 법률 제5조의 3

도로교통법 제2조에 규정된 자동차 또는 원동기장치자전거의 교통으로 인하여 형법 제268조의 죄를 범한 해당 차량의 운전자가 피해자를 구호하는 등 도로교통법 제54조 제1항에 따른 조치를 하지 아니하고 도주한 경우에는 다음 각 호의 구분에 따라 가중처벌한다.

> 01 피해자를 사망에 이르게 하고 도주하거나, 도주 후에 피해자가 사망한 경우에 무기 또는 5년 이상의 징역에 처한다.
>
> 02 피해자를 상해에 이르게 한 경우에는 1년 이상의 유기징역 또는 500만 원 이상 3천만 원 이하의 벌금에 처한다.
>
> 03 일률적으로 4년간 면허를 다시 취득할 수 없도록 규정한다.

골프바라기의 TIP TIP TIP

TIP
- 뺑소니가 성립되는 경우(15쪽)를 확인한다
- 사고당사자의 의사와 상관없이 보험 처리 혹은 사건접수(경찰서)해두는 것이 좋다
- 뺑소니로 확인될 경우, 벌금은 물론 4년의 면허취소가 가해진다

레커차 견인비로
50만 원을 달래요

피해자　사장님 안녕하세요. 어제 사고 난 차량의 차주인데요. 생각해봤는데 공식 서비스센터에서 수리하고 싶어서요. 죄송하지만 차량 가지고 나갈게요.

공업사　에이, 센터나 저희나 고치는 건 똑같아요. 저희가 다른 부분도 이번 사고로 망가진 거라고 보험사한테 잘 얘기해서 서비스로 고쳐 드릴 테니까, 그냥 우리한테 맡기세요.

피해자　그건 일종의 보험사기 아닌가요? 그리고 공식 서비스센터에서 안 고치면 그 부품에 대해서는 보증서비스를 안 해준대요. 그리고 저도 공식 서비스센터에서 고치는 것이 마음이 편해서 그래요. 죄송하지만 차량 가지고 나갈게요.

공업사　그러면 견인 기사한테 전화해 보세요. 우리야 주차료 몇만 원만 받으면 되지만, 견인기사는 견인료 꽤 받으려고 할 거예요.

피해자　견인료요? 그게 얼만데요?

공업사　나한테 묻지 마시고 연락처 줄 테니까 그쪽으로 전화해 보세요.

피해자　견인 기사님이시죠? 어제 사고 난 차량의 차주인데요. 공식 서비스센터로 옮기려고 공업사 사장님한테 전화드렸더니 견인 기사님에게 견인료를 드려야 한다고 이쪽으로 전화하라고 하셔서 연락드렸어요.

견인차　*(퉁명스럽게)* 거기 잘 고치는데 거기서 하시지. 정 가지고 나가시려면 견인료로 50만 원 주고 가지고 나가시던가요.

피해자　50만 원이요? 견인한 거리가 몇 킬로미터도 안 되는데 왜 이렇게 비싸요?

그리고 견인료는 보험사에서 받으시면 되잖아요.

견인차　*(짜증스럽게)* 그럼 먼저 내시고 보험사한테 받으시든가, 아니면 보험사에 전화해서 내라고 하시든가요. 아무튼 전 돈 받기 전에는 차 못 빼 드리니 그리 아세요.

　　　　(피해자의 차량을 가지고 나갈 수 없도록 견인 차량이 막아서 있고 견인기사는 보이지 않는다. 화가 난 피해자는 112에 신고하여 경찰을 불렀다.)

피해자　글쎄 이 사람들이 제 차를 못 가지고 나가게 이렇게 막아 놓았어요.

경찰관　차 키는 드리던가요?

피해자　네, 차 키는 받았지만 차를 이렇게 막아 놓고 있으니 가져 나갈 수가 없어요.

경찰관　저분들은 자신들이 받지 못한 요금을 받기 위해 차주님의 차량을 담보로 유치권을 행사하고 있는 거라 민사적인 문제에는 경찰이 개입할 수 없습니다. 죄송하지만 저분들이 욕설을 하며 위협한다든가 물리적인 폭력을 행사하지 않는 이상 저희가 처리해 드릴 수 있는 부분이 없습니다.

화물자동차 운수사업법 시행규칙 | 2020년 7월 1일 시행
구난형 특수자동차를 사용하여 고장/사고차량을 운송하는 운수종사자는 차량의 소유자 또는 운전자로부터 최종 목적지까지의 총 운임/요금에 대하여 서식에 따른 구난동의를 받은 후 운송을 시작할 것. 구난동의서를 작성하지 않고 운송을 하는 경우 위반차량에 대해 운행정지 10일에 처한다.
* 국토교통부 홈페이지에서 2020년 10월 1일 공포한 구난형특수자동차 운임 요금표를 확인할 수 있다.

(피해자는 울며 겨자 먹기로 50만 원을 주고 차를 가져 나올 수밖에 없었다.)

피해자   사무국장님! 돈도 돈인데 너무 억울합니다.

골프   정직한 기사분들이 대부분인데 하필이면 저런 사람들한테 걸리셔서 이런 고생을 하시네요. 다음부터는 꼭 보험사 견인차를 이용하시거나 인터넷으로 검색하셔서 고속도로 무료 견인서비스를 신청하세요.

피해자   저는 그 사람이 보험사 견인기사인 줄 알았어요. 확인 안 한 제 잘못이죠, 뭐.

골프   자. 일단, 공업사 주소는 아실 거고, 보험사 콜센터에 전화하셔서 사고가 난 위치가 적혀있는 사고현장조사서를 받아두세요. 그러면 사고 장소와 견인된 공업사까지의 거리를 문서로 입증하실 수 있고요. 설마 50만 원을 현금으로 주시진 않으셨겠죠?

피해자   그럼요, 그 자리에서 스마트폰 뱅킹으로 보냈죠.

골프   입금내역을 출력해 놓으세요. 그것이 영수증이 되니까요. 견인기사 연락처는 당연히 아실 테고. 견인차에 실려 가는 고객님의 차량 사진 찍어놓으셨어요?

피해자   잠시만요. 끊지 말고 기다려주세요. 아! 찍어놓았네요. 바로 보내 드릴게요.

골프   네, 받았어요. 견인차 번호 찍혀있고, 차량이 운행하지 못할 정도로 망가지지 않은 것으로 보이니까 요금에 크레인, 보조 바퀴 등의 구난장비 사용료도 포함 안 될 거고, 낮이라 야간 할증도 안 될 거고, 대기료나 이것저것 쓸데없는 거 넣어도 거리를 감안하면 아무리 많이 잡아도 15만 원도 안 되겠네요. 인터넷에서 "구난형특수자동차 운임요금표"를 검색해 보시면 2020년 10월에 국토교통부에서 개정한 자료를 보실 수 있습니다. 50만 원이면 기준요금 보다 과다청구한 거죠.

골프   자! 정리하자면 사고 장소 주소와 공업사 주소는 알고 있으니 견인 거리를 가늠할 수 있고, 입금내역 있으니 영수증도 확보되었고, 견인 차량 번호 있으니 관할 구청 확인할 수 있고, 사고 현장 사진 있으니 기타 추가 장비 사용내역 없는 거 다 찍혀있고. 이 입증자료를 서류로 간단히 정리해서 관할 구청에 신고하시면 됩니다.

피해자　처벌이 어느 정도에요? 아주 혼쭐을 내주고 싶네요.

골프　운행정지 등의 행정처분을 받게 되니까 몇 주는 사업을 하지 못할 수 있죠.

피해자　억울하게 추가로 낸 제 돈도 돌려받을 수 있을까요?

골프　그럼요. 돈 안 돌려주면 추가로 처벌을 받으니까 안 돌려줄 수 없겠죠.

골프바라기의 TIP TIP TIP

TIP

- 사고차량을 옮길 때에는 보험사 견인차나 고속도로 무료 견인서비스를 이용한다
- 무리한 견인비를 낸 경우에는 입증자료를 준비하여 관할구청에 신고할 수 있다
- 사고 시 여러 상황에서 금전을 주고받을 때에는 입금내역을 조회할 수 있도록 현금 거래하지 않도록 유의한다

PART 02

교통사고가
나도
손해는
보지 말자

범퍼만 닿았는데 상대방이 장기입원했어요

경찰관   안녕하세요 ○○경찰서 교통조사계 김○○ 경위입니다. '12가 1234' 차주 장거부 선생님이시죠?

장거부   그렇습니다만.

경찰관   엊그제 오후 7시경 동대문 사거리에서 발생한 교통사고 때문에 연락드렸어요. 선생님이 대인 접수를 안 해주신다고 피해자분이 지금 경찰서에 사고 접수를 하러 오셨거든요. 자동차 종합보험에 가입되어 있으시면 대인 접수 해주시고 원만히 끝내시는 건 어떠세요?

장거부   그 사람이 경찰서에 사고 접수를 하러 갔다고요?

경찰관   네, 병원에서 진단서 받아서 오셨어요.

장거부   혹시 그 사람이 블랙박스 영상도 가지고 갔나요?

경찰관   아니요. 진단서 하고 차량 수리견적서만 가지고 오셨네요.

장거부   저한테 블랙박스 영상 있는데 지금 이메일로 보내 드릴 테니까 한 번 봐주세요. 정말 느끼기도 힘들 만큼 살짝 부딪혔어요. 브레이크에서 발 떼자마자 '콩' 한 거예요.

경찰관   선생님. 어쨌든 피해자가 진단서 들고 사고 접수 하러 오셔서 저희로서는 접수를 안 받을 수는 없고요, 저는 원만히 합의하시라고 전화드린 건데, 그렇게 억울하시면 제 이메일로 블랙박스 영상 일단 보내주세요. 선생님도 경찰서로 오셔서 진술서 작성해주시죠.

장거부   제가 꼭 가야 하나요?

경찰관   네. 사고 접수가 되었기 때문에 꼭 출두해 주셔야 합니다.

장거부   그런데 혹시 제가 대인 접수를 안 해주면 따로 처벌을 받는 게 있나요?

경찰관   선생님이 보험으로 대인 접수를 안 해주신다고 해서 그것에 관해 처벌을 받으시는 건 없고요, 사고를 내신 거에 대해서는 안전거리미확보로 벌점하고 범칙금 4만 원 부과됩니다.

장거부   경찰관님도 나중에 블랙박스 보시면 아시겠지만, 도저히 사람이 다칠 수가 없는 충격이었어요. 저는 그 사람한테 진단서를 발급해준 의사가 있다는 것도 참 신기할 정도입니다.

경찰관   그건 의사가 알아서 판단했겠죠. 진단서는 의사 권한이라 저희가 진단서 접수를 거부할 수는 없습니다. 선생님이 대인 접수를 거부하시면 지금 오신 피해자분은 본인 자동차보험으로 보상을 받고 그 보험회사에서 선생님에게 대신 청구할 거예요. 선생님이 보험사에 배상금 지불을 하지 않으시면 보험사는 아마 선생님을 상대로 소송 할 거고요.

마디모 프로그램(Mathematical DYnamic MOdels)

네덜란드 응용과학 연구기구(TNO)에서 개발한 컴퓨터 프로그램 마디모는 교통사고에 따른 자동차 탑승객과 보행인의 상황을 3차원(3D) 시뮬레이션으로 재현해 해석할 수 있다. 처음에는 차량 제조사에서 차량 개발 단계부터 탑승자와 보행자의 안전도를 높이도록 설계하기 위해 사용되었고, 국내에는 2009년 도입되어 사고 당사자가 경찰 조사관에게 요청하면 국립과학수사연구원에 의뢰하여 경미한 교통사고로 인한 상해 여부를 판별하는 데 사용되고 있다. 마디모 판독 결과가 상해 없음으로 나오면 상대측 보험사는 병원비 지불보증을 철회하고 이미 지불한 병원비도 환수한다. 그러나 마디모 프로그램은 수사 참고자료일 뿐 법적인 강제성을 갖고 있지는 않다.

장거부　정말 이런 건으로 병원 간다기에 이 사람 보험사한테 합의금 뜯으려는 사람이라는 생각이 들어서 제가 대인 접수를 안 해주고 있는 건데, 이런 소위 말하는 '나일론 환자들' 막을 방법이 없나요?

경찰관　제가 블랙박스를 일단 보고요, 선생님 말씀처럼 그 정도 사고라면 국립과학수사연구원에 '마디모' 접수해 드릴 테니까 '마디모' 결과에 '상해 없음'으로 나오면 그거 가지고 상대 보험사하고 싸우셔야 할 거예요. 아무튼, 경찰서로 언제 오실 수 있으세요?

장거부　제가 일정 보고 이 번호로 다시 연락드릴게요.

(며칠 뒤)

골프　블랙박스 영상을 보니 제가 선생님 입장이라도 억울하겠네요. 그런데 마디모 결과가 "상해 없음"으로 나와도 법적 강제성 없이 수사참고 자료로만 쓰입니다. 그동안 마디모 "상해 없음" 결과를 둘러싼 분쟁이 많아서 이제는 "상해 가능성 낮음"이라고 나오는 추세예요. 그래서 경찰 수사관도 진단서가 접수되면 무조건 과태료를 부과하게 된 거고요. 상대방 측에서는 "상해 있음"이 기재된 교통사고 확인원과 진단서, 진료비영수증을 선생님의 자동차보험사로 접수시키면 선생님의 동의 없이 강제로 대인 접수가 됩니다.

장거부　아직도 합의금을 노리는 이런 나일론 환자들이 있나요? 법으로도 어쩔 수 없다니 답답하네요.

골프　정말 답답합니다. 몇 사람들 때문에 보험가입자들 다수의 보험료가 오르게 되니까요. 이 상황을 경찰수사관에게 설명드려 보세요.

(며칠 뒤)

장거부　수사관님! 진단서에 교통사고로 인한 상해라는 의사의 소견이 적혀 있나요?

경찰관 아니요. 염좌라고만 되어 있네요.

장거부 그럼 그 사람이 교통사고로 다친 건지 다른 이유로 다친 건지 어떻게 알 수 있죠? 피해입증의 책임은 피해자에게 있으니 교통사고로 다쳤다는 의사의 소견이 기재된 진단서를 제출받지 않는 이상 제가 그 사람을 다치게 했다는 것을 확실히 인정하기는 어렵겠어요. 대인 접수 거부와 즉결심판을 신청하고 싶습니다.

(몇 달 뒤)

장거부 판사님 증거로 제출된 블랙박스 영상을 보셔서 아시겠지만 도저히 사람이 다칠 수 없는 사고였습니다. 그리고 상대 측 운전자가 제출한 진단서는 원인을 특정하지 않은 통증에 대한 의사의 임상적 추정에 불과합니다. 진단서상 상해가 교통사고로 인한 것인지 알 수 없으며 이는 피해자가 입증해야 하므로 피해자가 제출한 진단서는 저의 죄를 의미하지 못합니다.

> **즉결심판**
> 경미한 범죄사건(20만 원 이하의 벌금, 구류 또는 과료에 해당하는 사건)에 대하여 정식 형사소송 절차를 거치니 않고 '즉결심판에 관한 절차법'에 따라 경찰서장의 청구로 순회판사가 행하는 약식재판

(몇 달 뒤)

장거부　결과가 나오기까지 정말 오래 걸리네요. 그래도 이렇게 무혐의 판결을 받아서 속은 후련합니다.

골프　다행이네요. 과정이 쉽지 않으셨을 텐데 잘 처리하셨습니다.

장거부　말씀해주신 대로 했을 뿐인데요, 뭘. 법원에서 그 병원에 사실조회 및 진단서 재발급을 지시했는데 결국 의사가 거부해서 증거불충분으로 무혐의를 받았어요.

골프　의사도 자기가 교통사고를 직접 본 게 아니니까 교통사고 기여도를 적어줄 수 없었을 거예요. 오랜 시간 애쓰셨어요.

	골프바라기의 TIP TIP TIP
TIP	- 사고가 접수되었다면 경찰서 출두는 의무에 해당한다 - 사고 당사자는 교통사고에 따른 상황을 해석하는 마디모 프로그램을 경찰 조사관을 통해 의뢰할 수 있다

교통사고 자력구제

살짝 긁혔을 때는
자비수리가 답인가요

직원　국장님! 혹시 자동차 수리 싸고 잘하는 데 아세요?

골프　왜? 차 망가졌어?

직원　후진하다가 튀어나온 돌에 범퍼를 긁었어요.

골프　후방카메라에 안 보였어?

직원　사각지대였나 봐요. 어쩐지 후방감지기에서 삐 소리가 계속 나더라고요. 싸게 잘 고치는 데 좀 알려주세요.

골프　보험으로 처리하면 되잖아.

직원　사실 제가 저렇게 여러 번 해 먹어서 보험료가 150만 원이 넘어요.

골프　아니 무슨 경차 보험료가 그렇게나 많이 나와? 사고가 얼마나 자주 났길래?

직원　사고 난 건 아니고 조금씩 긁고 그럴 때마다 보험 처리를 했더니 몇십만 원이던 보험료가 갑자기 저렇게 많이 올라가더라고요.

골프　공동인수*로 가입 되었군.

---

*　**공동인수 |** 손해보험사가 자동차보험을 인수할 때(계약자가 보험 가입을 할 때) 사고를 낼 위험이 높은 계약자를 가입시키면 보험사의 손해가 커지기 때문에 금융위원회가 인가한 '자동차보험 공동물건 위험 배분에 관한 상호협정'에 근거하여 모든 보험사가 사고율 고위험 계약자의 보험계약을 공동으로 인수하여 보험사의 손해율을 낮추는 제도이다. 과거에는 공동인수 자동차보험의 보장범위가 매우 낮았으나 현재는 금융감독원의 시정 조치로 보장범위가 확대되었다.

직원　　저도 처음 알았는데, 저처럼 보험 처리 여러 번 하면 앞으로 사고 낼 위험이 높다고 제가 드는 보험을 우리나라 모든 손해보험사에서 한꺼번에 공동으로 인수해서 보험료가 엄청 비싸진다고 하더라고요. 그래서 보험 처리 안 하고 몇 년 버텨야 다시 보험료 내려온다고 해서 얼마 안 나오면 그냥 자비로 처리하려고요.

1. 인수 방법

구분	단독인수	공동인수
가입대상	사고율 저위험 계약자 (일반적인 보험가입 방법)	사고율 고위험 계약자
인수 보험사	계약자가 원하는 1개 보험사	13개 전 손해보험사
사고 책임	계약된 보험사 1개	13개 전 손해보험사의 공동 부담
보험료	13개 보험사의 보험료를 비교하여 최저가로 선택 가능	보험사가 제시하는 보험료로만 가입 가능하며, 보통 단독인수 보험료에서 약 50% 이상 할증 됨

2. 담보 가입범위

과거에는 공동인수로 가입할 시 사고 상대방의 피해를 보상해주는 대인·대물 배상책임에 대한 담보만 가입할 수 있었지만 2018년 1월부터 모든 담보를 가입할 수 있다.

의무보험		종합보험				
대인 I	대물 (2천만원 이하)	대인 II	대물 (2천만원 초과)	자기차량 손해	자기신체 사고	무보험 차상해

◄·········· 과거 공동인수 대상 ··········►
◄·········· 현행 공동인수 대상 ··········►

교통사고 자력구제

3. 담보 제한범위

자기차량손해 등의 담보는 도덕적 해이 등에 따른 보험금 누수의 위험이 크기 때문에, 선량한 공동인수 가입자의 보험료 인상 방지를 위해 보험사는 심사를 통해 공동인수를 제한할 수 있다.

구분	내용
자기차량손해 자기신체사고 무보험차상해	○ 최근 5년간 1회 이상 음주, 약물, 무면허 또는 보복운전을 저지른 자 ○ 최근 5년간 1회 이상 고의사고 또는 보험 사기를 저지른 자 ○ 최근 3년간 1회 이상 자동차보험료를 면탈한 자 ○ 공동 인수 후 보험금 청구 횟수가 2회 이상인 자
자기차량손해	○ 고가차량 (출고가 2억 원 이상 & 보험 가입시점 차량 가액 1억 원 이상) ○ 폐지 신고 후 부활 이력이 있는 이륜차 ○ 레저용 대형이륜차 (260cc 이상)

골프　　운전 좀 조심해서 하지. 그래도 공동인수 하나는 제대로 배웠네. 보험사는 사고 내서 수리비 많이 나오는 것도 보지만 사고 내는 횟수를 더 심각하게 생각해. 한 번 사고 크게 내는 사람보다 자잘하게 여러 번 내는 사람이 앞으로 사고를 더 많이 낼 것이라고 예상하는 거지.

직원　　그러게요. 저는 자잘한 사고까지 다 보험 처리를 해버려서 이렇게 되었나 봐요. 처음에는 자기부담금이란 것도 몰라서 자차로 수리하면 제 돈 내는 거 없이 그냥 다 보험 처리 되는 줄 알았거든요. 수리비 30만 원짜리 고칠 때도 보험 처리 했더니 자기부담금으로 20만 원 내라고 해서 그럴 줄 알았다면 그냥 자비로 수리할 걸 그랬나 봐요. 결국 10만 원 때문에 보험 처리 건수 1개 늘어난 거니까요.

1. 사고내용별 점수에 의한 평가

구분	사고내용		점수 (건당)
대인사고	사망사고		4점
	부상등급	1급	
		2~7급	3점
		8~12급	2점
		13~14급	1점
신체 손해, 자동차 상해 보상			1점
물적 사고 (대물+자차)	물적 사고할증기준 금액 초과		1점
	물적 사고할증기준 금액 이하		0.5점

2. 할인, 할증등급체계

가. 29개 등급으로 분류하여 각 등급별 할인할증요율을 적용하고 최초 가입 시는 11등급 적용

나. 1등급 할증 시마다 약 6.4% 보험료 인상 → 보험료 100만 원 기준시 64,000원 인상

다. 대인사고는 부상자의 인원수와 관계없이 가장 상해가 심한 피해자의 부상 등급만 적용

※ 보험금이 많이 지급된다고 해서 보험 등급이 더 나빠지거나 보험료가 많이 오르는 건 아니다

3. 사고 건수 요율 적용 (회사별 상이)

가. 직전 3년간 사고가 2건 이상이거나, 직전 1년간 사고가 1건 이상인 경우 약 6% ~ 60% 할증

나. 직전 1년간 無 사고이면서, 직전 3년간 사고가 1건 이하인 경우 약 3% ~ 11% 할인

다. 최근 1년간 발생한 피해자의 자동차 사고 1건은 사고내용 점수 산정 시 제외

라. 無 사고자와는 차별성을 유지하기 위하여 3년간 보험료 할인은 적용하지 않음

ex) 물적 할증기준 금액을 200만 원으로 설정하고 자동차보험을 가입하는 날
　　직전 3년 동안의 교통사고 처리에 대해서

· 200만 원 이하의 물적 사고 1건 발생　　　등급 유지 (5~6%의 최소보험료 상승은 발생함)

· 200만 원 초과의 물적 사고 1건 발생　　　할증

· 200만 원 이하의 물적 사고 2건 발생　　　할증

교통사고 자력구제

4. 보험료의 본인 부담금 및 할증요율

자동차보험 가입 시 물적 할증기준 금액과 자기부담금 설정 방법에 따라 보험할증요율과 보험금이 달라질 수 있다.

물적 사고 할증기준 금액	자기부담금 20%		자기부담금 30%	
50만 원	최소 5만 원	최고 50만 원	최고 30만 원	최고 100만 원
100만 원	최소 10만 원			
150만 원	최소 15만 원			
200만 원	최소 20만 원			

물적 사고 할증기준 금액 ㅣ 차량, 적재물, 전봇대 등의 물건의 물리적인 파손에 대하여 보험사로부터 보상을 받았을 경우, 갱신 시 할인할증등급의 변동 여부를 결정하는 기준금액이다.

자기부담금 ㅣ 무분별하게 자차로 수리하는 것을 막기 위한 도덕적 방지 장치로, 자기차량 손해액 중 20% 또는 30%를 고객이 부담하는 제도이다.

골프   보험 처리 받는 것도 좋은 데 결국 내 돈 들어가는 거 모두 다 따져서 처리해야 손해를 덜 보지. 보험 처리 하면 당장 내 돈은 많이 안 들어가는 거 같지만 결국 나중에 보험료 폭탄으로 돌아오거든.

골프   그런데 보험 갱신은 언제 했어?

직원   작년 9월에요.

골프   그럼 작년에 갱신하고 지금까지는 보험 처리 안 했어?

직원   아뇨, 했어요. 아까 30만 원짜리 수리 말씀드린 게 몇 달 전에 전봇대에 문짝 긁어서 그런 거예요.

골프　수리비가 30만 원이었으니까 20만 원은 자기부담금으로 본인이 공업사에 줬을 테고 나머지 10만 원은 보험사에서 공업사로 지불했을 거 아니야?

직원　그렇죠.

골프　그러면 보험사가 보험 처리한 10만 원을 자네가 다시 보험사한테 줘.

직원　왜요?

골프　그러면 보험사는 자네 사고에 대해서 쓴 돈이 없어지잖아.

직원　그렇죠.

골프　그러면 그 보험 처리 건수는 없어지는 거야. 그래야 보험료가 빨리 내려가지. 아까 한 얘기 기억나지? 처리 건수가 더 중요하다고.

직원　그럼 저번에 그 보험 건수 없어지는 거예요?

골프　이번에 갱신하기 전까지만 보험사에 환입 하면 돼. 나도 잔소리 한 번 하자. 예를 들어 자네가 물적 할증기준 금액을 50만 원으로 설정하고 자기부담금을 20%로 정했다고 치자고, 후진 주차를 하다가 벽을 세게 박아서 범퍼 교환하는데 40만 원 들고 벽 보수하는데 20만 원 나왔어. 그러면 자네 보험사에서는 벽 보수비용은 대물처리로 20만 원 지불하고 자네 차 수리비용은 32만 원만 물어주겠지?

직원　어? 내 차 수리비 40만 원인데 왜 32만 원만 물어줘요?

골프　자기부담금은 자네가 공업사에 내는 거니까 그 금액은 빼고 지급할 거 아니야.

직원　자기부담금 20만 원 아니에요? 그럼 보험사는 20만 원을 지급하는 건데요.

골프　자기부담금이 20만 원으로 정해진 게 아니고 보험계약자가 설정한 방법에 따라 조금씩 다른데 아까 자네는 물적 할증기준 금액이 50만 원이고 자기부담금을 20%로 설정했다고 가정했으니까 이럴 때 최소 자기부담금은 5만 원이야. 자네 차 수리비 40만 원은 자차로 처리되니까 수리비 40만 원의 20%는 8만 원이잖아. 최소 자기부담금이 5만 원이니까 자기부담금을 8만 원 내야지. 만약 수리비가 20만 원 나와서 수리비의 20%가 4만 원이어서 최소 자기부담금 5만 원보다 적으면 그때는 자기부담금이 5만 원이 되는 거고 수리비가 500만 원이 나와서 20%가 100만 원이면 최고자기부담금이 50만 원이니까 50만 원만 내면 되는 거야.

직원　　그렇군요. 어쨌든 벽 보수 비용 20만 원하고, 제 차 수리비 32만 원 더해서 보험사는 총 52만 원을 지불하겠네요.

골프　　물적 할증기준 금액이 50만 원이니까 2만 원만 덜 나오면 할증이 안 될 텐데 아깝지?

직원　　그러면 아까 가르쳐 주신 대로 2만 원을 갱신 전에 보험사로 환입하면 되잖아요.

골프　　하나를 가르쳐 줬더니 둘을 아네.

직원　　에이 국장님도 제가 법률사무소 짬밥이 몇 년인데요.

골프　　그래, 이제부터라도 본인 보험 관리 잘하라고. 공업사 주소랑 연락처는 카톡으로 보내고 내가 공업사에 잘 봐달라고 전화해 놓을게. 근데 자네 차 신차로 출고한 지 얼마나 된 거야?

직원　　5년 다 되어 가요.

골프　　그럼 보증기간은 끝났겠군.

직원　　그렇죠. 그런데 그건 왜요?

골프　　보증기간 내에 사설에서 수리를 하면 수리한 부분에 대해서는 보증을 안 해 주거든. 그래서 물어본 거야.

직원　　그렇구나. 보험처리하면 보험료 할증이라는 것이 반드시 따라오니 자비로 처리하는 것과 보험료 올라가는 것을 견주어야겠네요. 다음에 새로 차라도 뽑게 되면 꼭 유념하겠습니다.

골프바라기의 TIP TIP TIP

TIP
- 잦은 사고가 기록되면 사고 고위험군 계약자로 분류된 기록을 전 보험사에서 공동인수할 수 있다
- 운전자의 지난 사고 규모보다 사고 누적 횟수가 보험사의 사고 발생률 측정에 큰 영향을 미친다
- 신차 보증기간 내에 사설수리를 하게 되면 수리영역에 대해서는 보증이 종료되는 것이 일반적이다

공식 딜러 서비스센터에서 보증수리를 거부하는 경우

01   정상적인 차량 관리를 위한 제반 사항 즉 연료 계통의 청소, 차륜 정렬, 휠 밸런스, 엔진튜업, 브레이크 점검 및 조정, 기타 차량 정기점검표에 의해 정기적으로 실시해야 할 점검

02   차량 운행에 소요되는 소모품 즉 스파크 플러그, 모터브러쉬, 클러치 디스크, 브레이크라이닝 노즐, 글로우플러그, 퓨즈, 와이퍼 블레이드, 벨트류, 필터류, 러버브러쉬류, 전구류, 유류 등 차량 유지를 위한 정기적인 교환을 필요로 하는 소모성 부품 교체

03   당사에서 교부한 사용자 설명서에 규정된 점검 및 정비주기와 사용지침을 준수하지 않아서 발생한 고장이나 이에 대한 증빙자료를 제시하지 못할 경우

04   공식 딜러 서비스센터에서 수리하지 않았거나 당사의 순정부품을 사용하지 않아서 발생한 고장

05   당사가 지정한 유지류(오일, 부동액) 이외의 것을 사용하여 발생한 고장이나 오일 교환 주기 미준수 및 미보충으로 인한 고장

06   차량의 성능, 내구성, 안전성에 영향을 줄 수 있는 개조, 변경, 변조, 분해, 부적합한 조정 등에 의한 고장

07   차량의 무리한 운행(트랙 주행 및 레이싱 용도로 사용하는 경우 포함), 적재량 초과, 취급 부주의, 수리지연, 사고 및 천재지변에 의한 고장

08   불량연료 및 가솔린과 경유의 혼입에 의해 발생한 고장

09   보증수리 시 해당 부품료와 공임료를 제외한 간접 비용, 즉 교통, 숙박, 운휴손실 및 제세공과금 등의 모든 비용

10   주행거리계가 고장, 교체 또는 변조되어 정확한 주행거리를 판단할 수 없을 경우

11   일반적인 품질 및 기능상 영향이 없다고 인정되는 관능적 이상, 즉 가벼운 이음, 정상적인 작동음, 마모, 퇴색, 진동 등

12   차대번호가 변조되었거나 확인 불가능한 경우

경미한 사고로
과실협의를 하게 됐어요

직원 국장님! 저 완전 망했어요. 국장님이 소개해 주신 공업사로 가다가 사고 났어요.

골프 어쩌다가?

직원 제가 옆 차선으로 끼어들다가 뒤에서 오는 차량 부딪혔어요.

골프 다친 사람은 없고?

직원 저도 괜찮고, 상대 차량도 괜찮은 거 같아요. 자기 차에 블랙박스 녹화된 거 확인하더니 자동차 찌그러진 부분 사진만 찍고는 명함 주고받고, 바쁘다면서 먼저 가버렸어요.

골프 보험 접수는 받았고?

직원 그 자리에서 보험사에 바로 전화했더니 접수번호 문자로 받았고요, 그분도 가시면서 접수하셨는지 저에게 상대측 보험사에서 접수번호 문자로 오더라고요.

골프 자네는 블랙박스 사고 영상이랑 차량 파손된 사진 있어?

직원 다 있어요. 보내 드릴까요?

골프 응, 어서 보내 봐. 보고 바로 연락할게. 그리고 차 많이 망가졌어?

직원 아니요. 살짝이요.

골프 그럼 카톡으로 영상이랑 사진 보내고 자네도 다시 공업사로 가. 운전 조심하고.

(약 30분 후 공업사에 도착해서)

직원 국장님! 카톡 보셨죠?

골프 응. 자네가 너무 급하게 끼어들었네.

직원   네 맞아요. 뒤에 차가 없는 줄 알고.

골프   조심 좀 하지. 운전석 앞쪽부터 뒤 범퍼까지 쫙 그었구먼.

직원   맞아요. 여기 공업사 사장님이 제 차 보시더니 다 해서 수리비가 대략 170만 원 정도 나올 거 같다고 하시네요.

골프   운전석 쪽에 앞 휀더, 앞문, 뒷문, 뒤 휀더, 뒤 범퍼 외판만 총 5판이니 그 정도 나오겠지. 많이 찌그러진 건 아닌데 조금씩 다 스크래치가 났네.

직원   혹 떼러 왔다가 혹 붙인 느낌이에요. 어떻게 해야 최대한 손해 안 보고 처리할 수 있을까요?

골프   진정 좀 하고, 먼저 상대방 운전자한테 전화해서 그분 물적 할증기준 금액이랑 자기부담금 비율이 얼마인지 물어보고 수리비는 얼마나 나오는지 확인하고 나서 계산 좀 해 보자고. 이왕 이렇게 된 거 사람 안 다친 게 다행이라고 생각해야지. 내가 방금 말한 거 알아보고 내일 사무실에서 다시 얘기하자고.

직원   공업사 사장님한테 수리 깔끔히 잘해 달라고 말씀 좀 잘해 주세요. 그럼 내일 사무실에서 봬요.

(다음 날 사무실)

골프   상대방 운전자한테 물어보라고 한 건 알아봤어?

직원   네, 물적 할증기준 금액 200만 원이고 자기부담금 20%로 저랑 똑같더라고요.

골프   대부분의 자동차보험이 그렇게 설정되어 있지. 상대 차 수리비는 얼마 정도 든대?

직원   150만 원 정도 나온대요.

골프   그러면 상대편 운전자한테 이렇게 설득을 해 봐. 자네가 가해자니까 최대한 예의 있게 부탁하는 거 잊지 말고, 블랙박스를 보면 자네가 차선을 바꿀 때 다행히도 방향지시등을 켜고 들어가더라고. 보통 이런 경우에는 자네의 과실을 70% 정도로 봐.

직원   그건 누가 정해 놓았어요?

골프   손해보험협회에서 교통사고가 났을 때 과실 비율에 대한 분쟁을 줄이기 위해서 그동안의 여러 판례를 모아 일종의 가이드라인을 정해 놓은 거야. 그런데 이게 강제성이 있는 건 아니고 참고자료 정도인 거라 협상하기 나름이지.

직원　그건 어디서 볼 수 있어요?

골프　인터넷에 '과실 비율 정보 포털'이라고 검색하면 나와.

직원　보험사 직원들이 과실 비율 안내하는 것도 혹시 그걸 참고해서 하는 건가요?

골프　그렇지. 그래서 양측 보험사 모두 이번 교통사고의 과실 비율을 아마 자네의 과실 70%로 보고 상대측 운전자한테도 그렇게 안내할 거야. 그러니까 자네 과실 70%를 가정한 상태에서 자네에게 유리한 방향의 전략을 짜서 협의하면 되는 거지. 이제부터 좀 복잡하니까 메모하면서 들어야 할 거야.

직원　잠시만요, 메모지하고 펜 좀 가지고 올게요.

골프　자, 자네의 과실이 70%일 때 계산을 해보자고. 우선 자네 보험사에서는 얼마를 지출하게 될지 보자. 자네 차 수리비가 170만 원이니까, 170만 원의 70%인 119만 원에서 자네가 낼 자기부담금은 119만원의 20%인 23만8천 원이 될거야. 그럼 119만 원에서 23만8천 원을 빼고, 거기다 상대차 수리비 140만 원의 70%인 98만원을 더해 봐. 마지막으로, 수리 기간은 5일 정도로 예상하면 상대측 운전자가 수리 기간 동안에 이용할 렌터카 비용이 50만 원 정도일 텐데, 그 금액의 70%인 35만 원을 더하면 최종적으로 얼마가 나올까?

직원　잠깐만요. 내차 수리비 170 × 내 과실률 0.7 - 내 차 수리비 70% × 자기부담금비율 0.2 + 상대차 수리비 140 × 내 과실률 0.7 + 상대차 대차료 50 × 내 과실률 0.7 = 228만2천 원이네요.

골프　잘 계산했어. 자네 물적 할증기준 금액이 200만 원이니까 자네 보험사에서 228만2천 원을 지급하면 물적 할증기준 금액을 넘겨서 지급하겠지? 그러면 어떻게 된다고 했는지 기억나?

직원　사고점수 1점이 올라가서 할증되겠죠.

골프　저번에 말해준 거 아직 기억하고 있군. 그럼 자네의 과실이 70%인 상태에서 상대 운전자의 보험회사에서는 얼마를 지불할까?

직원　잠시만요. 계산해 볼게요. 88만 원 나오네요.

골프   그러면 상대 운전자는 어떻게 될까?

직원   사고점수 0.5점이 올라가서 할증되는데 저보다는 적게 할증되네요.

골프   이 상태에서 상대 운전자에게 과실 비율을 좀 양보해 달라고 해야 하는데, 어느 정도를 요구해야 하느냐. 상대 운전자가 손해 볼 게 없어야 하고 동시에 자네는 손해를 좀 덜 보는 정도가 되어야겠지.

직원   그러면 좋은데 그런 걸 어떻게 따져 볼 수 있어요?

골프   보험료라는 게 지금 자네가 계산한 거 말고도 저번에 말해준 그런 항목들에 의해서 정해지는 거라 훨씬 더 복잡한 변수들로 계산해야 하지만, 이 정도로만 고려해서 계산해도 어느 정도 예상할 수 있으니까 말이야. 일단은 과실비율을 10%씩 조정해 가면서 계산해 봐야겠지. 상대 운전자한테 너무 많이 양보해 달라고 하면 그분도 들어주기 힘들 거니까. 자, 이번에는 자네의 과실이 60%라고 계산해 봐.

직원   같은 계산식에 제 과실률 0.6 곱하고 상대측 과실률 0.4 곱하면 되겠네요. 그러면 제 보험사에서는 195만 6천 원, 상대측 보험사에서는 124만 원 지급하겠네요.

골프   상대방 입장에서 생각해 보자고. 자기 보험사에서 이번 사고로 88만 원을 지급하든 124만 원을 지급하든 자기한테 더 손해 나는 일이 있을까?

직원   어차피 물적 할증기준 금액 미만이라 사고점수 0.5점 올라가는 건 똑같을 거고 자차 수리비가 42만 원에서 56만 원으로 높아지니까 자기부담금도 올라가는 거 아니에요?

골프   아까 계산식에서 상대측 운전자 과실이 30%일 때랑 40%일 때랑 똑같이 자기부담금을 20만 원으로 계산했잖아.

직원   아. 자기부담금이 최저 20만 원에서 최고 50만 원이기 때문에 두 경우 다 자기부담금이 20만 원 미만이라 자기부담금 20만 원 내는 것도 똑같네요.

골프   그렇지. 상대방 입장에서는 보험료 올라가는 것도 같고, 자기부담금 내는 것도 같고, 자기 과실이 10% 올라가는 거에 따라 더 손해나는 것이 없지?

직원   그렇기는 하지만 그 사람이 그렇게 양보해 준다고 해서 딱히 이득이 있는 것도 아닌데 순순히 해줄까요?

골프   그 상태에서 서로 대인 접수를 한다면 양측 모두 대인 접수로 인한 사고점수가 1점씩 추가로 올라가서 할증이 더 되겠지? 그러니까 이렇게 제안을 해 봐. 자네가 가해자라는 것을 먼저 인정하고 사과를 한 다음 통상적으로 선생님의 과실 30% 정도가 나온다고 보험사로부터 안내를 받았는데 선생님이 10% 과실을 양보해 주셔도 선생님의 보험료 상승이나 자기 부담금 지불을 하시는 것이나 다를 것이 없는데, 양측이 서로 대인 접수를 하면 둘 다 보험료가 또 오르는 거 아니냐, 그러니 서로 대인 접수 하지 말고 10%만 양보해 주시면 너무 감사하겠다, 이런 식으로 아주 정중하게 잘 부탁드려 봐. 이게 자네한테는 베스트이고, 이게 안 되면 차선책으로는 차라리 자네 과실을 100% 인정하고 서로 대인 없이 합의하는 것이 좋지.

직원   제 과실 100%로요?

골프   아까 계산한 방식대로 했을 때 자네는 자네 과실 70%만 되어도 이미 물적 할증 기준 금액을 넘어버리잖아. 그러면 보험사에서 지불하는 돈이 많아진다고 해서 보험료가 더 오르는 것이 아닌데 70%이든 100%이든 자네한테 달라질 게 뭐가 있어. 대인 접수라도 피해서 대인으로 인한 추가 보험료 할증이라도 피해야지.

직원   조금 억울하긴 하지만 말씀해주신 첫 번째 방법대로 안 되면 그렇게라도 해야겠네요.

골프   그런데 상대방이 죽어도 대인 접수 하겠다고 하면 그때는 자네도 대인 접수 받아서 대인 합의금이라도 조금 받아야지.

직원   제가 가해자인데도 대인 합의금을 상대 보험사로부터 받을 수 있어요?

골프   자네가 전부 다 잘못한 것이 아니니까 상대방이 잘못한 만큼은 당연히 보험사로부터 받을 수 있지.

직원   제발 국장님이 말씀해주신 첫 번째 방법대로 상대방 운전자분이 응해주셨으면 좋겠네요.

골프   다시 얘기하지만, 최대한 정중하게 잘 부탁드려 봐.

골프바라기의 TIP TIP TIP

TIP	- 과실 비율의 판례가 궁금하다면 '과실 비율 정보 포털'을 검색해보자 - 상대 운전자가 손해 보지 않는 선에서 본인의 손해를 줄일 방향이 있다면 정중한 태도로 합의책을 제안하자

과실 100%인 사고로 다쳐도 보상금을 받을 수 있나요

*저에게 교육을 받은 자동차 딜러의 실제 사례를 각색했습니다.

딜러   이번에 새로 나온 모델에는 '어댑티브 크루즈 컨트롤'이라고 자율 주행 보조 장치가 탑재되어 있는데요. 아까 골프라운딩 자주 가신다고 하셨는데 특히 고속도로에서 아주 편하실 겁니다.

고객   맞아요. 그래서 같은 차로 다시 사려는 거예요.

딜러   이 차량은 나온 지 몇 달 안 된 모델인데 같은 차량을 또 구매하시려는 건 사모님 선물하시려고인가요?

고객   제 와이프가 모는 SUV는 따로 있고요. 사실 얼마 전에 제가 고속도로에서 졸음운전으로 가드레일을 박아서 차량이 반파되었거든요. 그 차 전손 처리하고 받은 보험금으로 다시 구매하는 거예요. 다행인지 불행인지 산 지 한 달 만에 사고 난 거라 보험사에서 신차가격 그대로 주더라고요.

딜러   그 정도로 차가 파손되었는데도 몸은 괜찮으신가 보네요. 천만 다행이네요.

고객   차 망가진 거에 비하면 괜찮은 편이죠. 사고 현장에서 사람들이 다들 저 죽은 줄 알았다고 했으니까요. 병원에 한 달 입원하고 살아났어요.

딜러   고생 많으셨는데 제가 더 잘해 드려야겠네요.

고객   딜러분이 잘해 주실 게 뭐 특별히 있나요. 어차피 똑같이 만들어진 차를 사는 건데요. 가격이나 좀 잘해 주세요.

딜러　　물론 가격도 잘해 드려야죠. 제가 블랙박스도 최고급 제품으로 설치해 드리고 이것저것 서비스도 잘 챙겨드리겠습니다.

고객　　저는 차 살 때 딜러한테 딱 두 가지만 봅니다. 가격하고 전화.

딜러　　가격은 알겠는데 전화는 무슨 말씀이신지요?

고객　　전화 좀 잘 받아 달라고요. 제가 기존에 샀던 딜러한테 안 사고 집 근처 매장으로 와서 사는 이유가 이전 딜러는 제가 뭐 좀 물어보려고 전화하면 전화를 잘 안 받아요. 이번에 사고 나서도 어디 뭐 물어볼 데도 없고 해서 전화하면 한참 있다가 전화 오고, 아는 게 없는 건지 알려주기 싫은 건지 대답도 잘 못 하고 그래서 화딱지 나서 그 딜러한테 또 구입하기 싫더라고요.

딜러　　그러셨군요. 저는 고객님들이 전화 주시면 바로 칼답입니다. 제가 모르는 것이 있으면 물어서라도 알아봐 드리겠습니다.

고객　　부디 그래 주셨으면 좋겠네요. 어쨌든 그래도 보험금 받아서 찻값이라도 충당되니까 다행이긴 한데 병원에 입원해있는 동안 일을 쉬었으니 빨리 또 열심히 벌어야죠.

딜러　　그나저나 병원 다니신 거에 대한 보험금은 다 챙겨서 받으셨겠죠?

고객　　친구가 보험설계사라 그 친구에게 보험 들었는데, 알아서 다 받아 주더라고요.

딜러　　개인적으로 가입하신 상해보험 말씀하시는 거 같은데 보험설계사분이 자동차보험이나 운전자보험에서 나오는 보험금도 다 챙겨주셨겠죠?

고객　　자동차보험하고 운전자보험은 아내가 인터넷으로 드는 게 더 싸다고 그 친구한테 안 들어서요. 그런데 남이 들이받은 것도 아니고 내가 졸다가 내 과실 100%로 사고를 내서 다친 건데 왜 내 자동차보험하고 운전자보험에서 나한테 돈을 줘요?

딜러　　앗, 벌써 저에게 기회가 왔네요.

고객　　기회? 무슨 기회요?

딜러　　하하, 고객님을 제 충성고객으로 만들 수 있는 기회요. 우선 운전자보험회사가 어딘지 아세요?

고객 나는 잘 모르고 아내가 아는데 그건 왜요?

딜러 제가 바로 가족 외식비 뽑아 드리겠습니다. 사모님에게 운전자보험회사가 어딘지 여쭤봐 주십시오.

고객 잠시만요. *(잠시 후)* ○○보험회사라네요.

딜러 인터넷에 검색해 보니 그 보험회사 콜센터 연락처가 1577-0000네요. 자 제가 지금 제 휴대폰으로 전화를 걸었고요. 스피커폰 켜겠습니다. 고객님 인적사항 말씀하시고 저를 바꿔주세요.

고객 *(보험사 콜센터 직원에게 인적사항 확인 후)* 제가 보험 처리를 잘 몰라서 제 지인 분한테 설명 좀 해주시겠어요?

콜센터 네, 고객님 바꿔주시겠어요.

딜러 안녕하세요. 다름이 아니라 뭐 한 가지만 물어볼게요. 혹시 운전자보험에 자동차부상 담보 있나요?

콜센터 있습니다. 한 사고 당 30만 원으로 가입되어 있으시네요.

딜러 그 담보가 교통사고가 나서 다치면 가해자든 피해자든 무조건 지급받을 수 있는 거죠?

콜센터 네, 그렇습니다. 과실 여부를 따지지 않고 교통사고로 상해를 입었다는 서류만 제출하시면 지급해 드립니다.

딜러 네, 그러면 어떤 서류를 제출하면 될까요?

콜센터 자동차보험으로 보험금을 받으셨나요?

딜러 아니요. 아직 안 받았는데 곧 받을 거예요.

콜센터 그러면 자동차보험 회사로부터 보험금을 지급받으시고 보험금 지급결의서를 팩스로 보내주시겠어요? 제출하셔야 할 서류와 팩스 번호를 가입자분의 연락처로 문자 전송해 드리겠습니다.

딜러 네, 감사합니다. 문자 주세요.

고객 아니 이런 게 있었네요.

딜러 말씀드린 대로 바로 외식비 뽑아 드렸습니다. 하하.

고객   차 사러 왔다가 돈 벌고 가네요.

딜러   고객님 죄송하지만, 아직 더 버셔야 합니다. 하하.

고객   또요?

딜러   자동차보험 회사 콜센터에 전화하셔서 보험증권을 저희 전시장 팩스로 보내 달라고 요청해 주시겠어요.

고객   알았어요. 잠시만요.

딜러   (팩스로 들어온 보험증권을 가져오며) 고객님 다행히도 자동차 상해 담보가 있으시네요.

고객   그건 또 뭐예요?

딜러   자동차보험을 가입하실 때 자기신체손해와 자동차 상해 둘 중 하나를 선택해서 가입하게 되어있는데 자동차 상해가 자기신체손해 보다 약간 비싼 반면, 보상 혜택은 엄청 크거든요. 아주 잘 선택해서 가입하신 겁니다.

고객   난 기억도 안 나는데 암튼 뭐 다행이네요.

딜러   자동차 상해 담보 역시 고객님의 과실 유무를 따지지 않고 즉 가해자든 피해자든 무조건 지급되는 보험금인데요. 부상급수에 따른 위자료는 물론 입원으로 인한 휴업 때문에 발생한 손해까지 받으실 수 있어요.

고객   그러고 보니 병원비도 자동차 보험회사에서 내줬다는 거 같던데. 그 담보가 있어서 그런 건가 보네요.

딜러   맞습니다. 병원비가 꽤 많이 나왔을 텐데 모두 보험 처리 된 이유가 자동차 상해 담보가 있으셔서 그런 거예요. 자기신체손해 담보는 부상급수에 따라 정해진 치료비만 지급해 주고 나머지는 보험계약자가 지불해야 되는 반면 자동차 상해 담보는 보험사가 정해진 한도까지 부상급수에 관계없이 치료비 전액을 모두 지급해 줘요. 물론 그 한도도 매우 높고요.

고객   아니, 딜러님은 예전에 보험회사에 근무했어요? 어떻게 이런 걸 다 아세요?

딜러   저는 이번만 차를 판매하고 끝이 아니지 않습니까. 고객님의 다음 차도 제가 판매하기 위한 저만의 전략입니다.

고객   그 판매 전략 참 마음에 드네요.

딜러   고객님 실례지만 어떤 일을 하세요?

고객   저는 수제화 만드는 일을 해요.

딜러   그러면 입원해계시는 동안 전혀 신발을 제작하지 못하셨겠네요?

고객   그렇죠. 침대에 누워서 구두를 만들 수는 없으니까.

딜러   혹시 구두 판매하시고 세금신고는 다 하셨어요?

고객   그럼요. 요즘은 대부분 손님들이 신용카드로 계산하거나 현금영수증 꼭 발급해달라고 해서 꼬박꼬박 신고 다 해야 돼요.

딜러   그러면 혹시 한 달 매출이 어느 정도 되세요?

고객   그때 그때 다르긴 한데 월 평균으로는 1,500만 원 정도 될 거예요.

딜러   그러면 거기서 순수익은 대략 500만 원 정도 되시나요?

고객   가게 월세랑 재료비 빼고 나면 그 정도 될 거예요.

딜러   이번에는 제가 고객님 차량의 취득·등록세 만들어 드릴 수 있겠는데요.

고객   취득·등록세라면 몇백만 원 나올 텐데 그걸 어떻게요?

딜러   자동차보험 회사 콜센터 직원만 저에게 다시 바꿔주십시오.

고객   *(자동차보험 회사 콜센터 직원에게 인적사항 확인 후 딜러를 바꿔주며)* 바꿔드릴 테니까 잠시만요.

딜러   수고 많으십니다. 자동차 상해 보험금 신청하려고요.

콜센터 네 반갑습니다. 고객님. 이 건은 사고 처리 담당자분이 따로 계셔서요. 보험계약자분에게 연락드릴 수 있도록 조치하겠습니다.

딜러   네 그렇게 해주시면 감사하겠습니다.

고객   이제 어떻게 하면 되는 거예요?

딜러   네 보험사의 자동차 상해 담당 직원이 연락을 드릴 거예요. 우선 치료받으신 병원 원무과에 가서서 진단서 발급받으시고요. 고객님의 소득을 증빙할 수 있는 자료를 확보하셔야 하는데, 그건 보험사 직원의 안내를 따르시면 돼요. 대부분 사고 직전 3개월 치의 카드매출전표나 현금영수증 발행전표를 달라고 할 거예요. 그 매출

금액의 30% 정도를 순수익으로 보는데 아까 말씀 나눈 대로 대략 500만 원 정도로 책정할 겁니다. 한 달 정도 입원을 하셨다고 하셨으니까 휴업으로 인한 손해액을 500만 원 정도로 계산하고 그 금액의 85% 정도를 지급해 주니까요. 대략 400만 원 선으로 지급할 겁니다. 또 보험사 직원이 진단서를 보고 부상급수를 알려드릴 텐데 그 급수에 따른 위자료를 휴업손해금과 합치면 450만 원 정도 될 겁니다.

고객   이거 모르고 청구 안 했으면 큰일 날뻔했네요. 정말 감사합니다. 저 이제 딜러님 말씀대로 충성고객 되어야겠는데요. 주변 지인들한테도 소개 많이 해야겠어요.

딜러   감사합니다. 저도 충성하겠습니다. 하하.

골프바라기의 TIP TIP TIP

TIP

- 운전자보험 중 자동차 부상 및 자동차 상해 담보 항목에 과실 여부가 한정되어 있지 않다면 가해자 역시 보상을 신청할 수 있다
- 자동차 상해 보험금 신청 시 휴업손해금과 부상급수에 따른 위자료를 놓치지 말자

PART 03

모르는 사람은
당하고서
또 당한다

책정된 보상액이 말도 안 돼요

보상담당자 저희 규정상 어쩔 수 없습니다.

피해자 아니, 제가 그 회사 직원도 아닌데 그 회사 규정을 왜 따라야 하는 거예요? 트렁크가 완전히 찌그러질 정도로 충격이 컸는데 합의금을 60만 원밖에 못 준다니요? 그게 말이 되나요?

보상담당자 정 그러시면 변호사 선임해서 소송을 하시든가요.

피해자 무슨 몇십 만 원, 몇백 만 원 가지고 소송을 해요. 배보다 배꼽이 더 큰데.

보상담당자 차량이 많이 파손되었더라도 요즘은 차가 좋아져서 탑승자가 많이 안 다칠 수도 있고요. 차가 많이 망가졌다고 해서 무조건 대인 합의금이 많이 나가는 게 아닙니다. 아프시면 계속 병원 다니시면서 치료받으시면 되지 치료도 안 끝났는데 왜 굳이 지금 돈으로 받으려고 하십니까.

피해자 아니 내가 지금 무슨 돈 뜯어내려는 사람도 아니고, 정당한 보상금을 달라고 하는 건데 사람을 사기꾼 취급하시네요. 향후 치료비추정 진단서도 달라고 해서 드렸잖아요. 최소한 거기 나와 있는 금액만큼은 주셔야 하는 거 아닌가요?

보상담당자 그렇게 들렸다면 죄송하고요. 저는 단지 아프시면 치료를 더 받으시라는 거고 합의금은 회사 규정을 초과하는 금액으로 드릴 수 없다는 겁니다. 제출해주신 향후 치료비 추정진단서를 저희 의료자문팀에 보내서 검증을 해봤는데 선생님 정도의 상해는 150만 원의 향후 치료비가 과다하고 40만 원이 적정선이라는 자문을 받았습니다. 그래서 위자료하고 교통비 더해서 60만 원을 드리려는 거고요.

피해자   다시 한 번 말씀드리지만 제가 왜 보험사 규정을 따라야 하는지도 모르겠고, 처음에 초기보상팀에서 30만 원 애기할 때부터 어이없었는데, 나보다 훨씬 덜 다친 사람들도 다들 100만 원은 받던데 60만 원은 너무 한 거 같네요.

보상담당자 네, 저도 어떻게 해드릴 수가 없네요.

(담당자 교체 요청)

콜센터   안녕하십니까, 고객님. ○○보험입니다.

피해자   안녕하세요. 저 13마 1234 차주인데요. 조회 좀 부탁드립니다.

콜센터   고객님, 저희 보험사의 상대 피해자로 확인되시네요.

피해자   현재 제 대인 담당자에 대한 불만이 있어서 항의를 좀 하고 싶은데요. 담당자 좀 다른 사람으로 바꿔주시면 안 되나요.

콜센터   네, 고객님 불편하게 해드려서 정말 죄송하고요. 상급자 통해서 곧 연락 갈 수 있도록 조치하겠습니다.

(한 시간 후)

상급자   안녕하세요, 고객님. 저희 직원 때문에 많이 불편하셨다고 고객센터 통해서 전해 들었습니다. 제가 선임 과장이니까 앞으로 저에게 말씀하시면 잘 풀어드리겠습니다.

피해자   네, 그 전임 담당자한테는 상황 다 들으셨죠? 제가 드리는 말씀의 요지는 향후 치료비 추정진단서에 나와 있는 금액 정도로 해서 위자료와 교통비 합쳐서 한 200만 원 달라는 거예요.

상급자   네, 고객님 심정은 충분히 이해되고, 그동안 참 많이 속상하셨겠네요. 그런데 정말 죄송하게도 이미 전 담당자가 의료자문을 통해서 받은 자료가 있기 때문에 60만 원에서 많이 올려드리지는 못하고 그래도 제가 선임 과장이니까 100만 원 선에서 정리하시면 어떠실까요?

피해자　또 그 얘기이신가요? 비전문가인 제가 막무가내로 수백만 원을 더 달라고 하는 것도 아니고, 의사가 발행한 향후 치료비 추정진단서의 금액만큼만 달라는 건데 이게 무리한 요구인가요?

상급자　무리한 요구 아니시죠. 그런데 저희도 회사의 녹을 먹고 사는 사람들 아닙니까. 상부에서 자문받은 대로 하라고 하면 제가 합의금을 더 드리고 싶어도 그럴 수가 없습니다. 회사원들이 다 그런 거 아닙니까. 심정은 충분히 이해하는데 죄송하지만 100만 원 선에서 정리하시면 어떨까요? 제가 딱 120만 원으로 마무리해 드리겠습니다.

피해자　저는 정말 그 돈 없어도 사는데요. 60만 원이든 120만 원이든 상관없이 정당한 금액을 받고 싶은 거예요. 향후 추정치료비가 150만 원이면 위자료와 교통비 합쳐서 200만 원 정도가 합당한 금액이라고 생각하거든요.

상급자　정말 죄송한데 제가 해드릴 수 있는 금액이 딱 120만 원까지입니다.

피해자　진짜 너무들 하시네요. 하도 답답해서 교통사고 전문 법률사무소에 알아보니까 금융감독원에 민원 넣으라던데요. 보상담당자가 자기가 맡은 사건에 금융감독원으로부터 민원 접수가 되면 인사고과에 불이익을 당해서 더는 억지 부리지 않을 거라고. 저도 그렇게까지는 하고 싶지 않았는데, 이건 정말 아니라고 봅니다.

교통사고 자력구제

금융감독원에 민원 접수하는 방법
유선접수 | 국번 없이 1332   **우편접수 |** 서울시 영등포구 여의대로 38 금융민원센터
인터넷접수 | 검색창에 금융감독원   **내방접수 |** 전국 금융감독원 지사 1층 민원센터

안녕하세요. 저는 13마 * *** 차주 ***입니다. (주민번호, 주소, 연락처). 본인은 202*년 **월 **일 **시경 서울시 **구 **동 이마트 앞 사거리에서 후방 추돌을 당한 피해자입니다. 제 차량인 2017년식 소나타는 트렁크, 뒤 범퍼 등이 파손되어 약 400만 원의 수리비가 나왔고 운전 중이던 저는 목과 허리가 아파 병원에서 치료를 받고 있습니다. 담당 의사 소견으로는 디스크 증상은 없고 타박상과 경추와 요추에 염좌만 있다고 합니다. 다만 그 정도가 심해서 추후 약 150만 원의 치료비가 드는 통원 치료가 필요하다고 합니다.(해당 내용의 향후 치료비 추정 진단서를 보험사에 제출했습니다.) 그러나 보험사에서는(보험회사명, 담당자 성함, 연락처) 자사의 의료자문 결과 40만 원 정도의 향후 치료비만 인정해 줄 수 있다는 입장입니다.

저는 과도한 합의금을 요구하는 것이 아니라 제 담당 의사의 소견대로만 지급 받았으면 하는데 보험사 의료자문을 이유로 지급을 거절하고 있으니 적절한 조치를 부탁드립니다.

(며칠 뒤)

센터장　안녕하세요, 고객님 ○○보험사의 센터장입니다. 직원들한테 그동안 일어났던 일들은 다 보고를 받았습니다. 정말 스트레스 많이 받으셨겠어요. 제가 대신해서 사과 말씀 올리고요. 제출해 주신 자료들하고 저희 회사의 의료자문 결과 모두 다 검토해봤는데요. 고객님께서 말씀하신 200만 원은 좀 무리고 180만 원 선에서 마무리하시면 어떨까요? 동의해 주시면 제가 본사에 보고해서 책임지고 맞춰드리겠습니다.

피해자　그 정도 선이면 저도 오케이 할게요. 그동안 너무 스트레스를 많이 받아서 더 이상 싸울 힘도 없어요.

센터장　저희 같은 보험사 직원들이야 어쨌든 일이니까 하는 건데 고객님 입장에서는 저희들이랑 말싸움 하시려면 힘드실 수밖에 없으시죠. 정말 죄송합니다.

피해자　아니에요. 그래도 정리가 되니 다행이네요.

센터장　네, 제가 빨리 처리해 드리겠습니다. 그리고 다름이 아니라 며칠 전에 금감원에 제기하신 민원은 좀 취하해 주실 수 있으실까요?

피해자　그건 왜요? 금감원에서 답변 준다고 하던데요.

센터장　제가 고객님 불편 없이 내일 바로 입금 처리해 드릴 테니까, 오늘 민원 취하해 주시면 감사하겠습니다. 저희가 민원을 받으면 인사고과도 그렇고 좀 힘들어서 그럽니다. 제가 재차 사과 말씀 올립니다. 마음 푸시고 민원 취하해 주시면 안 될까요?

피해자　그렇게 할게요. 정말 너무 힘들었네요. 그럼 수고하세요. 민원은 오늘 취하할게요.

센터장　고객님 감사합니다. 담당 직원이 전화드려서 합의서 작성 도와 드릴 거고요. 합의금은 내일 바로 입금되도록 하겠습니다.

골프바라기의 TIP TIP TIP

TIP
- 터무니없이 낮은 보상액을 고지받았다면 보험사와 소통해보자
- 보험사와의 소통으로도 해결이 요원하다면,
  금융감독원에 민원을 접수하는 것도 가능하다

　　　　　교통사고 자력구제

가해자가 본인 과실이 아니라고 우기네요

가해자가 보험접수를 거부해요

상대 공제조합 사모님! 제가 일부러 처리를 안 해드리는 게 아니라, 저희 같은 공제조합은 일반 보험사와는 달리 우리 계약자인 택시회사의 사고 접수 요청이 있어야 해드릴 수 있는 거예요. 저희가 우리 계약자랑 보험계약을 맺었지 사모님이랑 맺은 게 아니잖아요.

피해자 그럼 상대 가해자가 접수를 안 하고 있다는 건가요?

상대 공제조합 엄밀히 말해서 운전하신 택시기사님이 아니라 택시회사에서 안 하고 계신 거죠. 택시기사가 자기 회사에 사고 냈다고 보고를 하면 그 회사에서 저희 공제조합에 접수를 해주셔야 하는데 그분이 안 하고 계신 거죠.

피해자 그 사람은 도대체 접수를 왜 안 한대요?

상대 공제조합 저도 모르죠.

피해자 인터넷 보니까 이렇게 접수를 안 해줄 때 피해자가 공제조합에 직접 접수를 하는 방법이 있던데 그건 어떻게 하는 거예요?

상대 공제조합 글쎄요, 그건 사모님께서 알아보셔야 할 거 같습니다. *(피해자는 골프바라기에게 문의하여 공제조합에 직접청구를 한다.)*

상대방이 보험접수를 거부할 때 강제접수 절차(보험사, 공제조합 동일)

① 상대방 사업용 자동차가 가입된 공제조합에 사고 사실을 알리고 공제(보험)접수 요청

공제별 민원센터 및 고객센터	전화번호
택시공제조합	02-555-1334
화물자동차공제조합	1577-8305
버스공제조합	1899-6006
개인택시공제조합	1899-8034
전세버스공제조합	02-794-0561
렌터카공제조합	1661-7977

② 연락 후에도 접수가 안 될 시 경찰서에 교통사고 접수를 하고, 사고 조사가 종결된 후 교통사고 사실확인원 발급

③ 교통사고 사실확인원과 직접청구서, 손해액을 증명하는 서류(진단서, 진료비 영수증 등)를 함께 공제조합에 제출하면 사고처리 접수 가능

④ 손해배상청구권 소멸 시효 | 민법 제 766 조(손해배상청구권의 소멸시효) 제1항에 의해 손해 및 가해자를 안 날로부터 3년간 행사하지 않으면 손해배상청구권이 시효로 인해 소멸합니다.

직접청구 시 필요 서류 및 발급처

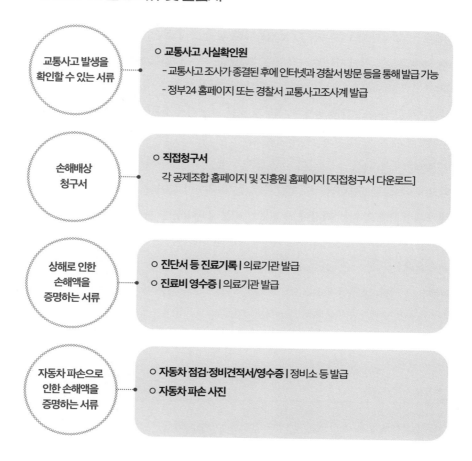

교통사고 발생을 확인할 수 있는 서류

○ **교통사고 사실확인원**
- 교통사고 조사가 종결된 후에 인터넷과 경찰서 방문 등을 통해 발급 가능
- 정부24 홈페이지 또는 경찰서 교통사고조사계 발급

손해배상 청구서

○ **직접청구서**
각 공제조합 홈페이지 및 진흥원 홈페이지 [직접청구서 다운로드]

상해로 인한 손해액을 증명하는 서류

○ **진단서 등 진료기록** | 의료기관 발급
○ **진료비 영수증** | 의료기관 발급

자동차 파손으로 인한 손해액을 증명하는 서류

○ **자동차 점검·정비견적서/영수증** | 정비소 등 발급
○ **자동차 파손 사진**

직접청구 접수 후 공제조합(또는 보험사)의 사고처리

공제조합은 공제약관에 따라 손해배상청구에 관한 서류 등을 받았을 때에는 지체 없이 지급할 손해배상액을 정하고 그 정하여진 날로부터 7일 이내에 지급해야 합니다.

공제조합은 정당한 사유 없이 손해배상액을 정하는 것을 지연하였거나 정한 지급기일 내에 손해배상금을 지급하지 않았을 때, 지급할 손해배상금이 있는 경우에는 그 다음날부터 지급일까지의 기간에 대하여 보험개발원이 공시한 보험계약대출이율에 따라 연 단위 복리로 계산한 금액을 손해배상금에 더하여 지급해야 합니다. 그러나 손해배상청구권자의 책임 있는 사유로 지급이 지연될 때에는 그 해당기간에 대한 이자를 지급하지 않습니다.

분쟁조정심의위원회 회부 요청

피해자   요청한 대로 서류도 다 보냈는데 왜 돈을 못 주겠다는 거예요?

상대 공제조합 택시회사에서는 택시기사가 피해자라고 주장하고 있어요.

피해자   네? 뭐라고요? 담당자님도 블랙박스 보셨잖아요? 제가 깜빡이 켜고 천천히 차선으로 진입하고 한참 후에 택시가 제 차를 후방에서 추돌했는데 자기가 피해자라고요?

상대 공제조합 택시기사는 사모님이 너무 갑자기 차선을 변경하셔서 자기가 피할 수 없었다고 하네요. 불가항력적으로 피할 수 없는 경우여서 본인이 피해자라고 합니다. 그래서 과실 비율이 아직 확정이 안 되었기 때문에 배상금을 지급해 드릴 수 없는 거예요. 차라리 사모님 자동차보험의 자차로 먼저 처리하시고 자차담당자한테 분쟁조정심의위원회에 회부해달라고 하세요.

피해자   정말 말이 안 통하네요!

자동차사고 과실비율 분쟁심의위원회 (accident.knia.or.kr)
자동차사고 과실비율 분쟁 등의 심의에 관한 상호협정
*보험업법 제125조에 의거 '07.3.30 금융감독위원회 인가
 (現 13개 손해보험사, 6개 공제사 참여)

분쟁심의위원회에서는 자동차보험표준약관 별표 3(보험업감독업무시행세칙 별표 15)에 명시된 「과실비율 인정기준」과, 법령, 판례 등을 참조하여 과실분쟁소송에 다년간 경험이 있는 45명의 변호사가 심의하고 있습니다. 양 보험사와 사고당사자는 위원회 결정의 약 95%를 수용하여 사건이 종결되고 있습니다. 그러나 분쟁심의위원회의 결정이 법적인 강제효력이 없기 때문에 만약 한쪽이라도 이의를 제기한다면 분쟁은 소송을 통해서 해결할 수밖에 없습니다.
※2019년 4월부터 동일 보험사 간 분쟁 건과 자기 차량손해 미가입 분쟁 건에 대해서도 심의 의견을 제공하고 있습니다.

내 보험을 사용하면 할증되나요?

피해자 자차로 처리하는 거니까 수리 기간 동안 렌터카도 제 돈 내고 빌려야 되고, 자기부담금도 내야 한다는 거죠?

자차보험사 그렇습니다. 고객님. 렌터카 특약이 없으셔서 사모님 자동차보험에서는 렌터카 비용을 드리지 못하고요, 자기부담금도 수리처로 지불하셔야 합니다.

피해자 분쟁조정심의위원회 결과가 나오면 그때 처리해서 상대방 공제조합에서 내라고 하면 안 되나요?

자차보험사 저희 보험사에서 사모님의 손해를 모두 보상해 드려야 상대 공제조합으로부터 돈을 받을 수 있는 구상권이란 권리가 생겨서 그렇습니다.

구상권

정의 | 타인을 위하여 그 사람의 채무를 변제한 사람이 그 타인에 대하여 가지는 반환청구의 권리입니다.

예 | A가 C에게 빌린 돈을 안 갚아 B가 A대신 C에게 물어줬을 경우, 이때 B가 A에게 반환을 청구할 수 있는 권리가 발생합니다. 교통사고에서 가해자(상대방)의 과실로 발생한 손해배상 의무를 피해자의 자동차보험회사에서 피해자에게 이행한 후 피해자의 자동차보험회사가 가해자(상대방) 또는 가해자의 자동차보험회사에게 손해배상금의 변제를 청구하는 경우도 이에 해당합니다.

피해자 무조건 제 자차로 먼저 처리를 해야 하는 거예요?

자차보험사 안타깝지만 그렇습니다.

피해자 그럼 자동차 수리는 그렇다 치고, 제가 병원 다닌 비용은 어떻게 해요?

자차보험사 사모님은 자동차 상해 담보가 있으셔서 저희 보험사 콜센터에 자동차 상해 접수해 주시면 그 담보로 치료비는 물론 위자료 등도 받으실 수 있습니다.

피해자 그럼 제 자차 써서 보험료 올라가고, 자동차 상해 접수하면 그걸로 또 보험료 올라가는 거 아니예요?

자차보험사 그렇죠. 자동차 상해 담보를 통해 보상을 받으시면 보험사에서도 돈이 나가는 거라 사고점수 1점이 적용되어 보험료가 할증이 됩니다. 하지만 최종적으로 사모님의 과실이 없음으로 결정되면 저희 보험사에서도 상대방 공제조합으로부터 모든 보상금을 환수하게 되니까, 즉 저희 보험사는 쓴 돈이 없는 게 되니까, 사모님의 보험 등급이 사고 전으로 돌아가게 되고, 보험료가 할증된 것은 취소됩니다.

피해자 정말 복잡하네요. 어쩔 수 없죠. 그렇게라도 해서 시시비비를 제대로 따지고 싶어요. 가해자가 저렇게 나오니 정말 분해서 못 참겠어요.

자차보험사 네 그럼 일단 사모님 보험으로 처리하고 분쟁조정심의위원회 결과 나오면 연락드리겠습니다.

자차로 선 처리 후 보험사에 소송 요청

피해자 그 사람들 정말 너무하네요. 공제조합이란 데가 원래 이런가요? 분쟁조정심의위원회에서 자기네 과실이 100%라고 나왔는데도 그걸 인정하지 못한다는 거예요?

자차보험사 과실 비율을 따진다는 것이 결국은 누가 더 돈을 많이 내느냐, 즉 재산상의 다툼을 벌이는 건데요. 민간인들은 서로를 강제할 수 있는 권한이 없고 그걸 강제적으로 결정할 수 있는 사람은 판사밖에 없잖아요. 분쟁조정심의위원회 위원들도 변호사들이라 결국 민간인이 낸 의견에 불과하죠. 대부분은 전문가인 위원들의 심의 결과에 따르는데, 공제조합에서는 그렇지 않은 경우가 간혹 있습니다. 그건 자동차 보험회사도 마찬가지고요. 이럴 때는 소송을 통해 법원의 판결을 받는 방법밖에는 없습니다.

피해자   소송이요? 변호사 비용하고 시간하고 엄청나게 들 텐데요.

자차보험사 시간은 반년에서 일 년 정도 걸리더라고요. 그런데 소송은 저희 보험사와 상대 공제조합하고 하는 거라 사모님이 변호사 비용을 내시는 것은 아닙니다. 저희가 사모님의 자동차 수리 비용과 병원비, 위자료, 휴업손해 등을 보상해 드렸으니까 상대한테 그 돈을 받을 권리도 저희에게 있는 거죠. 그게 저번에 말씀드린 구상권이란 거고요.

피해자   그럼 제가 낸 자기부담금하고 렌터카 비용은 소송 끝나면 상대방한테 받을 수 있나요?

자차보험사 그건 보험사에서 내 드린 게 아니라서 저희가 청구할 수는 없지만 어차피 판결문에 상대방의 과실이 확정 되어서 나오니까 만약에 상대방의 과실이 100%로 나온다면 사모님이 지불하신 자기부담금과 렌터카 비용은 상대 공제조합에서 지불해 드릴 겁니다.

피해자   그럼 나중에 어떻게 받아요?

자차보험사 자기부담금하고 렌터카 비용 내신 영수증을 상대 공제조합 대물담당직원에게 문자나 팩스로 보내시면 됩니다.

피해자   정말 기나긴 싸움이 되겠네요. 제가 직접 하는 건 아니지만. 저 때문에 수고가 많으시겠어요. 잘 부탁드리고요. 결과 나오면 꼭 전화주세요.

자차보험사 네. 문자로도 알려드릴 거고요. 제가 꼭 연락드리겠습니다.

골프바라기의 TIP TIP TIP

| TIP | - 가해자가 보험접수를 거부한다면 피해자는 공제조합에 보험금을 직접 청구할 수 있다
- 보험사에서 피해자의 손해를 모두 보상한 이후에야 구상권이 발생한다 |

STORY 10 교통사고로 강아지가 죽었어요

골프 무슨 통환데 그렇게 열을 내?

친구 얼마 전에 교통사고 난 거 있잖아. 보험사 직원이 하도 어이없는 말을 하길래.

골프 큰 사고 아니어서 차만 고치고 그냥 끝낸다고 했던 거?

친구 응. 근데 우리 강아지가 죽어서 아내가 울고불고 난리야.

골프 네 와이프가 결혼 전부터 키우던 강아지 아니야?

친구 그렇지. 서울에 올라와서 혼자 자취할 때부터 키우던 강아지라 결혼하고 나서도 같이 키웠지. 어떨 땐 진짜 자식 같을 때도 있더라고. 그런데 그제 병원에서 고민 끝에 안락사를 시켰거든.

골프 교통사고 난 거랑 강아지 안락사랑 무슨 상관이야?

친구 아내가 개를 안고 운전하다가 뒤에서 받친 거야. 그때 개가 앞 유리까지 날아가서 머리를 세게 부딪혔나 봐. 강아지 나이가 15살 인가 그런데 사람으로 치면 완전히 노인이거든. 동물병원에 바로 데리고 갔는데 두개골이 파열되어 손을 쓸 수가 없다더라고. 수술비만 몇백만 원 넘게 들고 장담도 할 수 없다고 해서. 강아지도 너무 고통스러워하고.

골프 상대 보험사는 뭐래?

친구 말 나온 김에 하나 물어보자. 내가 보험사 직원한테 강아지 치료비만 수백 넘게 나온다니까 갑자기 자동차 전손 얘기를 꺼내더라고. 내 차가 2,000만 원짜리인데 수리비가 3,000만 원이 나왔다고 해서 3,000만 원을 배상하는 게 아니고 차량 가격 2,000만 원을 보상하고 폐차시키는 것처럼, 강아지도 생명이 있긴 하지만 보험에서는 사람이 아니면 다 물건으로 보기 때문에 우리 강아지 치료비가 몇백만 원이 나오든 몇천만 원이 나오든 강아지 값에 상응하는 100만 원 정도만 준다는 거야. 이 말이 맞아?

골프　　민법 98조에 보면 유체물 및 전기 기타 관리할 수 있는 자연력을 물건이라고 하는데, 현행법상 동물은 움직이는 물건인 유체물이야. 그러니까 강아지는 법적으로 네 와이프의 소유물인 재물이 되는 거고, 상대 보험사는 물적 피해 교통사고 배상 기준대로 처리하려 하겠지. 자동차보험표준약관상 맞는 말이긴 해.

친구　　강아지가 우리한텐 가족이나 다름없는데 법적으론 그냥 물건이라니. 그러면 보험사 직원 말이 다 맞다고 쳐도 그 가해자가 우리 강아지를 죽였으니 그 사람 어떻게 처벌이라도 받게 할 수 있는 방법이 있니?

골프　　그 가해자가 강아지를 죽였어도 형법상 물건을 파손시킨 재물손괴에 해당하거든. 교통사고로 반려동물을 다치게 하거나 죽게 해도 재물을 파손한 물적 피해 교통사고로 간주해서 가해자가 피해자와 합의 하거나 종합보험에 가입을 한 상태이면 교통사고 처리특례법 제4조에 의해 형사 처벌을 받지 않아.

친구　　참 허망하다 허망해. 와이프는 자기 때문에 강아지 죽었다고 너무 슬퍼하거든. 평상시엔 애견카시트에 잘 태우고 다니더니 왜 하필 그때만 안고 운전을 했는지.

골프　　근데 강아지 그렇게 된 건 안타까운 일이지만, 강아지를 안고 운전한 게 경찰에게 걸리면 범칙금 4만 원에 벌점 10점이야.

도로교통법 제39조 5항
모든 차의 운전자는 유아나 동물을 안고 운전 장치를 조작하거나 운전석 주위에 물건을 싣는 등 안전에 지장을 줄 우려가 있는 상태로 운전해서는 아니 된다.
※반려동물 안고 운전하면 범칙금 승용차 4만 원, 승합차 5만 원, 벌점 10점

친구 이제 그럴 일도 없을 거야. 다시는 개 안 키운대. 충격이 너무 컸나 봐. 네 말을 듣고 나니 진짜 법이 너무 멀리 있는 것 같다. 우리 강아지를 저렇게 보낼 줄이야 누가 알았겠니. 안락사까지도 한참을 고민했거든. 일단 치료를 하는 대로 해봤지만, 결국 아내도 강아지가 너무 아파하고 그러니까 더 이상 못 보겠는지, 그렇게 하자고 하더라. 근데 영록아. 어떻게 위로금 같은 거라도 조금이나마 받을 수 있는 방법이 없니?

골프 보험사 입장은 민법에는 사람이 사망하면 유족에게 정신적 위로의 목적으로 위자료를 인정하지만 재물이 파손되어서 입은 재산상 피해에 대한 위자료는 인정하지 않는다는 거야. 그래서 민법상 물건에 해당하는 강아지가 죽어도 위자료를 줄 수 없고 물건값, 즉 시장에서 유통되는 입양비 정도 밖에 못 주겠다는거지.*

친구 우리 강아지는 정말 자식 같은 존재였다고.

골프 요즘은 반려동물에 대한 사회적인 인식이 그야말로 동반자로서 반려하는 가족의 존재로 변화했잖아. 그런 사회 분위기를 법원도 반영하거든. 최근의 판례를 보면 반려동물이 주인에게 주는 가치와 의미를 인정하여 입양가 이상의 비용을 인정하는 판례**가 종종 있더라고.

친구 소송으로 가면 우리 강아지 목숨값이라도 제대로 받을 수 있는 거야?

골프 위자료라는 것이 슬픔에 대한 피해배상금인데, 법원에서는 사람이 죽거나 다치거나 명예가 훼손되면 당연히 정신적인 고통이 있다고 인정하여 피해자에게 위자료를 지급하라는 판결을 내리지만 그 외의 경우에는 피해자의 정신적인 고통을 피해자 자신이 스스로 입증해야 해. 우리나라의 법에서는 피해입증의 의무가 피해자에게 있거든.

친구 영록아 그러니까 강아지를 갑자기 하늘나라로 보낸 정신적인 고통을 네가 잘 입증해 줘야지, 안 그러냐, 친구야.

* 2021년 법무부는 가구의 사회적 공존을 지원하기 위한 '사공일가 태스크포스(TF)'를 발족하여, 반려동물 양육 인구 증가에 따른 동물의 법적 지위를 개선하기 위해 이와 관련된 사항을 수정 보완 중이다. 즉, 민법 98조에 '동물은 유체물로 인정한다'는 사항과 동물 학대 및 사고에 의한 사망을 재물손괴로 처벌하는 법을 민법 개정을 통해 동물에게 '물건'이 아닌 제3의 지위를 부여하는 방법을 구체화 할 예정이다.

** 다음의 판례는 2011년 기준의 판례로, '애완견' '물건' 등의 명칭은 당시 사회상을 반영하여 정리된 것임을 밝힌다.

골프　　아직까지 판례가 반려동물의 치료비나 위자료가 사람만큼 그렇게 많이 인정되지는 않아. 반려동물의 죽음에 대한 위자료는 입양이나 분양가의 세 배에서 다섯 배 정도 될 거야.

친구　　친구야, 너 믿고 진행해 볼 테니까 얼마가 됐든 힘닿는 데까지 나 좀 도와주라. 배상금이 문제가 아니라 이렇게라도 해야 우리 강아지 넋이라도 달래줄 수 있을 거 같아. 교통사고로 자식 잃은 부모들이 왜 그렇게 소송까지 하는지 이제 조금은 이해가 되네.

골프바라기의 TIP TIP TIP

TIP

- 반려동물이라는 생명체를 잃게 하였더라도 법적으로는 재물손괴에 해당한다
- 유아나 동물을 안고 운전하는 것은 도로교통법 위반이다

서울중앙지방법원 2011. 7. 21 선고 2010가단414531 판결 [손해배상(자)]

주 문
1. 피고는 원고에게 1,810,350원 및 이에 대하여 2010. 8. 16.부터 2011. 7. 21.까지는 연 5%의, 그 다음날부터 다 갚는 날까지는 연 20%의 각 비율에 의한 돈을 지급하라.
2. 원고의 나머지 청구를 기각한다.
3. 소송비용 중 4/5는 원고가, 나머지는 피고가 각 부담한다.
4. 제1항은 가집행할 수 있다.

청구취지
피고는 원고에게 10,220,700원 및 이에 대하여 2010. 8. 16.부터 이 사건 판결 선고일까지는 연 5%, 그 다음날부터 다 갚는 날까지는 연 20%의 각 비율에 의한 금원을 지급하라.

이 유
1. 손해배상책임의 발생
가. 책임의 근거
(1) 원고는 2010. 8. 16. 17:30경 울산시 동구 oo동 월봉사 공터 주차장을 그가 기르던 시추강아지(이하 '이 사건 강아지'라고 한다)를 데리고 거닐고 있었는데, 당시 원고는 위 강아지 목에 줄을 묶지 않은 상태에서 앞서 거닐고 있었고, 강아지는 원고 뒤에서 원고를 따라 걷고 있었다.

(2) 안oo는 같은 시간 위 공터 주차장에 주차된 oooo호 렉스턴 승용차 (이하 '피고 차량'이라 한다)를 출발시켜 진행하다가 원고를 뒤따라 걷고 있던 이 사건 강아지를 발견하지 못하고 피고 차량 바퀴로 강아지 우측 앞다리를 충격하여 우측 경골 골절, 우측 비골의 원위부 골절 등의 상해를 입게 하였다(이하 '이 사건 사고'라고 한다).

(3) 피고는 피고 차량에 관하여 그 소유자와 사이에 자동차 보험계약을 체결한 보험자이다.

나. 책임의 발생
위 인정 사실에 의하면, 안oo는 주차장에 주차된 차량을 출발시키면서 원고를 뒤따라 걷던 이 사건 강아지를 발견하였고, 더욱이 원고가 강아지 목에 줄을 묶지 않은 상태에서 강아지가 자유로이 움직이고 있었으므로 특별히 강아지의 동태를 살피면서 안전하게 운전하여야 함에도 불구하고 이를 게을리하여 차량을 진행 시킨 잘못이 있으므로, 피고 차량의 보험자인 피고로서는 이 사건 사고로 인하여 원고가 입은 손해를 배상할 책임이 있다.

피고는 이 사건 사고 발생에 안oo의 과실이 없다고 주장하나, 앞서 살펴본 이유로 받아들이지 아니한다.

다. 책임의 제한

다만 원고에게도 애완견의 점유자로서 이 사건 사고 장소인 주차장과 같이 많은 차량이 다니는 공공장소에 애완견을 데리고 나올 때 목줄을 묶어 애완견이 진행하는 차량 앞을 지나는 등의 돌발행동을 하지 않도록 보호, 관리할 의무가 있고, 특히 차량 운전자는 운전석에서 이 사건 강아지와 같은 작은 강아지는 잘 보이지 않을 수 있으므로 원고는 이 사건 강아지를 데리고 주차장을 거닐 때 더더욱 강아지의 동태를 살펴야 함에도 불구하고 강아지 목에 줄을 묶지도 않고 강아지에 앞서 거닐면서 강아지의 동태를 전혀 살피지 아니한 잘못이 있고, 이러한 원고의 과실은 이 사건 사고의 발생 및 손해확대의 원인이 되었다 할 것이므로, 피고가 배상할 손해액의 산정에 참작하기로 하되 그 비율을 50%로 본다. 따라서 피고의 책임을 50%로 제한한다.

[인정근거] 다툼 없는 사실, 갑 제1, 2, 3호증, 갑 제7호증, 을 제1호증의 각 기재 및 영상, 변론 전체의 취지

2. 책임의 범위

가. 치료비 | 3,220,700원

피고는 자동차 사고로 인한 물적 손해는 그 교환가치를 초과할 수 없으므로, 이 사건 사고로 인한 치료비는 이 사건 강아지의 시가를 초과할 수 없다고 주장하나, 애완견의 경우 보통의 물건과는 달리 소유자가 그 애완견과 서로 정신적인 유대와 애정을 나누기 위해 이를 소유하고, 생명을 가진 동물이라는 점 등에 비추어 강아지의 교환가격보다 높은 치료비를 지출하고도 치료하는 것이 사회통념에 비추어 시인될 수 있을 만한 특별한 사정이 있다고 보이므로(대법원 1998. 5. 29. 선고 98다7735 판결 참조), 피고의 주장은 받아들이지 아니한다.

나. 과실상계

50%(위 1의 다.항 참조) | 3,220,700원×0.5 = 1,610,350원

주차해둔 차를
들이받고 내뺐어요

골프   캠핑 간다고 장 보고 온 사람 표정이 왜 그래?

친구   마트에서 먹을 거 잔뜩 사 들고 차 트렁크에 실으려는데, 뒤 범퍼가 찌그러진 걸 발견했거든. 누가 박고 간 거더라고.

골프   누가 박고 갔는지 블랙박스로 확인했어?

친구   그동안 사고가 없어서 블랙박스를 볼 일이 있었어야지. 차 사고 나서 한 번도 안 만져봤거든, 맨날 시동 걸 때 블랙박스 작동하는 소리 들리길래 잘 되나보다 그러고 있었는데, 아까 블랙박스 열어보니까 작년 여름에 찍힌 게 마지막이더라고. 그동안 고장이 나 있었는데 그것도 모르고 있었어.

골프   블랙박스에 있는 SD카드는 소모품이라고 생각하고 최소 1년에 한 번은 교체해야 된다고 그렇게 일렀건만, 만 원이면 사는데 아까워서 그런 건지, 귀찮아서 그런 건지, 이번에 제대로 당했군.

친구   마트 고객센터 가서 CCTV 좀 보여 달라고 했더니 다른 고객들 개인정보가 있을 수 있어서 경찰의 요청이 있어야지만 보여준다고 하더라고. 그 사이에 아내가 112에 신고해서 경찰을 불렀지 뭐야.

골프   그래서 마트에서 보여줬어? 보통은 경찰서 교통사고 조사계의 요청이 있어야 보여주는데.

친구   아내가 이거 뺑소니 범죄라고 신고해서 난리 치고 하니까 경찰관이 그래도 점잖은 분이어서 그런지 마트 관계자한테 잘 부탁해서 보여주긴 하더라고. 딱 사고가 난 그 장면만. 내가 휴대폰으로 녹화해 놓으려고 했는데 그건 또 개인정보 유출 때문에 불가하다 하더라고.

골프　어쨌든 찾았으니까 경찰서에 신고해서 잡으면 되겠네. 그러면 보험 처리 받으면 되잖아.

친구　그런데 기둥에 가려서 내 차를 치고 가는 장면이 안 보이더라고. 분명 그 차가 맞는데 기둥에 가려서 박고 가는 딱 그 장면만 안 보이는 거야. 그래서 뭐 보험으로 자차 처리를 해야 하나, 그냥 내 돈으로 고쳐야 하나, 안 그래도 너한테 물어보려는 참이었어.

골프　이럴 때는 네 돈이나 보험으로 처리하는 게 아니라 마트 측으로부터 처리 받을 수 있어.

친구　어? 그래? 몇 년 전에 나 아파트 주차장에서 똑같은 일 당했을 때 네가 아파트 관리실로부터 보상 못 받는다고 해서 옆에 있는 차 블랙박스 보여 달라고 사정사정해서 간신히 잡았던 거 기억 안 나?

골프　그거야 아파트 관리사무소는 네 차를 잘 관리한 대가로 주차비를 받은 게 아니니까 그런 거지.

친구　그런데 그 마트 주차장도 공짜였어.

상법 152조

①공중접객자는 자기 또는 그 사용인이 고객으로부터 임차받은 물건의 보관에 관하여 주의를 게을리하지 아니하였음을 증명하지 아니하면 그 물건의 멸실 또는 훼손으로 인한 손해를 배상할 책임이 있다.

②공중접객업자는 고객으로부터 임차받지 아니한 경우에도 그 시설 내에 휴대한 물건이 자기 또는 그 사용인의 과실로 인하여 멸실 또는 훼손되었을 때에는 그 손해를 배상할 책임이 있다.

③고객의 휴대물에 대하여 책임이 없음을 알린 경우에도 공중접객업자는 제1항과 제2항의 책임을 면하지 못한다.

골프   주차비가 무료라도 네가 마트에서 구입한 물건값에 주차비가 포함되어 있다고 보면 돼. 그래서 넌 주차비를 낸 거랑 마찬가지고, 마트는 그 대가로 차량을 보관하고 감시할 의무가 생기는 거지. 그런데 CCTV의 사각지대 때문에 차량이 파손되는 장면이 녹화가 안 되었으니 감시를 소홀하게 한 것이고, 그에 대한 책임을 져야 하니 마트에서 차 파손에 대한 손해를 배상해야 하는 거야.

친구   현실적으로 사각지대 없이 CCTV를 설치한다는 것이 어려운데 기둥 때문에 가려서 촬영이 안 된 것도 마트 책임이야? 그런데 따지고 보면 마트는 나한테 돈 받고 주차 자리를 빌려준 거지 내 차가 파손되지 않도록 보호할 의무까지는 없는 거 아니야?

골프   보호를 못 했다고 해서 책임을 지는 게 아니라 CCTV의 사각지대로 인해 감시를 못 했으니까 책임을 지는 거지.

친구   그런데 마트 측에서 차 망가진 거 자기네 주차장에서 그런 건지 아니면 그 전부터 그런 건지 증명하라고 하면 어떻게 하지?

골프   그거야 네가 주차장에서 주차 자리 찾으려고 돌아다닌 장면 있으니까 거기에 찍혀있겠지.

친구   맞다. 그렇겠네. 그런데 마트 측에서 순순히 물어주려고 할까? 범퍼 저 정도면 교체해야 할 텐데. 그러면 돈 백만 원은 나올 텐데 말이야.

골프   그 정도 되는 업체면 분명 주차장 배상 책임보험에 가입해 놓았을 거야. 네가 마트 관리자한테 지금까지 내가 설명해 준 거 잘 얘기하고 보험접수 해달라고 하면 잘 처리해 줄 테니까 너무 걱정하지 말고, 만약 설명 잘 못하겠으면 전화로 나 바꿔주든지 해.

친구   고마워. 그런데 정말 어떻게 그 정도로 차를 손상해 놓고 한 번 내려 보지도 않고 그렇게 갈 수 있을까. 참, 이해가 안 돼.

골프   어쨌든 다친 사람이 없어서 뺑소니로 처벌받지는 않고 물피도주로 처벌받는데 가해 차량이 승합차면 13만 원, 승용차면 12만 원, 이륜차면 8만 원 범칙금 나오고 벌점 12점 받는 게 다야. 그나마 몇 년 전에는 이런 처벌도 안 받았지.

교통사고 자력구제

친구   그 정도 처벌이면 나 같아도 그냥 도망가겠다. 수리비나 보험료 오르는 거 보다 범칙금이 더 적을 수도 있겠네.

주차장법 | [시행 2020. 3. 24.] [법률 제17091호, 2020. 3. 24., 타법개정]

제17조(노외주차장관리자의 책임 등)

③ 노외주차장관리자는 주차장에 주차하는 자동차의 보관에 관하여 선량한 관리자의 주의의무를 게을리하지 아니하였음을 증명한 경우를 제외하고는 그 자동차의 멸실 또는 훼손으로 인한 손해배상의 책임을 면하지 못한다.

[전문개정 2010. 3. 22.] [시행일 2020. 6. 25.]

주차장법 시행규칙 | 국토교통부령 제498호 공포일 2018.03.21 시행일 2019.03.01.

제6조(노외주차장의 구조·설비기준)

11. 주차대수 30대를 초과하는 규모의 자주식 주차장으로서 지하식 또는 건축물식 노외 주차장에는 관리사무소에서 주차장 내부 전체를 볼 수 있는 폐쇄회로 텔레비전(녹화장치를 포함 한다) 또는 네트워크 카메라를 포함하는 방범설비를 설치·관리하여야 하되, 다음 각 목의 사항을 준수하여야 한다.

가. 방범설비는 주차장의 바닥면으로부터 170센티미터의 높이에 있는 사물을 알아볼 수 있도록 설치하여야 한다.

나. 폐쇄회로 텔레비전 또는 네트워크 카메라와 녹화장치의 모니터 수가 같아야 한다.

다. 선명한 화질이 유지될 수 있도록 관리하여야 한다.

라. 촬영된 자료는 컴퓨터 보안시스템을 설치하여 1개월 이상 보관하여야 한다.

골프바라기의 TIP TIP TIP

TIP

- 다친 사람이 없이 차에 손상을 입히고 처리하지 않았을 때는 뺑소니가 아니라 물피도주로 간주된다
- 노외주차장에는 자동차의 멸실 및 훼손에 인한 배상 책임의 의무가 있다

방탄보험을
설계하고 싶어요

지점장　안녕하세요! 국장님. 저번에 교통사고 보상 교육해 주신 거 직원들한테 아주 반응이 좋아요. 직원들이 교육받고 상담 스킬도 늘고 기존 고객 관리도 좋아지니까 이번 달 차량 판매 매출도 증가했습니다.

골프　별말씀을요. 다 지점장님하고 직원분들이 열심히 하신 결과죠. 저도 차량을 구매하는 소비자 입장이지만 차량을 판매한 딜러가 교통사고가 났을 때 보상까지 도와준다면 그 딜러한테 신뢰가 안 갈 수가 없거든요.

지점장　저희같이 영업하는 사람들은 고객에게 받는 그 신뢰라는 것이 가장 큰 자산인데 국장님 덕분에 큰 무기가 하나 더 생겼습니다. 그래서 말인데요. 저도 그렇고 직원들도 보충 교육을 좀 해주셨으면 하는데 괜찮으실까요?

골프　그럼요. 얼마든지요.

지점장　국장님도 말씀하셨듯이 교통사고라는 화살을 막을 최대의 방패는 자동차보험이잖아요. 보험을 잘 가입하는 방법에 대해서 교육을 해주셨으면 합니다. 사실 저도 그렇고 대부분의 고객분들이 자동차 보험을 기존에 가입했던 대로 연장하거나 인터넷에서 다이렉트 보험으로 싸게 가입해 놓았다가 정작 교통사고가 나면 보험 처리를 제대로 못 받는 경우가 종종 있더라고요. 고객분들이 담당 딜러에게 자동차보험을 잘 가입하는 방법에 대해서 많이들 문의하시는데 저희도 알아야 상담을 해드리니까요.

골프　그렇죠. 더군다나 고객이 딜러분한테 상담받고 그 보험으로 보상을 잘 받아야 신뢰도 높아지니까요. 그게 다 판매하고 연결되는 일이죠.

지점장   그런데 국장님. 보험을 잘 가입하는 것도 중요하지만 고객분들은 싸게 가입하는 것도 좋아하세요. 그러니 가성비 높은 방법 위주로 교육해 주시면 감사하겠습니다.

골프   그럼요. 보험도 상품이니까 가성비가 중요하죠. 더군다나 자동차보험이라는 것이 보장내용은 같은데 보험사마다 보험료가 다르니까요.

지점장   보험설계사를 통하지 않으면 보험사별 자동차보험료를 비교 견적 받아볼 수 없는 건가요? 인터넷에 검색해 봐도 결국은 다 설계사를 통해서 가입하라는 광고뿐이더라고요.

골프   당연히 있죠. 온라인에 '보험 다모아'라고 검색하시면 사이트가 하나 나올 거예요. 자동차보험은 물론 다양한 보험상품을 회사별로 비교해 볼 수 있는 곳이고요. 일단 여기서 비교 견적을 내보시고 이 사이트에서 비교 견적이 안 되는 온라인 전용 자동차보험 몇 개만 더 견적을 내 보신 다음 최종적으로 선택하시면 됩니다.

지점장   물론 보장내용이 동일하다는 전제하에 가장 저렴한 보험료의 회사를 선택하는 것이지요?

골프   그렇죠. 그런데 비교 견적해서 나오는 보험료는 최저보장 기준으로 설정되어 있는 거예요. 그러니까 제일 저렴한 3개의 보험사 상품의 보장 범위를 최대로 한 다음 다시 비교하셔서 그중에서 제일 싼 거로 하시면 돼요.

지점장   보장 범위가 최대로 늘리면 보험료가 많이 올라가는 거 아닌가요?

골프   아까 가성비에 대해서 말씀하셨죠? 자동차보험은 보장 범위를 최대로 설정해서 가입하는 것이 가성비를 높이는 방법입니다. 지점장님 자동차보험 얼마 내세요?

지점장   지난 달에 갱신했는데 100만 원 정도였어요.

골프   대물은 얼마로 설정하셨어요?

지점장   2억으로 되어있기에 그냥 그대로 했어요.

골프   혹시 대물에 대한 보험료가 얼마인지 아세요?

지점장   글쎄요. 3만 원 정도였던 거 같은데요.

골프   그 정도 할 겁니다. 그러면 대물을 10억으로 올리면 보험료가 얼마나 올라

갈까요?

지점장 보장금액이 5배 올랐으니까 15만 원 정도 하지 않을까요?

골프 아닙니다. 5만 원도 안 합니다.

지점장 정말요?

골프 네. 제가 그래서 보장 범위를 최대로 하는 것이 가성비를 높이는 방법이라고 말씀드리는 것입니다. 지점장님의 자동차보험을 최저범위와 최대범위로 비교해보면 아마 보험료가 20%도 차이 나지 않을 겁니다. 보장 범위는 500% 이상 차이 나는데도요.

지점장 그렇군요. 몰랐네요.

골프 보험은 보험료를 내려고 가입하는 것이 아니라 보험금(보상금)을 받으려고 가입하는 것입니다. 조금 비싸더라도 보장 범위를 넓게 설정해야 제대로 된 보상을 받을 수 있습니다. 기본적으로 보험 가입자(운전자) 입장에서는 사고를 당할까 봐 자동차보험에 가입하는 것이 아니라 사고를 낼까 봐 드는 것입니다. 사고를 당하면 상대측에서 배상을 해주지만 사고를 내면 내 주머니에서 돈이 나가기 때문이죠. 그뿐만 아니라 본인이 사고를 내더라도 보험을 잘 들면 보험사에 지불한 보험료 이상으로 충분한 보상을 받을 수 있습니다. 보험료가 저렴한지를 비교하기 전에 탄탄한 담보와 특약으로 보상 범위를 확실히 설정해 놓은 다음 동일한 보장 범위를 가정으로 보험료를 비교하여 저렴한 보험사를 선택하는 것이 가장 좋은 자동차보험 가입 방법입니다. 다시 한번 강조하지만 싼 보험료보다는 넓은 보장 범위를 먼저 생각하세요! 교통사고라는 태풍이 닥쳐와도 철옹성 같은 보험이 있다면 얼마든지 이겨낼 수 있습니다.

지점장 잘 알겠습니다. 국장님. 그럼 일정 보시고 교육 일정 잡히시면 연락 주십시오.

골프 네. 지점장님 이메일로 교육자료 먼저 보내 놓을게요. 이번에 자동차보험 교육하면서 운전자보험 교육도 해 드릴게요. 어차피 한 세트로 묶여있는 교육이라서요.

교통사고 자력구제

지금부터 자동차보험과 운전자보험의 담보, 특약, 제도마다 필자가 생각하는 가성비 점수를 10점 만점으로 부여할 테니 참고하셔서 여러분의 보험을 '방탄보험'으로 만드시기 바랍니다.

자동차보험

8~10점 | 반드시 무조건 가입

5~7점 | 허리띠를 졸라 매더라도 웬만하면 반드시 가입

1~4점 | 꼭 필요하진 않지만, 기우를 달고 산다면 가입

* 설명의 편의상 40세 남성의 4,000만 원대 승용차의 100만 원짜리 자동차보험을 예로 들었습니다.

■ 자동차보험 담보의 가성비 점수

1. 대인배상 I | 상대방 상해에 대한 손해를 제한적으로 배상함. 책임보험으로 의무 가입. [10점]

2. 대인배상 II | 상대방 상해에 대한 손해를 무한대로 배상함. [10점]

3. 자기차량손해 | 자신의 잘못으로 자기의 차량이 파손되었을 때나 가해자를 찾지 못하거나 천재지변으로 차량이 손상되었을 때 보상받을 수 있음. 자차보장범위를 낮추면 보험료 또한 줄어드나 자차가액을 낮게 설정했다가 자차로 전손처리 시 그만큼 보상을 못 받음. 담보에 대한 보험료는 차량 가격의 3% 미만이니 반드시 최대보장금액으로 가입해야 함. [10점]

4. 대물배상 | 상대방 차량, 교통사고 중 자신의 잘못으로 파손시킨 상대방의 물건, 도로 교통시설, 건축물 등의 손해를 배상함. 보장 범위를 최고로 높여도 보험료의 큰 차이가 없음. [9점]

5. 자기신체사고 | 자신의 과실로 자기가 상해를 입었을 때 자신의 보험사로부터 보상을 받는 이 담보는 자기신체손해와 자동차 상해 둘 중의 하나를 선택하게 되어 있는데 반드시 자동차 상해로 가입해야 함. 자기신체손해는 보상이 굉장히 제한적인 반면 자동차 상해는 휴업손해금과 같이 대인배상과 비슷한 기준으로 보상받을 수 있으며 심지어 음주운전과 같은 불법행위를 해도 보상받을 수 있음. 일반적으로 자동차 보험료가 100만 원일 때 자기신체손해는 1만 원, 자동차 상해는 2만 원 정도이며 자동차 상해의 보장 범위를 기준으로, 최저와 최대의 보험료 차이가 크지 않음. [자기신체손해 8점, 자동차 상해 10점]

6. 무보험차상해 | 보험이 없는 상대방으로부터 상해를 입었을 때 자신의 보험사로부터 보상을 받을 수 있는 담보이며 이 담보로 보상을 받아도 보험료는 할증되지 않음. 담보에 대한 보험료 자체가 워낙 싸기도 하고 최대 범위로 높여도 보험료의 큰 차이가 없음. 단 자기 명의의 차량이 여러 대인 경우 한 대에 대한 자동차보험으로만 보상받을 수 있으므로 여러 대중 한 대만 가입하면 됨. [10점]

■ 자동차보험 제도의 가성비 점수

1. 가입경력인정자 | 보험 가입경력이 길면 보험료가 낮아진다. 보험계약자의 가입경력은 자동으로 인정되지만 계약자가 아닌 피보험자의 가입경력은 보험사에 요청해야만 인정받을 수 있다. 한 계약당 최대 2명까지 가능하며 보험기간이 종료되었어도 인정받을 수 있다. [10점]

2. 동일 증권 | 법인이 아닌 개인인 보험계약자가 자신의 자동차가 2대 이상인 경우, 각 차량의 보험기간을 동일하게 설정하여 동일한 보험사에 동일한 증권으로 가입하는 것이다. 보험계약자는 법인이 아닌 개인이어야 하며 차량은 동종 요율(예를 들면 승용차인 소나타와 화물차인 포터는 동종 요율이 아님)이어야 한다. 할증요율이 가입 대수만큼 나뉘어 적용된다. [7점]

■ 자동차보험 주요 특약의 가성비 점수

1. 상급 병실 특약 | 피보험자와 그 가족이 이용한 상급 병실의 비용을 보상함. [7점]

2. 상해 간병비 | 피보험자와 그 가족이 상해를 입었을 때 상해급수에 따라 간병비를 지급함. [4점]

3. 타 차량 손해지원 | 보험적용을 받을 수 없는 타인의 자동차를 운전하다가 자신의 과실로 일으킨 교통사고에 대해 운전자의 자동차보험으로부터 보상을 받는 이 특약은 다른 자동차 운전 담보와 다른 자동차 차량손해 특약 둘 중 하나를 선택하게 되어 있는데 반드시 다른 자동차 차량 손해 특약으로 가입해야 함. 보험료의 차이는 미미하나 다른 자동차 운전 담보는 상대방의 물적 피해, 인적 피해, 운전자의 인적 피해에 대해서는 보상하나 운전자가 운전한 다른 사람의 자동차 파손은 보상해주지 않는 반면 다른 자동차 차량손해 특약은 운전자가 운전한 다른 사람의 자동차 파손까지 보상을 받을 수 있다. [9점]

4. 대리운전 특약 | 대리운전자가 피보험자의 차량을 운전하다가 발생시킨 손해를 자차보상범위 내에서 보상함. 보통 대리운전자가 가입한 보험은 보장 한도가 3,000만 원인 경우가 대부분이므로 대리운전을 자주 이용하는 운전자라면 가입하기를 권유. 다만 보험료가 비교적 비싼 편이다. [7점]

5. 견인 거리 확대 | 무상견인 거리를 확대함. [9점]

6. 신차등록비용 | 자차로 전손처리가 되면 취·등록세를 지급함. [3점]

7. 렌터카 | 자차로 수리 시에 렌터카를 이용한 비용을 지급함. (수리 차량이 국산차인지 외제차인지 상관없이 국산차량 기준으로만 보상) [2점]

8. 법률 비용지원 | 피해자의 중상해 또는 사망을 보상하고 중과실 사고의 형사적 책임을 보상.

※운전자보험과 중복가입 불가능 [6점]

9. 신차손해담보 | 신차로 출고 후 1년 이내에 일어난 사고에 대한 손해가 30~50% 이상 발생하면

신차금액만큼 보상해주고 취·등록세도 지급해 주는 특약.(보험사별 보상범위 상이) [7점]

운전자 보험

운전자 보험은 자동차 보험과는 달리 운전자에 대해서만 보상을 해주는 보험입니다. 자신이 자동차 보험을 적용받지 못하는 자동차를 운전하다가 발생한 사고에 대해서도 보상받을 수 있습니다. 운전자 보험의 핵심은 운전자의 과실이 조금이라도 있는 교통사고를 일으켜 상대방에게 중상해를 입히거나 사망하게 하거나 12대 중과실을 범하는 등의 형사적인 책임에 대해 보상해 주는 것입니다. 따라서 이 형사적인 책임을 보상하는 담보 외, 다른 담보나 특약은 가입할 필요가 없을 정도로 매우 가성비가 낮습니다. 물론 염려되신다면 가입해서 나쁜 것은 없습니다.

운전자 보험은 위 3가지 담보대로 보상이 되는 회사의 상품이라면 충분하며 부가적인 특약은 굳이 가입하지 않으셔도 됩니다. 40대 남성 기준 10년 납입으로 설정하면 월 보험료는 2만 원 미만입니다.

골프바라기의 TIP TIP TIP

TIP
- 교통사고라는 화살을 막는 최대의 방패는 잘 설계된 자동차보험이다
- 보장범위를 최대화하는 것이 가성비를 높이는 최선책이다

PART 04

물적사고,
제대로 보상받자

미수선에 따른 보상금을 받는 절차가 궁금해요

담당자 저희는 1,500만 원 이상은 못 드리니까 수용 못 하시겠으면 그냥 수리해서 타세요!

골프 아니 지금 왜 저한테 차를 고치라 마라 하는 거죠? 우리나라는 민법상 배상은 돈으로 하게끔 되어 있는 금전배상주의 원칙을 가지고 있고 보험사는 피해 정도에 따른 적정 배상을 돈으로 지급하면 되는 거잖아요. 보험사가 자동차 고치는 회사입니까? 아니잖아요. 내가 수리하고 싶다고 하면 내 차를 고치는 회사에 수리비를 돈으로 지급하면 되고, 내가 수리하지 않고 피해금액을 돈으로 받겠다고 하면 나한테 주면 되는 거 아닙니까?

담당자 선생님이 요구하시는 미수선배상금이 너무 과도하니까 드리는 말씀입니다. 이 정도 파손된 차량은 저희 보험사 협력 공업사에 맡기면 1,500만 원이면 충분히 수리할 수 있습니다.

골프 담당자님이 보험사 눈치 보면서 제대로 수리하는지 마는지 검증도 안 된 보험사 협력 공업사에서 고치라고 하면 내가 그렇게 해야 하나요? 불법적인 영업을 하지 않는 곳이라면 어느 수리업체를 선택하는지는 내 권리 아닙니까? 내가 공식 서비스센터에서 수리하겠다는데 왜 보험사 협력업체 공업사를 운운하시는 거죠?

담당자 선생님도 공식 서비스센터에서 견적서만 발급받으셔서 견적금액을 돈으로 달라는 거지 거기서 수리하겠다는 말씀은 아니시잖아요. 그러니까 실제 수리를 하면 보험사 협력 공업사에서는 더 싸게 고칠 수도 있다는 말씀을 드리는 겁니다. 그리고

요즘엔 보험사 협력 공업사가 보험사 눈치 보면서 그렇게 엉망으로 수리하는 데 없습니다.

골프 보험사 협력 공업사가 수리 잘한다는 안내 감사하고요. 거기서 수리하든지 공식 서비스센터에서 수리하든지 그건 제가 알아서 선택할게요.

담당자 실제 수리를 하실 거면 어디서 수리를 받으실지는 선생님의 권한이시죠.

골프 실제 수리를 할 때는 어느 공업사를 선택할지가 제 권한인데, 보험사에서 미수선배상금을 지급할 때는 왜 공식 서비스센터의 견적금액이 기준이 되는 게 아니라 수리비가 더 싼 보험사 협력 공업사의 견적금액으로 주려고 하시는 거죠? 도대체 그 방식은 어디에 나와 있는 겁니까? 자동차 손해배상보장법에 있습니까? 자동차보험표준약관에 있습니까?

담당자 회사의 실무처리 내규에 그렇게 되어 있습니다.

골프 내가 보험사 직원도 아니고 그쪽 보험사 계약자도 아닌데 왜 내가 담당자님이 속해있는 회사 내규를 따라야 하는 거죠? 저는 민법에서 보장하는 대로 배상받으면 되는 거 아닌가요?

담당자 선생님 논리대로라면 저는 회사 직원이니까 회사 내규를 따를 수밖에 없는 사람이고 그렇다 보니까 그 내규대로 배상금을 제시해 드리는 겁니다. 제가 말씀드린 금액이 불만이시라면 선생님이 말씀하신 법대로 소송이라도 하셔서 해결하시죠.

골프 네 마침 내가 법률사무소에서 근무하는 사람이라 법대로 소송하는 게 직업인 사람인데 말씀하신 대로 그렇게 해 볼게요. 좋은 방법을 제시해 주셔서 매우 감사하네요. 그리고 마지막으로 한 가지만 물어볼게요. 개정된 자동차보험표준약관에 따라 제 차량이 신차 출고 후 5년이 안 된 차량이라 수리비용의 10%를 자동차 시세하락손해 배상금으로 받을 수 있는 거죠?

담당자 자동차 시세하락의 손해는 말 그대로 수리비용을 기준으로 받는 거니까 실제로 수리를 하실 때만 받으실 수 있는 거고 미수선배상금을 받으실 때는 지급해 드릴 수 없습니다.

골프 그것도 회사 내규에 나와 있는 건가요?

담당자 아니요. 자동차보험표준약관에 그렇게 되어 있습니다.

골프 자동차보험표준약관이 80쪽 밖에 안 돼서 30분이면 읽어 볼 수 있는데 이번 참에 정독하면서 그런 내용이 있는지 확인해 봐야겠네요. 법대로 해결하시죠. 이만 끊습니다.

(골프는 상대 보험사 콜센터에 전화를 건다)

골프 제 차량 번호는 00가 0000이고 저는 권영록이라고 하는데요. 교통사고 피해자이고요. 저의 대물담당보상과직원이 매우 불친절할뿐더러 배상금 책정도 부당하게 하고 있어서 금융감독원에 민원을 제기하고 싶은데 어떻게 하면 되는지 좀 가르쳐 주실래요?

상담원 네, 불편드려서 죄송합니다. 담당 직원의 상급자가 전화로 안내 드릴 수 있도록 조치해 드려도 괜찮을까요?

골프 언제 전화 주는데요?

상담원 최대한 빠르게 연락드리라고 하겠습니다.

골프 네, 부탁드립니다.

(곧장 금융감독원에 민원을 제기하기 보다 이런 식으로 담당자를 교체하는 것만으로 불편한 부분이 어필되기도 하고, '민원 제기'의 뉘앙스를 띄우게 되므로 원만한 협의에 이르게 되는 경우도 종종 있다.)

상급자 안녕하세요. 권영록 선생님이시죠? 저는 ○○보험사의 센터장입니다. 저희 직원이 좀 실수를 한 거 같아서 사과 말씀드리려고 전화드렸습니다.

골프 안녕하세요, 저도 같이 화내고 언성 높였는데요 뭐. 이렇게 전화까지 주시고 감사합니다. 열심히 일하시다 보면 그러실 수 있죠. 저도 그런 성격이라 충분히 이해합니다.

교통사고 자력구제

상급자　이해해 주시니 감사합니다. 앞으로는 제가 맡아서 처리해 드릴 테니 저에게 말씀하시면 됩니다. 제가 보고 받기로는 미수선배상금에 이견이 있다고 들었습니다.

골프　공식 서비스센터에서 2,000만 원의 견적서를 받았는데, 그 담당자는 1,500만 원만 지급할 수 있다고 하셔서요. 그분도 손해사정사이실텐데 중립적으로 배상금을 책정하시는 것이 아니라 너무 보험사에 편향된 쪽으로 하시는 느낌을 많이 받았네요. 그분이 하신 거라곤 공식 서비스센터에서 책정한 견적금액을 깎은 거 밖에 없어요. 심지어 산출내역서도 보여 주지 않고 구두로 1,500만 원만 줄 수 있다고 한 거예요.

상급자　네, 선생님 불편함이 많으셨겠네요. 제가 꼼꼼하게 다시 살펴보고 내일까지 내역서 작성해서 연락드려도 될까요?

골프　그리고 한 가지 더요. 그분 말씀으로는 실제로 수리를 하지 않고 미수선배상금을 받을 때는 자동차보험표준약관에 나와 있는 대로 자동차시세하락손해 배상금을 받을 수 없다고 하던데 사실인가요?

상급자　저희 직원이 안내를 잘 못 드렸네요. 제가 대신 사과드리고요. 당연히 지급 받으실 수 있습니다.

골프　금융감독원에 민원 넣을 때 그 부분도 쓸까 했는데 센터장님 덕분에 그 부분은 빼도 되겠네요.

상급자　제가 합리적으로 잘 조치해 드릴 테니까 금융감독원에 민원을 제기하시는 것은 잠시 보류해 주시죠. 제가 빨리 처리해서 내일까지 꼭 연락드리겠습니다.

골프　알겠습니다. 그럼 수고하시고요. 내일 전화 주세요.

(다음 날)

골프　센터장님 보내주신 미수선배상금 내역서는 잘 받았습니다. 그러니까 센터장님 말씀은 공식 서비스센터의 견적금액 중에 부품값이 1,400만 원인데 ○○보험사와 서비스센터 간에 부품값의 10%를 할인하기로 계약을 맺은 상태여서 서비스센터에서 실제로 수리를 하는 경우에도 10%는 원래 할인되니까 140만 원을 감액시키신 거고 서비스센터에서는 부품을 교환해야 한다고 견적을 냈지만 개정된 보험개발원의 경미손상 수리기준에 따라 부품 교환 없이 판금으로 펴기만 해도 되니까 해당 부품을 삭제하셔서 100만 원을 감액시키신 거네요. 그리고 차량의 하체 부품 중에서 서비스센터에서는 포함 시키지 않은 서스펜션을 새롭게 추가하셔서 50만 원 증액시키셨네요.

상급자　맞습니다. 제가 파손된 사진을 꼼꼼히 살펴보고 내린 결론입니다.

골프　그래도 센터장님은 파손 부위를 추가로 인정해 주신 것으로 보아 좀 중립적으로 산정해 주신다는 느낌을 받네요.

상급자　말씀 감사합니다. 그게 저희 같은 손해사정사가 하는 역할이니까요.

골프　그런데 서비스센터의 2,000만 원 견적금액 중에 600만 원이 공임료인데 센터장님이 산정하신 내역서에는 300만 원으로만 되어 있어요?

상급자　서비스센터에서는 공임을 시간당 6만 원 정도로 계산하는데 회사 내규상 시간당 3만 원으로 계산하게 되어 있어서 그렇습니다. 선생님이 그 부분에 대해서 불만이 있으시다고 전 담당자에게 이미 보고를 받았습니다만 이건 센터장인 저도 어쩔 수 없는 부분입니다. 양해해 주실 수 있으실까요?

골프　죄송한데 그건 제가 양해해 드릴 수가 없습니다. 그 내규에 있는 배상금 책정 기준은 어떤 법규를 근거로 하고 있을까요?

상급자　국토교통부가 공표한 정비요금표에 따라서 마련된 것인데요. 평균요금이 29,000원이라서 회사에서는 미수선배상금 지급 시 시간당 공임을 3만 원으로 책정하고 있습니다.

골프　제가 알기로는 기술 수준에 따라 25,000원에서 34,000원까지 책정되어 있는 것으로 아는데요. 국토교통부의 가이드라인을 따르더라도 제 차는 외제차라 최고 수준 기술료를 책정해 주셔야 하는 것 아닌가요? 더군다나 국토교통부의 정비요금표 상의 금액이 구속력이 있는 것이 아니라 단순히 가이드라인 아닙니까? 가이드라인을 따라 협의하는 것이지 이렇게 일방적으로 통보하시면 어떡하십니까.

상급자 선생님 말씀대로 협의하는 것이 맞지요. 저는 다만 제시해 드린다는 것이 통보한 것으로 느끼셨나 보네요. 오해하시게 해서 죄송합니다.

골프 아닙니다. 아무튼 시간당 공임을 5만 원으로 협의하고 싶은데 검토해보시고 연락주시겠어요?

상급자 네. 그럼 오늘은 늦었으니 제가 다시 꼼꼼하게 검토하고 내일 연락드리겠습니다.

(다음 날)

상급자 많이 고민해보고 부서 실무자와도 오랜 시간 상의해 봤는데요. 최초 담당자가 1,500만 원을 제시해 드렸었고, 제가 재산정하여 1,450만 원의 내역서를 보내드렸잖아요.

골프 네, 그렇죠.

상급자 어제 선생님께서 말씀하신 것도 있고, 또 저도 최대한 선생님 편에 서서 해결을 하고 싶어서 말씀드리는 것인데 최종적으로 1,700만 원에 합의하시는 것은 어떠신지요? 이 금액까지가 제 선에서 할 수 있는 최대한입니다.

골프 제 입장 고려해서 그 금액으로 산정해 주셔서 감사하고요. 물론 교통비와 격락 손해 같은 간접손해금은 추가로 받을 수 있는 거죠?

상급자 물론이죠. 신차 출고 후 5년 미만 차량이어서 배상금의 10%를 격락 손해로 지급해 드리고요. 1,700만 원의 미수선배상금에 따른 수리 기간을 산정하였을 때 13일이 계산되는데 그만큼의 교통비 또한 드립니다.

골프 그것 말고 제 차에 유리막 코팅도 시공되어 있었고, PPF도 되어 있었어요.

상급자 PPF가 시공되어 있는 것은 저희도 육안으로 확인했기 때문에 그 비용은 이미 1,700만 원 포함되어 있고요. 유리막 코팅은 보증서를 보내주시면 한 판당 15만 원으로 계산해서 지급해 드리겠습니다.

골프 알겠습니다. PPF야 생활보호 패키지로 한 거라 사고 부위만 따지면 몇만 원 안 하니까 그건 제가 양보하고요. 유리막 보증서는 팩스로 보내드릴게요. 사고 부위가 총 4관이니까 60만 원 주시는 거 맞죠?

상급자   맞습니다.

골프   그럼 미수선수리비 1,700만 원, 격락 손해 170만 원, 유리막 코팅 60만 원 총 1,930만 원인데 교통비 13일 치는 얼마로 계산하실 거예요?

상급자   개정된 표준약관에 의해 2020년 11월 10일부터 대차료의 35%를 교통비로 지급해 드리니 2,000cc 기준 하루에 35,000원 정도이니까 50만 원으로 맞춰드리면 안 서운하시겠죠?

골프   그렇게 해주시면 저도 감사하죠. 그럼 총 1,980만 원으로 알고 있으면 될까요?

상급자   저도 그 금액으로 최종 확정 지어서 본사에 보고하고 일주일 내로 지급될 수 있도록 하겠습니다. 아무쪼록 합의해 주셔서 감사합니다.

골프바라기의 TIP TIP TIP

TIP

- 미수선 배상 시에는 자동차시세하락손해 배상금이 포함된다
- 미수선 배상액을 산정할 때 교통비와 격락손해를 비롯한 간접손해금이 산정되었는지 확인하자

교통사고 자력구제

사고 후 임시로 받은 렌터카가 이상해요

피해자 제 차가 이번에 신형으로 모델이 체인지 되어서 나온 거라 부품이 국내에 없나 봐요. 그래서 독일에서 수입해야 하는데 한국에 도착하는 데까지 한 2주 걸리나 보더라고요.

골프 부품값도 꽤 비싸겠네요?

피해자 그렇죠. 서비스센터에서 안내받기로는 앞 범퍼하고 그 위에 그릴이 깨져서 둘 다 교체해야 한다고 하는데 부품값만 300만 원이 넘는다고 하더라고요.

골프 대략 회사원 월급 정도 되네요.

피해자 그러게요. 그런데 국장님. 상대방이 후진하다가 가만히 서 있는 제 차를 못 보고 박아서 망가뜨렸으면 상대방 보험사가 수리비는 물론 수리기간 동안 렌터카 비용도 지불해야 하는 거 맞죠?

골프 당연히 그렇죠. 왜요? 보험사에서 렌터카 비용 지불 못 하겠대요?

피해자 서비스센터에서 부품이 배송되는 기간 때문에 수리기간이 대략 2주 정도 걸린다고 했는데 보험사에서는 2일 정도만 렌터카 비용을 지불하겠다는 거예요.

골프 왜요?

피해자 보험사의 보상과 직원 말로는 범퍼와 그릴이 파손되었지만 금이 간 정도라서 운행하는 데에는 지장이 없으니까 타고 있다가 부품이 도착하면 그때 서비스센터에 입고시키면서 렌터카를 빌리라는 거예요. 자기가 서비스센터에 문의해보니 실제로 수리하는 데에는 1박 2일 정도 소요된다고 답변을 받았다면서 2일 동안만 렌터카 비용을 인정해 준다는 거예요.

골프   현실적으로 그렇게까지 깐깐하게 하는 보상과 직원은 굉장히 드문데 왜 그렇게까지 할까요.

피해자   제가 수리하지 않고 미수선배상금을 받고 싶다고 하니까 그때부터 굉장히 민감하게 반응하더니 렌터카 비용도 깐깐하게 나오더라고요. 렌터카는 제 차와 비슷한 동급의 수입차를 이용할 수 있는 것이 아니라 동일한 배기량의 국산차를 이용해야 한다는 소릴 하지 않나, 렌터카를 이용하지 않고 돈으로 보상받을 거면 동일 배기량 국산차 렌터카 비용의 35%만 교통비로 준다고 하지 않나, 아까 말씀드렸듯이 수리기간 2주를 전부 인정하지 못하고 이틀치의 교통비만 준다고 하지 않나. 저로서는 도저히 이해할 수 없는 억지만 쓰기에 국장님에게 전화드린 거예요.

골프   신형으로 기분 좋게 뽑으시고 얼마 안 되었는데 사고를 당하셨으니 얼마나 속상하시겠어요. 더군다나 선생님이 생각하시는 것만큼 제대로 배상도 못 받는다고 느껴지시니까 더 화나시겠죠.

피해자   그렇죠. 보험사가 아니라 무슨 사기꾼 같아요.

골프   안타깝지만 보험사의 안내가 틀린 것이 없습니다.

자동차보험표준약관 대물배상 지급기준

3. 대차료

  나. 인정기준액

    (1) 대차를 하는 경우

      (가) 대여자동차는 「여객자동차운수사업법」에 따라 등록한 대여사업자에게서 차량만을 빌릴 때를 기준으로 동급(*1)의 대여자동차 중 최저요금의 대여자동차를 빌리는데 소요되는 통상의 요금(*2).다만, 피해차량이 사고 시점을 기준으로 「여객자동차운수사업법」에 따른 운행연한 초과로 동급의 대여차동차를 구할 수 없는 경우에는 피해차량과 동일한 규모(*3)의 대여자동차 중 최저요금의 대여자동차를 기준으로 함.

      (*1) "동급"이라 함은 배기량, 연식이 유사한 차량을 말합니다.

      (*2) "통상의 요금"이라 함은 자동차 대여시장에서 소비자가 자동차대여사업자로부터 자동차를 빌릴 때 소요되는 합리적인 시장가격을 말합니다.

      (*3) "규모"라 함은 「자동차관리법시행규칙」 별표1 자동차의 종류 중 규모별 세부기준 (경형, 소형, 중형, 대형)에 따른 자동차의 규모를 말합니다.

피해자　　정말요? 왜요?

골프　　우선 금융감독원에서 자동차보험의 배상기준을 몇 년 전에 바꿨어요. 고가 자동차 교통사고에 대한 렌터카 비용이 보험사에서 너무 많이 지출되니까 보험사의 손해율이 높아지고 결국 그것이 전체 자동차보험료의 상승을 가져왔나 봐요. 그래서 이미 알고 계신 것처럼 요즘은 차량의 미세한 파손은 부품을 교환할 수 없잖아요. 그 것도 자동차보험사로 하여금 보험금 지급을 적게 하여 자동차보험료 상승을 억제하려는 방안인데 동일한 논리로 이미 몇 년 전부터 교통사고가 났을 때 대여할 수 있는 렌터카 기준을 새롭게 마련한 거죠.

피해자　　아무리 그래도 피해자 입장에서는 너무 억울해요. 내 차는 2억짜리 벤츠인데 1억도 안되는 제네시스를 렌터카로 이용하라고 하니까요.

골프　　글쎄요. 선생님 입장에서는 그렇게 느끼실 수도 있죠. 하지만 자동차보험료 상승의 억제 효과가 있으니 결국은 선생님도 혜택을 보시는 거니까 이해하고 넘어가셔야죠.

피해자　　그럼 그건 그렇다 치고 차량 수리를 하지 않으면 수리비만큼 미수선배상금을 주면서 렌터카를 이용하지 않으면 왜 렌터카 비용의 35%만 교통비로 지급해 준다는 거예요?

골프　　그 이유를 정확하게 설명할 수 있는 사람은 없을 거예요. 판례를 바탕으로 자동차보험표준약관에 그 정도로 지급하라고 명시해놓았는데요. 실제 소송에서도 판사들이 과거나 현재나 그 정도로 지급하라고 판결을 하는데 왜 렌터카 비용의 35%인지에 대한 이유를 설명하고 있지는 않아요. 결론적으로 자동차보험표준약관에 그렇게 나와 있기 때문에 그런 거죠.

피해자　　그럼 부품이 배송되는 기간에는 보험사가 교통비를 지급하지 않아도 된다는 것도 명시가 되어 있나요?

골프　　그런 내용은 없지만 과거 판례에 부품이 배송되는 기간이 통상의 기간을 초과하면 그 초과하는 기간 동안에는 렌터카 비용을 지불하지 않아도 된다는 판결이 있어서 그래요.

피해자   그건 왜요?

골프   민법에 보면 누구나 예상할 수 있는 통상손해는 배상해야 하지만 예상할 수 없는 특별손해는 배상하지 않아도 된다고 나와 있거든요. 고가 차량의 부품이 통상적인 배송기간을 초과한다는 것은 가해자가 예상할 수 없는 특별손해라는 것이고 고가 차량을 운행하는 소유주는 고가 부품의 배송이 지연됨으로 인한 손해는 본인이 감수하고 타야 한다라는 취지예요.

피해자   법이 그렇다고 하니 어쩔 수 없네요.

골프   안타깝지만 어쩔 수 없습니다. 하지만 상대방 보험사에서 교통비를 산정할 때 실제 수리기간만 인정한 것은 실수가 있는 부분이에요. 왜냐하면 통상의 부품배송기간을 넣지 않았기 때문인데요. 실 수리 기간 1박 2일에 통상의 부품배송기간인 1박 2일 정도를 합쳐서 3~4일 정도의 교통비를 인정해달라고 요청하시면 그 정도는 수용할 겁니다.

피해자   그거라도 받아야겠네요. 조언 감사합니다. 그래도 몇만 원은 더 받겠네요.

자동차보험표준약관 대물배상 지급기준

3. 대차료

 다. 인정기간

   (1) 수리가능한 경우

   수리를 위해 자동차정비업자에게 인도하여 수리가 완료될 때까지 소요된 기간으로 하되, 25일을 한도로 함.

   다만, 부당한 수리지연이나 출고지연 등의 사유로 인해 통상의 수리기간(*1)을 초과하는 기간은 인정하지 않음.

   (*1) "통상의 수리기간"이라 함은 보험개발원이 과거 3년간 렌트기간과 작업시간 등과의 상관관계를 합리적으로 분석하여 산출한 수리기간(범위)을 말합니다.

   (2) 수리 불가능한 경우 | 10일

렌터카비용 지급에 관한 판결
서울중앙지방법원 2016. 6. 24 선고 2014가단5232671 판결

② 가사 피해차량의 수리를 위하여 실제로 14일 이상이 소요되었다고 하더라도, ㉮ 피해차량과 같이 부품 조달의 어려움 등으로 수리기간이 장기간이고 대차료도 고액인 고가의 수입 오토바이의 경우, 이를 운행하면서 발생하는 위험은 이를 소유하면서 그 이익을 누리는 자가 부담하는 것이 타당한 점, ㉯ 차량 수리기간 동안의 대차료를 통상의 손해로 인정하는 취지는 수리기간 동안 이동수단의 부재로 인하여 피해자가 입은 손해를 배상하려는 것이므로, 통상의 이동수단의 부재로 인한 손해를 넘어서는 부분까지 원고가 배상할 책임이 있는 통상손해라고 볼 수는 없는 점, ㉰ 피해차량이 고가의 수입 오토바이로서 부품 조달의 어려움 등으로 수리기간이 장기간이고 대차료도 고액이 될 것이라는 사정은 특별손해에 관한 것으로서, 원고의 피보험차량 운전자가 이 사건 사고 당시 이를 알았거나 알 수 있었다고 보기는 어려운 점 등에 비추어, 위 기간을 모두 인정하는 것은 부당하다.

골프바라기의 TIP TIP TIP

TIP

- 누구나 예상할 수 있는 일반손해는 배상되지만 예상할 수 없는 특별손해에는 배상의 의무가 없다
- 렌터카를 이용하지 않을 시 보통 렌터카 비용의 30%를 지급받게 된다

STORY 15

차량이 전손되었는데 시세보다 덜 보상해준대요

자기차량손해담보금액과 상대 보험사의 중고차 평가금액 중 높은 금액을 선택할 수 있다

보험사　후방추돌 당하신 거라 선생님의 과실이 전혀 없기 때문에 선생님의 보험사에서는 면책 건으로 사고 접수가 취소되어 있네요.

골프　네 그랬군요. 제 과실이 전혀 없더라도 제가 보험가입이 되어있는 상태에서 운전하고 있었다면 보험 처리를 받을 수 있지 않나요?

보험사　그렇긴 하죠.

골프　그렇다면 일단 다시 접수시켜 주세요. 이번 교통사고로 제 차가 폐차 될 정도로 파손되어서 전손처리를 해야 하는데 상대방 보험사에서 책정한 중고시세와 제 보험사의 차량가액을 비교해서 더 높은 금액으로 전손처리를 받으려고 하거든요.

보험사　아, 그러시군요. 바로 접수해놓겠습니다.

골프　사고일 기준 제 자기차량손해 보험금이 얼마인가요?

보험사　잠시만요. 금방 조회해서 알려드릴게요. 3,214만 원입니다.

골프　제가 기타부속품으로 블랙박스와 알루미늄 휠을 등록해 놓았는데 그것이 다 포함되어 있는 금액인가요?

보험사　확인해 보니 블랙박스 15만 원, 알루미늄 휠 31만 원을 합쳐서 총 3,260만 원입니다.

골프　그렇군요. 상대방 보험사에서 제 차량의 중고시세로 3,000만 원을 주장하고 있으니까 저는 자차로 전손처리를 받는 것이 유리하겠네요.

보험사　그렇습니다. 그러면 전손처리를 위한 서류를 보내 드릴 테니까 작성하셔서 다시 회신주시면 감사하겠습니다. 팩스나 이메일 중 편하신 방법 알려주시면 보내드릴게요.

상대 보험사가 제시한 중고차 평가금액이 적다고 생각될 경우 개별 시세 평가를 의뢰해달라고 요청할 수 있다

골프　보내주신 중고차 시세평가서는 잘 봤습니다. 서류에 보면 중고차량의 가치 평가금액이 하 2,900만 원, 중 3,000만 원, 상 3,100만 원으로 되어있는데 제 차량은 중 가격으로 책정하셨네요.

보험사　네, 일 년을 1월~4월, 5월~8월, 9월~12월 이렇게 3분기로 나누어 책정하는데요. 선생님의 차량은 7월에 출고된 차량이라 중 가격으로 평가하였습니다.

골프　중고차의 가치가 출고 시기로만 평가되는 것은 아닐 텐데요. 주행거리나 옵션도 중요한 요소 아닌가요? 제 차량은 동일연식의 차량보다 주행거리가 짧을 뿐만 아니라 고급기능이 많이 들어간 풀 옵션 차량인데, 그것도 고려해 주셔야 하는 거 아닌가요?

보험사　네, 선생님 차량의 주행거리가 좀 짧긴 하네요. 그럼 제가 상 가격까지는 인정해 드릴 수 있습니다.

골프　그런데 그 가격은 누가 평가하는 것인가요? 보내주신 서류를 보니까 보험사에서 평가하는 것은 아닌 거 같던데요?

보험사　저희가 평가하면 객관성이 떨어지니까 중고차 매매조합과 같은 공신력 있는 업체에 의뢰해서 평가를 받습니다.

골프　그러면 그곳에서 평가를 한 금액이 절대적으로 법적인 강제성이 있는 금액인가요? 법적인 강제성이 있으려면 법원의 판사가 의뢰한 차량감정사가 평가한 금액이어야 하는 걸로 알고 있는데요.

보험사　맞는 말씀입니다. 저도 뭐 무조건 이 금액으로 인정하시라고 드리는 말씀은 아니고요. 그런데 선생님은 어차피 선생님의 자차보험사로부터 저희가 제시 드린 금액보다 높은 금액으로 보상을 받으실 텐데 저희가 이 금액을 가지고 다툴 필요가 있을까요?

골프　차량이 전손처리가 되면 보험사에서는 피해자에게 간접손해금으로 취·등록세도 지급해야 하지 않나요?

보험사　물론이죠. 다음번에 차량을 구입하시고 취·등록세 영수증을 제출해 주시면 당연히 드립니다.

골프　그 취·등록세는 파손된 제 차량 가치의 7%까지 주시지 않나요?

보험사　잘 알고 계시네요.

골프　그러니까 제 차량의 가치가 높아져야 제가 받을 수 있는 취·등록세도 많아지겠죠. 그래서 제 차량의 가치를 제대로 인정받기 위해서 담당자님과 협의를 하는 겁니다. 저라고 뭐 시간이 남아서 이러겠습니까.

보험사　취·등록세는 피해차량의 가치를 기준으로 지급되는 것이 아니라 차량사업소에 등록된 차량가액을 기준으로 지급됩니다.

골프　그러한 지급 기준이 어디에 명시되어 있나요?

보험사　저는 지금까지 전손처리를 진행하면서 모두 그렇게 처리했는데요?

골프　담당자님이 지금까지 그렇게 처리해왔다고 해서 그게 법은 아니지 않습니까?

보험사　그렇긴 합니다만 대부분 사람들이 차량을 거래할 때 등록사업소에 가서 실제 차량의 거래 가격대로 취·등록세를 내지 않고 등록된 차량가액대로 취·등록세를 내는 것이 다반사잖아요.

골프　그것은 국가에서 조세저항을 피하기 위해 취·등록세의 기준금액을 낮게 설정해놓은 것일 뿐이고 중고차매매상사에서 차량을 거래할 때나 캐피탈사로부터 차량을 인수 받을 때 모두 차량의 실제거래금을 기준으로 취·등록세를 납입해야 합니다. 그런데 누구보다 조세준법의무를 지켜야 할 보험사에서 일종의 탈세하는 방법을 근거로 배상금을 적게 지급하려는 것은 어폐가 있지 않나요? 혹시 이렇게 지급하라고 자동차보험표준약관에 나와 있나요? 회사 내규에 나와 있나요?

보험사   네. 그러면 이것은 팀장님과 상의 후 다시 말씀드려도 될까요?

골프   네. 재검토 부탁드리고요. 아까도 말씀드렸다시피 제 차량이 동급 연식의 차량보다 주행거리도 짧고 옵션도 많으니 차량의 개별시세평가를 다시 의뢰해 주시면 감사하겠습니다.

보험사   취·등록세와 차량의 시세평가 이 두 가지 검토해서 며칠 뒤에 연락드리겠습니다.

(며칠 뒤)

보험사   안녕하세요. 말씀하신 두 가지 내용을 팀장님하고 상의하고 본사에도 질의해서 답변을 받았는데요. 취·등록세는 선생님 말씀대로 차량등록사업소의 등록가액이 아니라 중고차 시세평가액을 기준으로 지급해 드리기로 했고요, 개별시세평가를 다시 의뢰해서 받은 금액은 3,170만 원입니다.

골프   다시 알아봐주셔서 감사하고요. 저도 그 정도 가격이면 수긍하겠습니다.

보험사   네, 선생님 측 보험사에서 구상서류 받는 대로 즉시 조치하겠습니다.

골프   제 보험사에서 저에게 먼저 보험 처리를 해주고 제 보험사가 상대 가해자 측 보험사 그러니까 담당자님의 회사로 구상청구 한다는 말씀이시죠?

보험사   맞습니다. 선생님의 자기자동차담보금액이 사고 당일 기준으로 3,260만 원이라고 전달받았고요. 선생님은 자차보험회사로부터 그 금액과 전손처리 시에 이용하실 수 있는 10일간의 렌터카를 이용하시지 않으셨으니까 2,000cc 차량의 교통비 10일치인 30만 원, 그리고 저희가 합의한 중고시세인 3,170만 원의 7%까지 취·등록세를 지급해 드립니다. 다 합치면 최대 3,512만 원 정도를 받으실 수 있겠네요.

골프   그런데 취·등록세를 3,170만 원의 7%까지 지급한다는 말은 제가 사고 이후 구입한 차량의 취·등록세가 3,170만 원의 7%인 2,219,000원을 넘으면 2,219,000원만 주신다는 거죠?

보험사   맞습니다. 반대로 새로 구입한 차량의 취·등록세가 2,219,000원을 넘지 않으면 새로 구입한 차량의 취·등록세만 드립니다. 예를 들어 신규 취득차량의 취·등록세가 150만 원이면 150만 원만 지급해 드리는 겁니다.

골프   잘 알겠습니다. 그런데 제가 새로 구입할 차량의 가격이 4,500만 원 정도라서 취·등록세 배상금을 220만 원 미만으로 받을 일은 없을 거예요.

보험사   그러시군요. 취·등록세 내시고 영수증을 제출해 주시면 되고요, 사고 난 차량이 선생님 명의니까 신규 취득차량도 같은 명의자로 등록이 된 자동차등록증을 보내주시면 됩니다.

골프   새로 살 자동차는 리스로 구매할 거라 취·등록세가 리스료에 포함되어 있어서 따로 취·등록세 영수증이 없고 명의자도 제가 아니라 캐피탈사로 되어 있을 텐데요.

보험사   리스 계약자는 선생님이신가요?

골프   네, 저예요.

보험사   그렇다면 어차피 리스계약은 캐피탈사가 명목상의 소유자고 실제 점유자는 리스계약자이기 때문에 전손처리된 차량의 명의자가 신규 취득차량의 리스계약자라도 배상해 드리는 데는 문제없습니다. 그리고 취·등록세가 리스료에 포함되어 있다는 리스서류를 보내주시면 됩니다.

골프   배상금 지급 마무리까지 잘 부탁드립니다.

골프바라기의 TIP TIP TIP

TIP
- 차량등록사업소의 등록가액이 아닌! 중고차 시세평가액을 기준으로 책정되었는지 확인한다
- 전손처리된 차량의 명의자가 신규 취득차량의 리스계약자더라도 배상에는 문제가 없다

교통사고 자력구제

차를 수리해도 예전 가격은 못 받을 것 같아요

피해자 보험사한테 제 차 드릴 테니까 새 차로 가져오세요.

보험사 죄송합니다만 그 정도까지 배상해 드릴 수는 없습니다.

피해자 주차장에다 멀쩡하게 세워둔 내 차를 망가뜨렸으면 응당 책임을 져야 할 거 아닙니까?

보험사 선생님 화 좀 누그러뜨리시고요. 그래서 보험사에서 차량 수리비하고 렌터카 비용을 배상해 드리는 겁니다.

피해자 마른하늘에 날벼락도 아니고 저는 아무런 잘못도 없이 이런 황당한 일을 당했는데 보험사에서는 원래 제 차 상태 그대로인 차를 다시 주시는 것이 도의적인 책임을 지는 것 아닌가요?

보험사 저희는 선생님 차량을 파손한 가해자가 아니고 다만 가해자를 대신해서 금전적인 배상을 책임지는 보험사일 뿐입니다. 보험사가 도의적인 책임까지 질 수는 없지 않습니까.

피해자 도의적인 책임을 질 수 없으면 정당한 배상이라도 해줘야 할 거 아닙니까? 차가 망가져서 수리가 된 흔적이 있고 보험 처리를 받은 이력이 남으면 나중에 차량을 팔 때 중고찻값이 떨어지는 게 당연한데 왜 그런 건 배상을 안 해주나요?

보험사 저희가 중고차 매매조합에 의뢰해서 선생님의 사고 당일 기준 중고차시세를 조회해 보니까 3,000만 원입니다. 그런데 선생님의 차량수리비 견적금액이 550만 원인데 자동차보험표준약관의 규정상 차량 수리비가 사고 당일 차량가치의 20% 이

상일 때 중고차 시세 하락 손해배상금을 지급하도록 되어있습니다.

피해자　그 공업사에서는 차량의 파손된 부품을 아직 탈거해보지 않은 상태에서 예상 견적을 산출한 것이고 수리를 하다 보면 견적금액이 더 추가될 수 있다고 하던데요.

보험사　만약에 수리를 하다가 추가되는 부품이 있거나 차량 내부 손상이 발견되어서 수리비가 추가되어 최종 수리비가 선생님 차량의 사고 당일 중고차 시세 평가금액 3,000만 원의 20%인 600만 원을 초과한다면 당연히 중고차 시세 하락 손해배상금을 지급해 드립니다. 그런데 선생님께서는 현재 예상 견적금액만 가지고 중고차 시세 하락 손해배상금이 지급되는지에 대해 확답을 달라고 하시니 제가 지급해 드릴 수 있다고 답변을 드리지 못하는 겁니다.

피해자　지금 제 차가 입고되어있는 공업사는 사고현장에 왔었던 보험사 현장출동 직원이 추천한 곳인데, 이러려고 그 보험사 직원이 그 공업사를 추천한 거군요.

보험사　현장출동요원은 보험사 직원이 아니고 보험사 협력업체에서 파견하는 분들입니다. 그분들이 추천하는 공업사에서 보험사의 편익을 위해 일부러 수리금액을 낮추고 그러지는 않습니다.

피해자　안 그러긴 뭘 안 그래요. 인터넷 보니까 그런 내용의 글들이 많던데.

보험사　정 그러시면 공식 서비스센터로 차량을 이동하셔서 다시 견적을 받아보시는 것은 어떠실까요? 그렇게 하시면 방금 말씀하셨던 의구심이 없어지지 않으실까요?

피해자　그러면 조언 주신대로 그렇게 해볼게요. 그런데 공업사 사장이 저한테 전화로 견적금액 안내하면서 만약에 수리 안 하고 그냥 가져나가면 견적비랑 보관료 내야 한다고 했는데 그 비용은 제가 내야 하나요?

보험사　그 공업사는 제 관할 지역에 있는 업체라 사장님을 잘 아니까 그 비용은 선생님이 내시지 않도록 잘 말씀드려서 조치하겠습니다.

피해자　감사합니다. 그럼 공식 서비스센터까지 제 차량은 견인 해주시나요?

보험사　죄송하지만 차량 견인비용은 사고 후 1회만 지급해 드립니다. 선생님 보험사의 무상견인서비스를 이용하셔야 합니다.

피해자　알겠어요. 그럼 공식 서비스센터로 보내고 견적 나오면 다시 통화하시죠.

보험사　네, 다시 전화드리겠습니다.

(며칠 뒤)

보험사　선생님 공식 서비스센터로부터 견적서를 받았는데요. 총 620만 원이 산출되었고 저도 검토해봤지만 견적금액에는 아무 문제 없습니다.

피해자　그럼 이제 중고차 시세 하락 손해배상금을 받을 수 있겠네요?

보험사　그렇습니다. 선생님의 차량은 신차 출고 후 26개월이 경과 되어 자동차보험표준약관상 규정에 의하여 2년 초과 5년 미만 차량은 수리비의 10%를 지급해 드리니 현재 견적서대로라면 62만 원을 지급해 드리고 만약 수리하다가 추가로 수리할 부분이 발견되어서 수리비가 늘어난다면 그 금액의 10%를 지급해 드립니다.

피해자　62만 원이요? 제가 잘 아는 중고차 딜러에게 물어보니 휀더와 앞도어, 뒷도어가 교환되어서 나중에 중고차로 팔 때 차량성능검사지에 수리 된 부분 사고 이력으로 남고 보험이력도 600만 원 정도 남아서 최소한 150만 원은 감가될 거라고 하던데요.

보험사　네, 현실적으로는 저도 그 중고차 딜러분의 의견에 동감합니다만 보험사에서는 자동차보험표준약관에 명시가 되어있는 범위를 벗어난 배상금은 소송을 통해서만 지급해 드릴 수 있습니다.

피해자　아니 일이백만 원 가지고 어떻게 소송을 해요? 변호사 비용이 더 들 거 같은데.

보험사　안타깝습니다만 만약 제 돈으로 드리는 거면 150만 원 드리고 말겠지만 회사에서 지급하는 거라 상부의 결재가 있어야 하는데 방금 말씀드린 이유로 어쩔 수 없는 점 양해해 주시면 감사하겠습니다.

피해자　정말 황당하네요. 보험사의 배상기준이 이렇게 현실성이 떨어지다니. 저도 좀 알아보고 다시 전화드릴게요.

(피해자는 중고차 딜러인 지인에게 이 문제를 상의한다)

피해자 이거 진짜 답이 없는데 어떻게 하면 좋을까?

딜러 그 차 몇 년이나 더 타실 거예요?

피해자 글쎄, 2년 탔으니까 한 2~3년 더 타겠지. 아직 확실치는 않아.

딜러 만약 1~2년 정도만 더 타시고 파실 거라면 3~4년 된 중고차를 판매하시는 건데. 그때가 중고차 감가의 거의 마지막 시점이거든요. 그리고 어차피 150~200만 원 정도 감가될 거니까 저 같으면 미수선보상금 받아서 그 돈으로 사설 업체에서 싸게 고치고 한 200~300만 원 남길 거 같아요. 그럼 중고차 감가된 것만큼은 남으니까 손해 볼 거 없죠.

피해자 그렇게 사설업체에서 싸게 수리했다가 나중에 중고차로 팔 때 문제 생기는 거 아니야? 그리고 괜히 엉망으로 수리된 차를 남한테 파는 거 같아서 좀 찜찜하기도 하고.

딜러 아니예요. 공식 서비스센터에서는 보험사에서 제동을 걸지 않는 한 업체에서 웬만하면 다 교체를 하려고 하잖아요. 어차피 보험사에서는 규정상 교환 수리에 문제만 없다면 돈을 지급해 줘야만 하니까요. 공식 서비스센터나 사설업체나 다 돈 벌려고 사업하는 거니까 최대한 보험수리비를 많이 받으려고 하겠죠. 그런데 형님 차 망가진 거 제가 사진으로 보니까 반드시 교환을 해야 하는 수리는 아니에요. 판금 잘 하는 공업사에 가서 잘 펴 달라고 하면 감쪽같이 새것처럼 수리해 줘요. 물론 차량의 내구성이나 수리품질에 아무 문제 없이 수리도 깔끔하게 하는 업체 많이 있고요.

피해자 수리가 제대로 된다는 보장만 있다면야 그 방법도 나쁘진 않겠네.

딜러 그리고 만약에 그 차 앞으로 4~5년 더 타실 거면 그때는 차량 연식이 너무 오래되어서 이미 감가가 많이 된 상태이기 때문에 이 정도 사고 이력이 있다고 해서 추가로 더 감가되거나 하지 않아요. 된다고 해도 몇십 정도. 그러니까 이럴 때는 수리가 잘 될까 안 될까 걱정할 필요 없이 공식 서비스센터에 맡기고 보험사에서 중고차 시세 하락 손해금 60만 원 받는 것도 괜찮죠.

피해자 음. 무슨 말인지 알겠네. 잘 생각해 보고 결정해야겠다. 우선 내가 이 차를 얼마나 더 탈 것인지부터 고민해 봐야겠네.

(며칠 뒤)

피해자   담당자님, 제가 주변에 지인들과도 상의해보고 저도 고민해 본 결과 미수선배상금을 받고 싶어요.

보험사   네, 알겠습니다. 선생님. 그럼 제가 미수선배상금 산출해서 내일까지 연락드려도 될까요?

피해자   네, 그렇게 해주세요. 미수선배상금을 받으면 중고차 시세 하락 손해배상금은 못 받나요?

보험사   아닙니다. 미수선배상금액에 10%를 추가로 지급해 드립니다.

피해자   네, 그렇군요. 그런데 미수선배상금을 지급하실 때 일종의 합의서 같은 것을 저에게 받으셔야 되죠?

보험사   물론 그렇습니다.

피해자   그러면 그 합의서에 만약 추후에 제 차를 판매했을 때 제가 지급 받은 중고차 시세 하락 손해배상금을 초과하는 중고차 시세 하락이 발생했을 경우에 그 초과된 금액에 대해서 소송을 제기할 수 있다는 내용을 명시하고 싶은데요.

보험사   선생님, 그렇게 하셔도 되지만 알아 두셔야 할 게 배상금 청구는 합의서를 작성하시고 3년 내에 하셔야 합니다.

피해자   네. 알려주셔서 감사합니다. 그럼 미수선배상금 산출하셔서 연락주세요.

골프바라기의 TIP TIP TIP	
TIP	- 미수선배상 시에도 중고차 시세하락 손해배상을 받을 수 있다 - 미수선배상에 대한 합의서를 작성할 때 시세하락 손해배상금을 초과하는 시세하락이 발생했을 경우 초과된 금액에 대해 소송을 제기할 수 있다는 특약을 넣자

결혼예물로 받은 시계는 보상이 안 된대요

후배   휴가 복귀 신고합니다. 덕분에 잘 다녀왔습니다. 근데 저희 인천공항에서 돌아오는 길에 교통사고 났어요.

골프   엥? 어쩌다가 그랬어?

후배   공항버스 시간이 애매하기도 하고 피곤하기도 해서 택시 잡아서 타고 가고 있었거든요. 그런데 공항고속도로에서 화물차가 저희가 타고 있던 택시 뒤를 받아서 택시가 돌면서 가드레일 박고 에어백 터지고 아주 난리도 아니었어요.

골프   너랑 제수씨 몸은 괜찮고?

후배   아내랑 저랑 둘 다 허리며 목이며 다 아픈데 아내도 저도 업무가 많아서 입원은커녕 병원도 못 가고 있어요.

골프   그래도 치료는 잘 받아야 나중에 후유증 없을 텐데.

후배   저희 둘 다 여기저기 멍들고 욱신거리고 아주 죽겠어요. 에어백 터지면서 제 예물로 받은 롤렉스 깨지고 면세점에서 산 아내 명품 옷도 찢어지고 택시 트렁크에 실려 있던 저희 짐 중에는 아내 샤넬 백도 있었는데 그것도 좀 상했더라고요. 그런데 오늘 상대 보험사에서 전화 와서는 제 시계랑 구찌에서 산 아내 옷은 한 푼도 못 물어주고 샤넬 백은 200만 원만 보상해준다고 하더라고요. 그래서 막 욕하고 싸웠거든요. 가해 차량이 화물차라 그런가 상대 보험회사가 화물공제조합인가 그런데, 진짜 열 받아 죽겠어요.

골프   공제조합이라 깐깐해서 그런 건 아니고 자동차보험 약관상 그 말이 맞아.

후배　정말요? 와, 이거 정말 보상도 못 받고 어떻게 해야 하죠? 세상에 이런 법이 어디 있어요?

골프　상대 가해자는 보험료를 내고 자동차보험에 가입하면서 자기가 사고를 내서 남한테 피해를 주면 보험사가 그 손해를 다 물어주기로 계약을 했을 거 아니야? 그건 너도 자동차보험을 들 때 마찬가지겠지.

후배　그렇죠. 그러려고 보험을 드는 거니까.

골프　그럼 보험사는 계약자인 상대 가해자한테 보험료를 받았으니까 가해자가 너에게 입힌 손해를 물어줘야 하잖아.

후배　그런데 왜 안 된다고 할까요?

골프　가해자가 너에게 입힌 손해를 가해자의 보험사에서 보상해주기는 하는데 보험사는 계약자인 가해자와 보험계약을 맺을 때 이런 건 보상을 못해드리니 만약 남에게 이런 피해를 입히면 그건 계약자 당신이 배상하시라고 하는 것이 있어.

대물배상에서 보상하지 않는 손해
자동차표준약관 제2절 제8조 3항
제3호　피보험자동차에 싣고 있거나 운송 중인 물품에 생긴 손해
제4호　다른 사람의 서화, 골동품, 조각물, 그 밖에 미술품과 탑승자와 통행인의 의류나 휴대품에 생긴 손해
제5호　탑승자와 통행인의 분실 또는 도난으로 인한 소지품에 생긴 손해.
　　　그러나 훼손된 소지품에 한하여 피해자 1인당 200만 원의 한도에서 실제 손해를 보상합니다.

후배 그런 걸 보험 들 때 보통 보험사가 계약자한테 따로 알려주나요?

골프 안 알려주지.

후배 그럼 저희 같은 보통 사람들은 전문가가 알려주기 전에는 어떻게 알아요?
참 황당하네요.

골프 그러게 말이다. 자동차보험표준약관이라는 80장 정도 되는 서류에 나와 있
는데 그걸 다 읽고 숙지한 다음 자동차보험을 가입하는 사람은 정말 드물겠지. 약관
에 보면 입고 있는 옷이나 착용하고 있는 시계는 계약자를 대신해서 보험사가 한 푼
도 보상 안 해 드립니다, 그리고 명품 백 같은 소지품은 최대 200만 원까지만 보상해
드립니다, 라고 나와 있거든. 그러니까 제수씨 옷하고 명품 백, 시계는 가해자한테 직
접 보상받아야 되는데 롤렉스도 천만 원 넘을 거고 옷도 구찌에서 샀으면 몇십만 원
할 거고 샤넬 백도 200만 원 넘거나 아무리 못해도 그정도는 될 거고, 합하면 천만 원
중후반 되겠네?

후배 그 정도는 되죠. 그 화물차 기사가 그 돈을 순순히 줄 거 같지는 않은데, 결
국 소송으로 가야 되나요?

골프 소송으로 가면 다 받을 수는 있는데, 문제는 가해자의 책임을 입증하는 거

야. 그 입증을 피해자인 네가 해야 되거든. 너 사고현장에서 네가 말한 망가진 것들 다 사진 찍어 놓았니?

후배   네, 저번에 사고 났을 때 아이패드 부서진 거 형님이 사진 찍어 놓고 현장출동직원한테 보여주라고 하신 게 기억이 나서 출동한 분에게 다 사진 찍어가라고 하고 우리도 휴대폰으로 촬영해놓았어요.

골프   잘했어. 그게 관건이야. 증거 확보. 보통은 사고현장에서 정신없으니까 다들 놓치는데. 아주 잘했어. 그거 있으면 소송에서 무조건 승소할 수 있어. 근데 소송에서 이긴다고 해서 자동으로 돈이 나오는 게 아니란 건 알지?

후배   그렇죠. 저도 채권 업무를 하니까요. 가해자한테 돈을 지급하라는 판결문 보여주면 순순히 주는 사람이 몇 명이나 되나요. 배 째라고 나오면 압류하고 뭐 피곤해지겠죠.

골프   그래도 너희는 증거라도 있어서 소송에서 배상판결 받는 건 어려운 일 아니니까 그것만 해도 다행이지.

후배   그렇죠. 그러면 조만간 소송 부탁드리러 찾아뵙겠습니다.

골프바라기의 TIP TIP TIP

TIP   - 대물배상에서 보상되는 않는 품목을 확인한다
        - 대물배상의 보상범위는 200만 원의 한도 내에서 이루어진다

도로 포트홀에 차량 바퀴가 찌그러졌어요

친구   혹시 차량 휠이 조금 찌그러졌는데 꼭 교환하고 타야 하니?

골프   그건 수리업체에 물어보는 게 좋지 않을까? 내가 차량 수리 전문가는 아니라서.

친구   그렇긴 하지. 근데 어차피 수리업자한테 물어보면 당연히 바꾸라고 하겠지, 뭐. 휠 하나에 100만 원이 넘더라.

골프   외제차니까 그렇지. 휠은 어쩌다가 찌그러트린 거야?

친구   밤에 동부간선도로 타고 나오다가 코너 돌자마자 포트홀이 있더라고. 피할 겨를도 없이 그대로 포트홀을 밟았는데 구멍이 생각보다 깊었는지 충격이 상당했거든. 난 차 다 부서지는 줄 알았어. 내려서 보니까 다행히 휠만 조금 찌그러졌더라고. 집까지 살살 몰아서 왔는데 오는 동안 차가 약간 삐그덕 거린다고 해야 되나, 좀 이상하더라고. 그래서 오늘 아침에 서비스센터에 수리하려고 갔더니 브레이크 캘리퍼도 깨졌고 서스펜션도 점검해봐야 한다고 하더라고. 그거야 내가 봐도 모르는 거니까 수리업자가 하라는 대로 하겠는데. 휠까지 교환하면 수리비가 200만 원이 넘어서 물적할증기준금액이 초과되니까 보험료 할증도 많이 되잖아. 그래서 휠은 교환하지 않고 복원해도 되는지 해서 물어보는 거야.

골프   친구야. 네 차가 왜 망가졌지?

친구   아까 말했잖아. 도로에 있는 포트홀을 밟았다고.

골프   그럼 그게 너의 잘못일까? 도로에 포트홀이 있는 데도 보수하지 않은 사람 잘못일까?

친구   내 입장에서야 당연히 포트홀을 보수하지 않은 사람 잘못이라고 하고 싶지만, 도로에 포트홀이 생기는 건 어쩔 수 없는 거 아닌가? 도로를 관리하는 사람이 그걸 일일이 보고 다니면서 보수할 수 없는 노릇이고.

골프   너 같은 국민들만 있다면 공무원들이 참 편할 텐데. 국가는 너에게 세금을 받고, 네가 안전하게 차를 운전하고 다니라고 도로를 잘 관리할 의무가 있어. 그런데 그 의무를 다하지 않아서 도로에 포트홀이 생겨서 너의 차가 파손된 거지. 그러면 당연히 국가가 책임지고 너의 차를 수리해 줘야겠지?

국가배상법 제5조(공공시설 등의 하자로 인한 책임)

① 도로·하천, 그 밖의 공공의 영조물(영조물)의 설치나 관리에 하자(하자)가 있기 때문에 타인에게 손해를 발생하게 하였을 때에는 국가나 지방자치단체는 그 손해를 배상하여야 한다. 이 경우 제2조제1항 단서, 제3조 및 제3조의2를 준용한다.

② 제1항을 적용할 때 손해의 원인에 대하여 책임을 질 자가 따로 있으면 국가나 지방자치단체는 그 자에게 구상할 수 있다.

[전문개정 2008.3.14]

국가배상법 제6조(비용부담자 등의 책임)

① 제2조·제3조 및 제5조에 따라 국가나 지방자치단체가 손해를 배상할 책임이 있는 경우에 공무원의 선임·감독 또는 영조물의 설치·관리를 맡은 자와 공무원의 봉급·급여, 그 밖의 비용 또는 영조물의 설치·관리 비용을 부담하는 자가 동일하지 아니하면 그 비용을 부담하는 자도 손해를 배상하여야 한다.

② 제1항의 경우에 손해를 배상한 자는 내부관계에서 그 손해를 배상할 책임이 있는 자에게 구상할 수 있다.

[전문개정 2008.3.14]

친구   듣고 보니 그러네. 어디다가 수리비를 청구해야 되는 거야?

골프   그 도로를 관리하고 있는 관할 관청에다가 하면 되지. 그 도로 행정구역이 어디야?

친구   동부간선도로 빠져나오자마자 장암역 근처니까 의정부 일 거야.

골프   그러면 인터넷에 의정부시청 대표번호 검색해서 전화한 다음 포트홀 때문에 차량 파손되었다고 하면 담당자 바꿔줄 거야.

친구   담당자한테 자초지종 말하면 그 사람이 알아서 다 보상해 주는 거야? 그러면 내 보험으로 처리 안 해도 되겠네?

골프   아무나 다 시청으로 전화해서 포트홀 밟아서 차 망가졌으니까 물어내라고 한다고 다 물어주진 않지. 일단 네 말을 입증할 수 있는 증거를 보여줘야지. 포트홀이 있는 도로 사진이나, 포트홀을 밟아서 망가진 차량의 파손 부위나, 포트홀을 밟았을 때의 장면이 찍힌 블랙박스 영상 같은 걸 담당자에게 제출해야겠지.

친구   듣고 보니 그러네. 블랙박스 영상은 아마 이벤트 녹화에 저장되어 있을 거 같은데 확인해 보면 되고, 어제 내려서 파손 부위는 찍어 놓았는데 경황이 없어서 그 포트홀을 못 찍었네. 어차피 출퇴근하러 매일 가는 길이니까 내일 가면서 찍어야겠다.

골프   담당자에게 접수하면 더 자세히 알려줄 거야.

친구   땡큐. 내일 전화해 보고 궁금한 거 있으면 다시 연락할게.

(다음 날)

친구   영록아! 시청에 전화했더니 담당자가 보험회사에서 전화 줄 거라는데. 시청에서 배상책임보험에 가입해 놓았다고.

골프   다행스럽게도 검찰청으로 국가배상 신청 안 해도 되네.

친구   그건 또 뭐야?

골프   지자체에 따라서 배상책임보험을 가입해 놓은 곳도 있고 그렇지 않은 곳도 있는데 의정부 시청처럼 보험을 들어 놓은 곳은 보험사가 즉각적으로 보상해주지만 그렇지 않은 곳은 네가 직접 검찰청에다가 국가배상 신청해야 돼. 이런저런 서류도 제출해야 되고 배상 심의도 굉장히 까다롭게 할 뿐 아니라, 기간도 상당히 길어. 최소한 몇 개월은 걸려.

친구　　나 같은 경우는 배상책임보험을 가입해놓은 지자체에서 배상을 받는 것이 가입을 안 해놓은 곳 보다 비교적 편하게 배상을 받겠구나.

골프　　그렇지. 검찰에 국가배상 신청해서 거절당하면 왜 배상을 안 해주는지, 왜 이렇게 오래 기다려야 하는지 항의해봐야 담당 공무원이 이의 있으면 민사로 소송하라는 답변 외에는 아무런 조치도 없으니까 말이야.

친구　　나는 그나마 운이 좋은 거였네. 보험사한테 전화 오면 시키는 대로 잘 따라 하면 되는 거지?

골프　　그래. 하다가 궁금한 거 있으면 전화하고.

(일주일 뒤)

친구　　영록아. 어때? 블랙박스 보니까 내 과실도 있는 거 같아?

골프　　제한속도 미만으로 과속도 아니고, 전조등도 켜져 있고, 카 레이서가 아닌 다음에야 일반적인 운전자가 야간에 코너 돌자마자 발견한 포트홀을 피할 재간이 있을까? 불가항력적이라고 봐야지.

친구　　그런데 왜 보험사에서는 내 과실이 20%나 있다고 하지? 전방 주시 태만으로 말이야. 그 담당자도 이 블랙박스를 봤을 텐데.

골프　　그게 그 사람이 하는 일이야.

친구　　뭔 말이야?

골프　　그 담당자는 보험사에게 의뢰 받은 손해사정업체의 직원일텐데, 그 사람이 너한테 월급 받니? 손해사정업체한테 월급 받니? 그리고 그 손해사정업체에 손해사정비용은 네가 주니? 보험사가 주니? 그 담당자는 당연히 보험사에게 유리한 손해사정을 할 수밖에 없는 거고, 뭐라도 근거를 대야 하니까 블랙박스가 없던 시절의 케케

묵은 판결문을 근거로 전방 주시 태만 어쩌고 하는 명목을 붙여서 네 과실을 주장하는 거지. 지금 네 사건처럼 블랙박스를 보면 누가 봐도 불가항력적인 사고임에도 불구하고 그렇게 해야 보험사에서 일 잘한다고 계속 일을 주거든.

친구　　짜증나네. 이럴 땐 어떻게 해야 되니?

골프　　세 가지 방법이 있는데. 첫 번째, 자차로 먼저 보험 처리 하고 네 보험사한테 상대 보험사를 상대로 구상권청구소송 해달라고 하면 무상으로 해줘. 단점은 보험 처리를 받을 때 자기부담금을 내야 하고, 렌터카 대여를 보험 처리 할 수 없다는 거지. 물론 나중에 승소하면 자기부담금도 환급받을 수 있고 렌터카 못 탄 만큼 교통비를 받을 수 있긴 해. 하지만 결론이 나는 데 최소한 반년은 걸려.

친구　　그러니까 이 방법은 100% 승소할 자신이 있거나 끝까지 어디 한 번 해 보자는 심정으로 해야겠네. 두 번째 방법은 뭐야?

골프　　미수선 받아서 휠 교체 안 하고 복원만 하는 거지. 전체 수리 비용과 렌터카 비용의 80%만 배상금으로 주니까 휠 교체를 하려면 네 돈을 써야 되잖아. 휠 복원해도 되는지 잘 알아봐서 괜찮다고 하면 휠 교환을 전제로 한 전체 수리비의 80%를 미수선배상금으로 받아서 브레이크 캘리퍼와 서스펜션은 교체하고 휠은 복원해서 네 돈 안 들이고 처리하는 거지. 휠을 교체하지 않았다는 찝찝함은 있겠지만 휠을 복원해도 안전상의 문제가 없다는 전제 하에 그나마 네 돈 안 들이고 빨리 처리할 수 있는 방법이지.

친구　　이 방법이 스트레스는 제일 적겠네. 그럼 마지막 세 번째는 뭐야?

골프　　그거야 네 돈이나 네 보험으로 20% 지불하고 그 담당자가 하자는 대로 하는 거지. 보험 처리라는 것이 소송을 통해서 판사의 판결을 받기 전까지는 기본적으로 민사적인 협상이기 때문에 서로 양보하면서 타협하는 수밖에 없어.

친구　　스트레스 받고 100%를 받아 낼 것이냐, 스트레스 덜 받고 빨리 처리할 것이냐 군.

골프　　둘 중 하나를 고르는 건 네 성격상의 취향이거나 네가 처한 상황에 따라 선택하는 거지 유리하고 불리하고는 없어. 각각 장단점이 있으니까.

친구	너 같으면 어떻게 할 거니?
골프	나 같으면 두 번째 방법으로 하지. 스트레스 덜 받는 쪽으로.
친구	너답다. 하하하.
골프	잘 고민해 보고 결정해.
친구	그래. 내일 담당자랑 통화해 봐야겠네. 수고해.

대리운전 기사의 사고는 어디에서 보상받나요

박 대리 김 대리, 어떻게 고객이 네 생일날 전시장으로 화환을 보내냐? 지점장님도 20년 넘게 영업하시면서 처음 보는 일이라고 하시는데. 도대체 고객한테 어떻게 했길래 그런 거야, 비법 좀 알자.

김 대리 따지고 보면 네 덕분일지도 모르겠다.

박 대리 뭔 소리야?

김 대리 저번에 네 고객 중에 대리운전 맡겼다가 대리기사가 신호 위반으로 사고 내서 차량 반파시킨 거 있었잖아.

박 대리 E클래스 구매하고 2달 만에 사고당한 고객?

김 대리 그래. 그거. 네가 나한테 어떻게 처리하면 좋겠냐고 상의했던 거.

박 대리 그때, 총 수리비가 6,500만 원인가 나왔는데 대리기사 보험으로는 3,000만 원까지 밖에 처리가 안 됐어. 그 고객 보험사에 항의 전화하고 공업사 여기저기 알아보고 해도 방법이 없어서 결국 포기하고 자비로 수리했었는데 자기가 부담한 수리비가 3,000만 원 넘게 나왔다고 얼마나 속상해하셨다고. 그 대리기사한테 소송해도 받을 수 있을지 모르겠다고 나한테 얼마나 하소연을 하셨는지 몰라.

김 대리 처음에는 대리기사 보험으로 다 처리될 줄 알고 안심하지 않았었나.

박 대리 그러게 말이다. 그런데 대리기사 보험의 보상한도가 3,000만 원일 줄 누가 알았겠냐고. 거기다가 렌터카 대여도 보험 처리 받을 수 없고. 알고 보니까 대부분의 대리 기사들이 보험료를 아끼려고 보상한도를 최저로 설정해서 그런 거였잖아. 보상한도야 어떻든 보험만 가입하면 대리운전을 할 수 있으니까. 대리운전 맡기기 전에 보상한도가 얼마인지 일일이 확인할 수도 없고, 확인한다 해도 대부분 대리기사보험의 보상한도가 3,000만 원인데 보상한도 적다고 그 밤에 대리운전을 안 맡길 수도 없고.

김 대리　그 고객 처음에는 자기 보험의 자차로 처리하면 된다고 했다가 거절당해서 보험사에 막 항의하고 그러지 않았어?

박 대리　그랬었지. 지금 생각해보면 당연한 거지만, 자차는 보험에 가입된 사람만 적용되는 거지 그 자동차 운전을 한 모든 사람에게 적용이 안 된다는 걸 그때 왜 생각을 못 했을까. 그래서 내가 너한테 좋은 방법 있는지 물어봤던 거고.

김 대리　그래, 맞아. 그래서 나도 잘 아는 법률사무소의 사무국장한테 물어봤었는데 별 뾰족한 수가 없었잖아. 그 사무국장 말이 대리운전특약만 있었어도 보험 처리 받을 수 있었다고 했다고 내가 너한테도 말해주지 않았나?

박 대리　해줬었지. 근데 뭐 이미 물이 엎질러지고 난 후였지만.

김 대리　아무튼 내가 그때 그 사무국장한테 자동차보험에 관해서 이런저런 얘기를 좀 들었던 게 기억이 나서 오늘 화환 보내주신 고객한테 S클래스 출고할 때 자동차보험 컨설팅을 좀 해드렸거든. 고객이 사고당하면 잘 처리해 드리려고 네 고객 사고를 반면교사 삼은 거지.

박 대리　내 고객 사고 때문에 네 고객한테 자동차보험 컨설팅 잘해준 게 내 덕분이라는 거야? 하하하.

김 대리　그럼. 그것 때문에 내가 화환을 받은 거야. 내 고객이 한 달 전에 그러니까 네가 나한테 그 사건 물어보고 나서 약 일주일 후에 S클래스를 구입하셨거든. 그런데 딱 네 고객 사고 생각이 나더라고, 그래서 그 사무국장한테 얼른 전화해서 최적의 자동차보험 설계를 받은 다음 고객에게 컨설팅을 해드렸지. 그 고객은 기존의 고객한테 소개받아서 나한테 차를 사시는 분이라 그냥 믿고 맡길 테니 알아서 잘해 달라고 하시더라고. 보장 범위가 넓어지면 보험료도 올라간다고 말씀드렸는데도 기존 고객이 워낙 내 칭찬을 많이 해주셔서 그냥 다 알아서 해달라고 하시더라고. 그런 거 있잖아,

나를 믿어주는 만큼 더 잘 해주고 싶은 거.

박 대리   보험료가 얼마나 많이 나왔는데?

김 대리   보상한도를 적게 한 인터넷 최저가 보다 20% 정도 더 나오던데. 한 40만 원 정도.

박 대리   차이가 제법 있네. 그래도 널 믿고 그냥 하셨구나.

김 대리   그렇지. 그래서 나도 신경 많이 써드렸고. 그런데 그렇게 기분 좋게 출고 받으신지 일주일쯤 됐나, 골프 치시고 저녁에 한잔하신 후에 대리운전을 맡기셨다가 그 대리기사가 졸음운전으로 차를 전봇대에 박아서 차 작살 냈더라고. 엔진까지 먹어서 완전 폐차각.

박 대리   고객님은 안 다치셨어?

김 대리   에어백 다 터지고 해서 허리만 좀 뻐근하다고 하시고 다행히도 괜찮으시대. 사고 나자마자 전화하셔서 잘 처리해달라고 하시더라고.

박 대리   그럼 그 사고를 네가 잘 처리해 드려서 고객이 감동해서 네 생일에 전시장으로 화환을 보냈다?

김 대리   이 형님이 어떻게 처리해 드렸는지 천천히 잘 설명해 줄 테니까 잘 들어봐라, 아우야.

박 대리   뜸 좀 그만 들이고 빨리 말해 봐.

김 대리   S클래스 권장소비자가격이 1억 5,000만 원인데 고객이 그 차를 구입한 한 달 전에 회사 차원의 프로모션이 있어서 500만 원 할인해서 판매했었잖아.

박 대리   그랬었지.

김 대리   그럼 그 고객은 실제로 1억 4,500만 원에 차량을 구입했어도 자기차량손해담보금액은 권장소비자가격인 1억 5,000만 원으로 설정이 되거든. 그런데 그 사고로 차량 수리비가 1억 2,000만 원이 나왔어. 역시나 그 대리기사 보험의 보상한도도 3,000만 원이더라고. 여기서 내가 자동차보험에 설정한 대리운전특약이 딱 등장하니까 바로 고객의 자차보험 처리로 뚝딱 처리되더라고.

박 대리   보험 처리가 되도 차량은 사고차가 되는 거잖아.

               교통사고 자력구제

김 대리   에이 그렇게 처리하면 하수지. 하하하. 보험사 직원한테 전손처리 요청했더니 수리비가 보험차량가액의 80% 정도 나와서 전손처리도 가능하고 수리도 가능하다고 하더라고. 그렇다면 바로 전손처리로 진행해달라고 했지.

박 대리   전손처리 받으면 아까 네가 말한대로 권장소비자가격 1억 5,000만 원으로 설정되어 있는 자기차량손해담보금액 다 받을 수 있겠네?

김 대리   그렇지. 보험가입한 지 3개월이 안 돼서 처음에 설정되어 있는 금액을 전액 다 받을 수 있다고 하더라고. 그래서 그 보험금으로 똑같은 새 차를 구입하실 수 있도록 해드렸지.

박 대리   나도 그 담보만 알았어도 저번에 내 고객 그렇게 처리해 드렸을 텐데. 참으로 아쉽다. 그래도 차를 다시 사려면 취·등록세를 내야 하잖아. 그 돈도 천만 원 정도는 될 텐데.

김 대리   여기서 또 내가 자동차보험에 설정해놓은 신규차량등록비용특약이 딱 등장. 자차로 전손처리할 때 취·등록세를 지급해 주는 특약이 있지.

박 대리   취·등록세는 남이 내 차량을 파손시켜서 전손할 때 상대방의 보험회사로부터 받는 돈 아니야?

김 대리   그럴 때도 받을 수 있지만 자차에 신규차량등록비용특약을 가입해 놓으면 자차로 전손처리를 할 때도 받을 수 있어. 더 대박인 건 뭔지 아니?

박 대리   뭔데?

김 대리   상대방에게 취·등록세를 받을 때는 내 차의 중고시세를 기준으로 받잖아. 그런데 자차로 취·등록세를 받을 때는 자차가액으로 받거든.

박 대리   그럼 실제 구매가격보다 높은 권장소비자가격인 1억 5,000의 7%를 받는 거네?

김 대리   그렇지, 만약 상대방 보험으로 취·등록세를 받았더라면 한 달 탄 S클래스의 중고시세인 1억 3,000만 원 정도의 기준으로 받았을 텐데, 이건 자차로 처리 받는 거라 보험차량가액기준으로 받으니까 1억 5,000만 원 기준으로 받았지.

박 대리   2,000만 원의 차액에 대한 7%만 해도 140만 원이네. 그럼 그 고객은 돈 한 푼 안 들이고 똑같은 신차를 받는 거네. 한 달 동안 S클래스 공짜로 탄 거랑 마찬가지 구만.

김 대리 　그게 끝이 아니지. 신차가 주문한다고 당장 나오는 게 아니잖아. 적어도 일주일은 걸리지 않니? 그동안 렌터카가 필요한데 그것도 자차로 가입해놓은 렌터카특약으로 해결했지.

박 대리 　와, 그 고객은 진짜 손해 본 거 십 원 한 장 없네.

김 대리 　그게 끝이 아니올시다. 그 교통사고로 다치신 거 자동차상해담보로 위자료 등 해서 또 200만 원 정도 받게 해드렸지.

박 대리 　그 고객은 진짜 너한테 충성고객이 될 수밖에 없구나. 차를 1억 4,500만 원에 사서 1억 5,000만 원 보상 받았으니까 500만 원 남고, 취·등록세에서 140만 원 남고 자동차 상해로 200만 원 남고, 차 한 달 공짜로 타고 오히려 돈 벌었네? 오늘 저녁은 네가 사라.

김 대리 　저녁뿐이겠니? 술도 한 잔 사야지.

박 대리 　오케이 콜. 오늘 제대로 먹어보자.

김 대리 　술 먹으면 반드시 대리운전. 대리운전 맡기려면 반드시 대리운전특약 가입.

박 대리 　하하하. 알았다 알았어.

골프바라기의 TIP TIP TIP

TIP	- 대리기사분이 든 보험의 한도와 조건을 알 수 없으니, 자차 보험 가입 시 대리운전 특약 가입을 잊지 말자

STORY 20 자차수리 시에는 자기부담금을 내지 않나요

피해자　국장님 안녕하세요? 저 기억 하시겠어요? 인터넷에서 국장님 후기 보고 전화 드려서 상담받았던 쏘렌토 차주입니다.

골프　그럼요. 기억나죠. 잘 지내셨어요?

피해자　국장님의 조언 덕분에 잘 해결되어서 인사드리려고 전화드렸어요. 말씀하신 대로 자차로 먼저 처리하고 제 보험사에 저를 대신해서 상대방에게 구상권청구소송 요청했더니 보험사에서 변호사 선임해서 소송해 주더라고요. 제 돈 한 푼 안 들이고.

골프　그런 제도를 이용하려고 보험료 내고 보험 드는 거니까요.

피해자　그렇죠. 제 과실이 조금 있다는 판결이 나오긴 했어도 상대방 보험사로부터 교통비와 간접손해금도 받으니 억울함이 좀 풀리네요.

골프　과실이 어떻게 나왔는데요?

피해자　국장님 말씀대로 상대방 과실 70%로 나왔어요. 제가 주행하던 도로가 상대방이 주행하던 도로보다 차선의 개수가 많아서 소로와 대로 중에 제가 대로라고 상대방이 가해자가 된다네요. 딱 국장님이 설명해 주신 대로 판결이 나오니 국장님 생각이 나서 전화드린 거예요. 다시 한번 감사합니다.

골프　자차로 먼저 처리하시면서 수리비 중 일부를 공업사에 자기부담금으로 내셨을 텐데, 선생님 측 보험사로부터 선생님이 지불하신 자기부담금은 돌려받으셨나요?

피해자   아니요. 제 보험사 직원이 저에게 판결에 관한 안내 전화를 줬을 때 그런 얘기는 없던데요.

골프   선생님이 피해자이시니까 자기부담금을 내실 필요가 없어요. 2015년에 대법원에서 전원합의체로 나온 판결이라 이제는 보험사 직원들도 다들 알 텐데요. 전화해서 달라고 하시면 줄 겁니다.

피해자   감사합니다. 보험금이라는 것이 결국 아는 만큼 받는 거군요. 국장님도 건강 챙기시고 다음에 문의 있으면 또 연락드릴게요.

골프   전화 주셔서 감사합니다.

(다음 날)

피해자   국장님, 본의 아니게 또 상담 전화를 드리게 되었네요. 어제 국장님이 말씀하셨던 자기부담금 환급 있잖아요. 그거 제 보험사 직원에게 물어보니 저에게 안 주는 게 맞다고 하던데요.

골프   보험사 직원들 왜 그런지 모르겠네요. 어차피 소송으로 가면 보험사가 100% 지는데, 왜 그런 억지를 부리는지 모르겠네요. 선생님 같은 보험계약자가 받으실 자기부담금이 몇십만 원밖에 안 되니까 변호사 비용 2~3백만 원씩 써가면서 소송하기가 힘들다는 사실을 알아서 그런 꼼수를 부리는 건지, 정말 답답합니다.

피해자   소송하면 제가 승소할 확률이 100%인가요?

골프   100%, 1000%입니다.

피해자   그런데 보험사는 왜 안 주는 걸까요?

골프   글쎄요. 몰라서 안 주는 건지, 알면서도 안 주는 건지, 저도 모르겠네요.

피해자   국장님 말씀 듣고 보니 너무 억울하네요. 제가 자기부담금으로 낸 돈이 50만 원이라 크다면 크고, 적다면 적은 돈인데, 아무리 그래도 제가 응당 받아야 할 돈을 못 받는다니 기막힐 노릇이네요. 국장님! 저 이거 변호사 비용이 몇백이 들더라도 소송해서 이기고 싶어요.

교통사고 자력구제

골프　선생님, 회사에서 아무리 싸게 해드려도 배보다 배꼽이 더 큰 일입니다. 제가 셀프로 소송할 수 있으시도록 조언을 드릴 테니까 스스로 해보시는 건 어떠세요?

피해자　말씀은 너무 감사한데요, 저번에도 그렇게 조언해 주셔서 제가 해보려다가 여간 힘든 게 아니던데요. 아무리 인터넷으로 접수가 된다고 하지만 소장을 쓰는 것부터 시작해서 증거를 제출하는 것 등등, 제가 회사 운영하면서 신경 쓸 게 한두 개가 아닌지라 도저히 셀프로 할 수 있는 일이 아니더라고요. 전 돈이 중요한 게 아니라 꼭 제 권리를 행사하고 싶어요. 상대 보험사의 억지에 긴 시간 판결을 기다린 것도 억울한데, 더군다나 제 보험사가 그런 억지를 부린다고 생각하니 더 분통이 터져요. 꼭 국장님이 맡아주세요.

골프　선생님 생각이 정 그렇다면, 변호사님에게 소송 진행해달라고 보고 드리겠습니다. 일단 보험사에 선임계부터 제출하고요. 제가 보험사 직원하고도 다시 한번 협의해 볼게요.

피해자　감사합니다. 국장님 잘 부탁드려요.

(다음 날)

골프　담당자님, 계속 그렇게 비논리적인 말씀을 하시는데 혹시 판결문은 제대로 읽어 보신 게 맞나요?

보험사　당연히 읽어봤죠.

골프　아니 어떻게 판결문을 읽어 보셨는데도 그런 말씀을 하실 수가 있는지 이해가 안 되네요. 보상과 직원이 법조인은 아니지만, 그 정도 판결문은 해석하실 수 있지 않으세요? 거기에 판사님이 피해자가 지불한 자기부담금 50만 원을 판결금에 반영했다고 명시하지 않았습니까?

보험사　말씀하신 내용의 의미는 잘 알고 있습니다만, 보험계약자가 보험사와 자기차량손해담보에 대해 계약을 할 때 자기부담금은 일정 비율대로 공제하고 보험금을 지급받게 돼 있지 않습니까?

골프　　그런데요?

보험사　　저희 고객님 차량의 수리비가 1,000만 원이 나왔습니다. 그래서 자차로 본인의 차량을 수리할 때 수리비의 20%의 금액과 50만 원의 금액 중에 더 적은 금액을 고객이 자기부담금으로 지불해야 한다는 계약 조건 때문에 자기부담금으로 50만 원을 지불하신 거고요. 그런데 판결문에 나와 있다시피 고객님의 과실이 30%여서 고객님 수리비 1,000만 원의 30%인 300만 원을 저희 보험사에서 지불해야 하고요. 그래서 고객님이 자차로 300만 원을 쓰시는 거니까 앞서 말씀드렸다시피 20%와 50만 원 중 더 적은 금액을 보험계약자가 자기부담금으로 내셔야 하니까 50만 원은 고객님이 내시는 게 맞고 저희는 그 금액을 돌려드릴 필요가 없는 거죠.

상법 제682조 제1항
손해가 제3자의 행위로 인하여 발생한 경우 보험금을 지급한 보험자는 그 지급한 금액의 한도에서 그 제3자에 대한 보험계약자 또는 피보험자의 권리를 취득한다.

"위 규정의 취지는 피보험자가 보험자로부터 보험금액을 지급받은 후에도 제3자에 대한 청구권을 보유·행사하게 하는 것은 피보험자에게 손해의 전부를 넘어서 오히려 이득을 주게 되는 결과가 되어 손해보험제도의 원칙에 반하게 되고 또 배상의무자인 제3자가 피보험자의 보험금수령으로 인하여 그 책임을 면하게 하는 것도 불합리하므로 이를 제거하여 보험자에게 그 이익을 귀속시키려는 데 있습니다"

*"2010년 이전 판결은 보험회사가 보험계약자 보다 우선적으로 구상금을 지급 받는 보험자 우선설이 우세했지만, 2012년부터는 보험계약자가 보험계약자 보다 우선적으로 구상금을 지급 받는 피보험자 우선설을 중시하는 판결이 나오기 시작했습니다."

골프　　담당자님이 지금 말씀하시는 것은 2010년 이전에 일부 판사들이 상법 682조에 대해 비례설에 따라 판결했던 논리이고요, 2012년 이후부터는 피보험자 우선설이 우세하여 구상금은 먼저 보험계약자에게 주고 남은 돈을 보험회사에 지급하라는 판결이 대세를 이루고 있습니다.

보험사　　국장님 말씀대로라면 판사마다 판결이 다른데 꼭 국장님 말씀이 맞는 건 아니지 않습니까?

골프　　혹시 2015년에 대법원에서 전원합의체 판결로 피보험자 우선설에 입각한 판결이 나와서 그 이후로는 모든 판사들이 구상금을 보험계약자에게 지급하라는 판결을 한다는 것을 알고 계세요? 그래서 제가 아까부터 주야장천 소송하면 무조건 지실 텐데 괜히 변호사 비용 몇백만 원 날리지 마시고 50만 원 그거 얼마 안 되는 돈이니까 지급해달라고 사정사정하는 거 아닙니까. 보험회사는 치외법권 지역인가요? 자국법은 무시하고 자기 회사의 방식과 내규에 따라 운영되나요?

보험사　　그건 아니죠. 하지만 보험계약자가 보험사와 맺은 계약이 있지 않습니까? 자기 차량을 수리할 때 일정 비율에 따라 보험계약자가 자기부담금을 지급해야 한다는 것은 이미 고객도 알고 있는 사실이었습니다.

골프　　그것은 보험계약자들이 도덕적 해이에 빠지지 말라는 일종의 경고성 계약이고, 보험계약자의 과실이 100%인 사고에만 해당하는 거예요. 단독사고나 신호 위반 사고 같은 거요. 하지만 이번 건은 보험계약에 의해 보험금을 청구하는 것이 아니라 가해자를 상대로 손해배상을 청구한 거예요. 그러니까 보험계약에 의한 논리가 아니라 민법에 의한 논리로 따져야 한다는 것입니다. 물론 이번 사고의 보험계약자의 과실이 더 큰 가해자라면 자기부담금이 일부 감액되어서 지급되어야 하겠지만 아무리 가해자라도 법원에서는 본인 과실이 20%를 넘지 않으면 무조건 다 지급하라고 하는데 하물며 이분은 피해자예요. 그래서 가해자한테 배상금을 받는 거라고요. 보험사한테 보험금을 받는 게 아니고요.

보험사　　네, 국장님 논리는 잘 알겠는데요, 금융감독원에서는 대법원판결은 자동차

보험이 아니고 화재보험이기 때문에 자기부담금 제도가 없는 화재보험과 자동차보험은 다르다는 주장을 하고 있습니다.

골프　물론 알고 있는데요. 금감원의 담당자가 뭔가 착각을 해서 화재보험은 자기부담금이 없다고 오판한 것인데요. 근본적으로 화재보험도 자기부담금이란 개념이 있는 보험입니다. 보험금을 넘어서는 배상금을 지급하지 않고 보험금 초과분은 보험계약자가 내야 하기 때문인데요. 화재보험이나 자동차보험이나 보상의 원리가 비슷한 손해보험입니다. 아니 그럼 판사들은 바보라서 그 대법원의 판결에 따라 지금 우리가 논하고 있는 이런 종류의 자동차보험 자기부담금 관련 소송에서 2015년 이후부터 지금까지 쭉 보험회사는 보험계약자에게 자기부담금을 지급하라는 판결을 했겠습니까?

보험사　네. 그럼 저도 본사의 법무팀에 문의하고 다시 전화드리겠습니다.

골프　네. 괜히 이거 우리끼리 언성 높여 가며 힘 뺄 게 아니라, 담당자님의 상사나 본사 법무팀에게 자문을 구하고 이성적으로 해결합시다. 그럼 서로 변호사 비용 안 들고 좋잖아요.

(며칠 뒤)

피해자　국장님 덕분에 이번에도 잘 처리되었네요. 진작에 50만 원 돌려줬으면 서로 피곤할 일 없었을 텐데 말이죠. 그런데 변호사 비용은 왜 이렇게 많이 환급해 주세요? 죄송하게.

골프　실제로 소송도 안 했는데요 뭐. 변호사님도 그렇게 하라고 하셨고요.

피해자　아무튼 감사합니다. 주변에 소개 많이 할게요.

골프바라기의 TIP TIP TIP	
TIP	- 피해자의 경우 자기부담금을 낼 의무가 없다

교통사고 자력구제

손해보험의 보험사고에 관하여 동시에 불법행위나 채무 불이행에 기한 손해배상책임을 지는 제3자가 있어 피보험자가 그를 상대로 손해배상청구를 하는 경우에, 피보험자가 손해보험계약에 따라 보험자로부터 수령한 보험금은 보험계약자가 스스로 보험사고의 발생에 대비하여 그때까지 보험자에게 납입한 보험료의 대가적 성질을 지니는 것으로서 제3자의 손해배상책임과는 별개의 것이므로 이를 그의 손해배상책임액에서 공제할 것이 아니다.

따라서 위와 같은 피보험자는 보험자로부터 수령한 보험금으로 전보되지 않고 남은 손해에 관하여 제3자를 상대로 그의 배상책임(다만 과실상계 등에 의하여 제한된 범위 내의 책임이다. 이하 같다)을 이행할 것을 청구할 수 있는바, 전체 손해액에서 보험금으로 전보되지 않고 남은 손해액이 제3자의 손해배상책임액보다 많을 경우에는 제3자에 대하여 그의 손해배상책임액 전부를 이행할 것을 청구할 수 있고, 위 남은 손해액이 제3자의 손해배상책임액보다 적을 경우에는 그 남은 손해액의 배상을 청구할 수 있다.

후자의 경우에 제3자의 손해배상책임액과 위 남은 손해액의 차액 상당액은 보험자대위에 의하여 보험자가 제3자에게 이를 청구할 수 있다.

PART 05

인적사고,
제대로 보상받자

전치 2주의 사고, 보상금이 부족하게 느껴져요

보험사 안녕하세요. ○○보험사의 김 보상 대리입니다.

피해자 네, 안녕하세요. 무슨 일이시죠?

보험사 고객님 한 달 전에 당하신 교통사고 때문에 연락드렸는데요. 몸은 괜찮으신지 해서요.

피해자 *(합의금 얘기 꺼내려고 하나? 얼마나 줄지 얘기나 들어보자)* 많이 좋아졌어요.

보험사 전산 조회해 보니 요즘 병원도 잘 안 다니시는 거 같더라고요. 업무도 바쁘신데 병원 다니시는 것도 아주 귀찮으실 거예요. 저희가 앞으로 병원 다니실 거 고려해서 합의금 좀 넉넉히 드릴 테니 이제 마무리하시는 것은 어떠세요?

피해자 *(병원 안 다닌다고 하면 보험사 입장에서는 치료비를 더 이상 지불할 필요가 없어지니까 나한테 이제 아쉬울 게 없어져서 합의금을 많이 줄 필요가 없어질 텐데)* 말씀은 감사한데, 아직 몸이 완전히 회복이 안 돼서요. 그리고 저번에 초기보상팀에서 60만 원 정도 주신다고 하셔서 그 금액 받을 바에야 그냥 병원 계속 다닌다고 했어요. 혹시 합의금으로 얼마나 생각하시는데요?

보험사 *(빨리 합의해야 한 건 마무리하고 다음 건 하는데. 100만 원 부르려고 했는데 한 120만 원에서 마무리해야겠다)* 네 저희가 보통 고객님처럼 골절이나 특별한 장애 없이 2주 염좌 진단 사고당하신 분들은 80만 원 정도에 마무리하는데요. 특별히 고객님은 99만 원까지 맞춰드리겠습니다.

피해자 그럼 일단 그 합의금이 어떻게 산정되었는지 내역을 정리해서 문자로 보내

주시겠어요?

보험사 *(이 고객 상당히 까다로운 사람이구나. 만만한 상대가 아니군)* 네, 알겠습니다. 고객님 금방 작성해서 보내드리겠습니다.

(몇 시간 뒤)

보험사 고객님! 문자로 합의금 산출내역서 보내드렸습니다. 확인하셨나요?

피해자 내역서를 보니까 제 염좌 진단 2주에 따른 부상급수가 12급으로 위자료가 15만 원이고, 간접손해비용으로 통원치료 15회에 회당 교통비 8,000원 해서 12만 원이고, 향후 치료비가 72만 원으로 되어있네요.

보험사 사실 향후 치료비가 그만큼 안 나오는데 합의금 99만 원 맞추려고 제가 특별히 신경 썼습니다. 뉴스를 통해 보셔서 아시겠지만 요즘 보험개발원에서 경미 손상 사고에 대한 합의금을 대폭 줄이는 조치가 있어서 이 금액도 제가 간신히 만든 겁니다.

피해자 신경 써 주신 건 감사한데요. 차량 파손만 보면 범퍼만 살짝 깨진 거 같은데 블랙박스 영상을 보시면 충격이 상당했습니다. 그러니까 저는 말씀하신 경미 손상과는 상관이 없고요. 아까도 말씀드렸다시피 제가 아직 완전히 회복된 게 아니라서 병원을 좀 더 다녀보고 월말 쯤 연락드릴게요.

Q 최적의 합의 타이밍은 언제인가요?

A 합의금을 많이 받는 것도 중요하지만 치료를 잘 받아 완치되는 것이 더욱 중요합니다. 완치가 되지 않은 상태에서 덜컥 합의를 해버렸다가 만약 완전한 회복이 되지 않아 다시 계속해서 병원을 다니게 된다면, 받은 합의금보다 더 많은 병원비를 지출하는 상황을 초래하기도 합니다. 완치 여부에 따라 보험사의 정산일 즈음인 월말이나 연말에 하는 것이 좋습니다. 보험사의 입장에서는 한 건이라도 빠르게 마무리하는 편이 실적이나 업무 효율에 좋기 때문에 보상금을 협의하고 합의하는 태도에 있어 우호적일 가능성이 높습니다.

보험사   *(이건 120만 원까지 마무리해야 이번 달 팀 실적 정산 때 센터장님한테 지적 안 당할 텐데)* 고객님, 어차피 저희가 드릴 수 있는 치료비와 합의금의 한도가 정해져 있어서 치료를 오래 받으실수록 합의 금액은 점점 내려갑니다. 오늘 정리하시는 조건으로 해서 110만 원까지 맞춰드리겠습니다.

Q 병원을 오래 다니면 합의금이 적어지나요?

A 아프지 않는데 합의금을 뜯어내려고 병원을 다니는 사람이 아니라면 의사의 허락 하에 본인이 치료받고 싶은 만큼 치료를 받을 수 있는 것은 피해자의 기본 권리이며 이것을 보험사에서 강제적으로 막을 수 없습니다. 그렇기 때문에 보험사는 담당 진료의의 소견에 따라 피해자가 병원을 다니는 한 치료비를 계속 지급해야 합니다. 위자료는 부상급수에 따라 정해지는 것이고 교통비는 통원 횟수에 따라 오히려 늘어납니다. 다만 향후 치료비가 줄어들 수는 있지만 수천만 원이 아닌 몇백만 원 수준의 합의금에서는 담당 의료진의 소견을 무시한 채 비상식적인 기간 치료를 받지 않는 이상 향후 치료비를 대폭 줄여가며 보상금을 점점 내려서 합의하려는 보상담당자는 매우 드뭅니다.

피해자   말씀은 감사한데요. 돈보다는 치료가 우선이라 일단 몸 좋아질 때까지 치료 좀 더 받고 연락드릴게요.

보험사   네, 그럼 제가 월말 전에 연락 드리겠습니다. 몸조리 잘하세요.

(몇 주 뒤 월말)

보험사   *(오늘은 10만 원 더 올려서 120만 원이라도 꼭 마무리해야겠다)* 고객님 안녕하세요. 몸은 많이 좋아지셨는지 해서요.

피해자   몸이 완전히 좋아지지는 않았는데 이제 저도 합의를 했으면 해서 연락드리

교통사고 자력구제

려고 했는데요. 제가 인터넷도 검색해 보고, 손해사정사나 변호사에게 상담을 받아보니 한 마디로 담당자님이 저에게 주신 내역서의 금액이 보험사 약관 기준이더라고요. 그런데 그 약관이라는 것이 보험사와 보험계약자 간의 약속이지 가해자의 민사적인 책임을 전부 지고 있는 보험사와 피해자의 약속은 아니지 않나요?

보험사　고객님 말씀도 맞지만 저는 보험사 직원이기 때문에 보험사의 기준을 따를 수밖에 없는 점 양해 부탁드립니다.

피해자　담당자님은 보험사 직원이지만 저는 보험사 직원이 아닌데 왜 제가 법으로 정해진 손해배상을 받지 못하고 보험사의 기준에 따라야 하죠?

보험사　*(이 사람 보통이 아니구나, 200만 원 넘기면 실적 관리에 골치 아파지는데)* 맞는 말씀이긴 한데 저도 어쩔 수 없습니다. 오늘 월말이고 저도 정리를 해야 하니 120만 원에 마무리하시는 건 어떠신지요?

피해자　약관상의 기준은 어디까지나 책임보험 기준일뿐더러 법원의 여러 판결문을 보니까 이 정도 사고에서 위자료는 보통 20만 원에서 많게는 50만 원까지 책정이 되고요. 제가 입원을 하진 않았지만, 병원을 다니느라 3개월 넘게 다닌 아르바이트를 여러 번 못 나가서 하루 일당 8만 원을 10번이나 못 받았어요. 그래서 휴업 손해가 80만 원이나 돼요.

보험사　이런 말씀 드려서 죄송하지만, 입원을 하지 않으셨기 때문에 휴업 손해는 인정해 드리기가 어렵습니다.

자동차보험표준약관
제1절 대인배상 I
제3조(보상하는 손해)
「대인배상 I 」에서 보험회사는 피보험자가 피보험자동차의 운행으로 인하여 다른 사람을 죽거나 다치게 하여 「자동차손해배상보장법」 제3조에 의한 손해배상책임을 짐으로써 입은 손해를 보상합니다.

피해자 손해보험협회의 자동차보험 종합 포털에서 자동차보험표준약관을 다운로드해서 읽어봤더니 약관의 휴업 손해 항목에는 입원이라는 단어 자체가 없던데요. 약관에는 입원했을 때만 휴업 손해를 배상하라는 의미의 문구가 없어요. 혹시 제가 약관을 잘못 해석한 건가요?

보험사 저도 다시 알아보겠습니다. 그럼 일단 교통사고 일자 기준 3개월 이전부터 이번 달까지의 급여 내역서를 주시면 제가 상급자와 상의해서 다시 연락드리겠습니다. 팩스 번호를 문자로 남길 테니 그쪽으로 전송 부탁드립니다.

(몇 시간 뒤)

보험사 보내주신 서류를 검토해 봤는데요. 휴업 손해액이 80만 원 정도 되네요. 보험 약관상 휴업 손해의 85%를 배상하게 되어있어 휴업 손해는 68만 원까지 인정해

자동차보험표준약관

나. 부상

 3. 휴업손해

   가. 산정방법 | 부상으로 인하여 휴업함으로써 수입의 감소가 있었음을 관계 서류를 통해 증명할 수 있는 경우에 한하여 휴업기간 중 피해자의 실제 수입감소액의 85% 해당액을 지급함.

교통사고 자력구제

드릴 수 있는데 위자료는 제가 도저히 어떻게 할 수가 없습니다. 저번에 말씀드린 금액에 휴업 손해배상금 인정해서 188만 원에 합의하시는 것은 어떠세요?

피해자　그럼 민법의 범위에서 배상해 달라는 제 주장이 맞는지 보험 약관의 범위에서 배상해 주신다는 담당자님 주장이 맞는지 금융감독원에 민원을 넣어 볼 테니까 상급기관의 조정을 받아보시죠.

보험사　*(금융감독원에 민원 들어가면 인사고과에 감점받을 텐데)* 고객님, 금감위에 민원 넣으셔서 조정을 받아보시는 것도 좋은데, 그렇게 되면 어차피 저희는 감점 먹게 되어서 더 이상 협의할 이유가 없어집니다. 혹시 원하시는 금액 있으시면 말씀 해주실 수 있으세요?

피해자　저는 200만 원이 적당하다고 생각해요.

보험사　네. 제가 마지막으로 센터장님에게 부탁드려보고 금방 전화드릴게요.

(약 한 시간 뒤)

보험사　고객님 정말 죄송하지만 198만 원에 협의하시는 것은 어떠신지요?

피해자　198만 원이요?

보험사　'200'이라는 숫자를 넘기면 입장이 곤란해서 그렇습니다. 저도 일한 티 좀 내게 조금만 봐 주세요.

피해자　네, 그 정도 금액이면 저도 여기서 마무리하고 싶습니다. 고생 많으셨습니다.

보험사　말씀 감사합니다. 제가 팩스로 합의서 보내 드릴 테니 서명하셔서 보내주시면 감사하겠습니다.

(30분 뒤)

피해자　담당자님 보내주신 합의서에 친절하게 예시문까지 보내주셔서 감사하긴 한데요. 합의 내용에 '법률상 손해배상금 일체'라고 되어있던데 여기에 '현재는 예상할 수 없지만, 이번 교통사고로 인한 후유증이나 장애에 대한 배상금은 제외' 라는 문구를 넣고 싶어요.

Q 합의서를 작성할 때 무엇을 주의해야 하나요?

A 법률상 손해배상금 일체라고 합의서에 작성해서 보험사로 보내버리면 만약이라도 발생할 수 있는 앞으로의 후유증이나 장애에 대한 보상을 받을 수 없게 됩니다. 합의를 하고 갑자기 허리가 아파 병원에 가보니 허리디스크가 있다고 해도 절대로 보상받을 수 없으니 반드시 앞으로 발생할지도 모르는 후유증이나 장애에 대한 보상을 별도로 한다는 문구를 넣어야 합니다.

보험사 알겠습니다. 정말 꼼꼼하신 분이시네요. 저도 고객님 덕분에 많이 배웠습니다. 그럼 그렇게 작성하셔서 팩스 부탁드립니다.

(며칠 뒤 피해자가 가입한 상해보험사에 전화를 건다.)

상담원 안녕하세요, 고객님 ○○보험입니다.

피해자 네, 제가 얼마 전에 교통사고를 당하고 합의금을 받았는데요. 제가 든 실손보험에서 추가로 보험금을 받을 수 있다고 해서요.

상담원 잠시만요, 고객님 조회 후 말씀드릴게요.

(피해자가 가입한 실손보험의 보험사 상담원이 고객(피해자)의 인적사항과

가입보험 조회 후)

교통사고 자력구제

상담원 고객님, 기다려주셔서 감사합니다. 고객님의 보험개시일이 2007년 3월이네요. 고객님의 실손보험의 상해 의료비 약관상 피보험자인 고객님은 국민건강보험을 적용받지 않은 자동차 사고 및 산업재해 보상사고 등에 의해 발생한 의료비 총액의 50%를 한 사고당 보험 가입금액 한도로 지급받으실 수 있고요. 만약 고객님이 이번 교통사고로 인해 자비로 부담한 금액이 있으시다면 그 금액의 40%를 보험 가입금액 한도로 지급받으실 수 있으시네요.

피해자 제 보험 가입금액 한도가 얼마인데요?

상담원 500만 원입니다. 고객님.

피해자 그렇군요. 통원치료 15회 했으니까 병원비가 500만 원 넘게 나오진 않았을 거예요.

상담원 통상적인 경우라면 그럴 듯합니다. 교통사고 합의금을 지급한 보험사의 콜센터로 전화하셔서 합의 금액이 명시된 서류를 저희 보험사 팩스로 전송해달라고 요청해 주시면 저희가 서류를 확인하고 보험금을 지급해 드리겠습니다. 팩스 번호는 지금 주신 번호로 문자 발송해 드릴게요.

피해자 어떤 서류를 달라고 하면 돼요?

상담원 보험사마다 명칭이 다르긴 한데 지급결의서 또는 지급합의서이고요. 서류의 명칭을 꼭 말씀하셔야 하는 건 아니고, 합의 금액이 명시된 서류를 보내 달라고 하시면 됩니다.

피해자 감사합니다. 그럼 팩스 번호 문자로 부탁드릴게요. 수고하세요.

골프바라기의 TIP TIP TIP

TIP
- 합의 시점은 완치 이후로 정하는 것이 안전하다
- 입원하지 않았더라도 통원 치료에 쓰인 시간의 휴업손해 배상이 가능하다
- 합의서에는 후유증이나 장애에 대한 보상은 별도 합의한다는 조건을 명시해야 한다

STORY 22 저보다 덜 다친 옆 침대 환자는 합의금을 1000만 원이나 받았대요

골프   안녕하세요. 교통사고 났을 때 제 고객하고 같은 차에 타고 계셨다고요?

피해자   네. 맞아요. 직장 동료거든요. 회식 마치고 나서 지하철역까지 그 친구 차 얻어 타고 가다가 사고를 당했죠. 그때 대리기사님이 가장 많이 다치셨는데 지금은 괜찮으신지 모르겠네요. 그 친구하고 저는 뒷좌석에 있어서 충격이 좀 덜했는지 둘 다 심하게 통증이 있거나 그러지는 않았어요. 그래서 그다지 아프지도 않고 해서 별일 없을 줄 알고 그냥 넘겼죠.

골프   그때 제 고객하고 같이 의뢰하시지 그러셨어요?

피해자   그러게요. 그 친구는 예전에 교통사고 당했을 때 국장님이 잘 처리해 주셨다고 바로 의뢰 드리는 거 같던데, 저도 이럴 줄 알았더라면 그 친구하고 같이 부탁드릴 걸 그랬어요. 사고 나고 초반에는 괜찮아서 보험사에서 100만 원 준다기에 덜컥 합의했는데 이상하게 합의하고 나서부터 통증이 심해지네요.

골프   사고 블랙박스 영상 보니까 충격도 꽤 크던데요. 교통사고로 다치면 통증이 나중에 오는 경우가 많더라고요.

피해자   제가 그런 경우에요. 처음부터 그 친구하고 같이 국장님에게 맡겼다면 이런 번거로운 일이 없었을 텐데 말이죠. 보험사 직원한테 통증이 심해져서 합의 취소하고 다시 병원 다니고 싶다고 하니까 절대 안 된다네요. 지금 허리통증이 합의 이후에 생긴 어떤 일 때문에 발생 되었는지 누가 아냐고 하면서 말이죠.

골프   이런 경우에 보험사 직원들이 흔히 하는 말입니다. 전혀 근거 없는 주장은 아닌데, 선생님 입장에서는 황당한 논리로 들리실 거예요. 그래도 어쩔 수 없이 선생님이 그 통증의 원인이 한 달 전에 당한 교통사고 때문이라는 것을 증명하셔야 해요. 우리나라 민법에서는 피해입증의 의무가 피해자에게 있다고 명시하고 있어서 그래요.

피해자　듣기만 해도 복잡해질 거 같네요. 제가 어떤 것들을 준비하면 될까요?

골프　우선 처음에 병원 가셨을 때 엑스레이나 MRI 찍으셨나요?

피해자　엑스레이만 찍고 MRI는 안 찍었어요.

골프　왜요?

피해자　동네에 있는 작은 병원이라 그런지 MRI 장비가 없대요. 의사도 당장 허리의 통증이 심하지 않으면 안 찍어 봐도 된다고 해서 그냥 넘어갔죠.

골프　교통사고로 가장 많이 다치는 부위가 목, 허리, 무릎이에요. 이 관절들은 뼈 사이에 충격을 흡수하는 디스크나 연골 같은 완충재가 있는데 이 완충 역할을 하는 디스크나 연골이 충격을 받고 나서 움직이지 않고 휴식을 취하면 좋아질 수 있지만, 우리가 생활을 하며 움직이지 않을 수가 없으니까 활동을 하면서 충격을 받은 부위에 계속 무리를 줘서 사고 후 일, 이주 후에 통증이 더 심해진다고 의사가 그러더라고요.

피해자　맞아요. 제가 매장 내에서 일하는 영업직이라 오래 서 있어서 그런지 날이 갈수록 허리가 아프더라고요.

골프　사고 나고 처음에 병원 가셨을 때 촬영한 허리 엑스레이에는 지금 통증을 유발하는 상해가 안 찍혀있을 가능성이 많아요. 그래서 꼭 좀 더 세밀한 부분을 볼 수 있는 MRI나 CT를 꼭 찍어야 하는 거예요. 엑스레이는 뼈만 보이지만 MRI나 CT에는 인대, 신경, 근육, 연골 등이 다 촬영되니까 엑스레이로는 판별할 수 없는 추간판탈출증, 십자인대파열, 연골파열, 회전근개파열 같은 증상이 나오는 경우가 많거든요.

피해자　그럼 교통사고 나면 꼭 MRI나 CT 장비가 있는 병원을 가야 하는 거군요?

골프　물론이죠. 저도 고객들에게 꼭 그런 장비가 있는 병원을 가시라고 말씀드립니다. 일단 엑스레이라도 확보해서 지금 허리통증이 교통사고로 인한 것인지 입증을 해야 하니까 병원에 엑스레이 사진을 CD에 담아 달라고 요청해 주세요.

피해자   그런데 국장님. 제 동료는 어떻게 합의금을 1,700만 원이나 받았나요? 그 친구도 그다지 아파 보이지는 않았는데요.

골프   보통의 성인 남성이 허리의 디스크나 무릎의 십자인대가 약간 손상되더라도 그 정도가 심하지 않으면 현실적으로 일상 생활하는 데는 크게 지장이 없죠. 아마 그래서 그렇게 보였을 겁니다. 그런데 그렇다 해도 격렬한 운동이나 무거운 짐을 옮길 때는 통증이 상당히 심하죠.

피해자   맞아요. 지금 제가 딱 그 상태에요.

골프   그러니까 그 상태를 정확히 입증해서 그 상태에 대한 배상을 받아야 하는 거예요. 동료분은 그 상태를 증명했기 때문에 1,700만 원의 합의금을 받을 수 있었던 거고요.

피해자   아까 말씀하셨던 MRI나 CT로요?

골프   그렇죠. 그분도 처음에는 의사가 엑스레이만 찍어 주고 MRI는 안 찍어 줬어요. 보통 병원에서는 엑스레이 촬영비는 보험사로부터 별다른 이의 없이 지급을 받지만, MRI는 과잉진료라는 명목으로 촬영비용을 못 받을까 봐 증상이 심하지 않은 이상 처음부터 바로 찍어주진 않아요. 그래서 2주 정도 지난 후에도 환자가 계속 통증을 호소하면 그때 찍어 주는 경우가 많죠. 그분도 제 컨설팅에 따라 그렇게 촬영을 했고 허리에 있는 디스크에 손상이 발견되었어요. 그걸 추간판탈출증이라고 하죠.

피해자   추간판탈출증이요? 그건 허리디스크하고 다른 거예요?

골프   추는 척추, 간은 사이, 판은 디스크, 즉 척추 사이의 디스크가 탈출한 증상이라는 뜻이죠. 사실 인간의 허리는 20년 넘게 직립보행을 하는 우리 신체를 지탱하고 있으니까 허리뼈 사이의 디스크들이 자연적으로 짓눌려있죠. 이걸 퇴행성 디스크라고 하는데 이 디스크들이 교통사고로 물리적인 충격을 받으면 뼈 사이를 비집고 밖으로 탈출을 하거든요. 그래서 추간판탈출증의 원인이 교통사고로 인해 전부 발생한 것은 아니고 교통사고 기여도가 50% 정도 된다고 하는 거죠. 동료분은 이 증상이 MRI에 촬영이 되었고 의사의 후유장해진단 결과 한시적으로 3년 동안 15% 정도의 장애를 갖게 된다는 진단서를 받아서 보험사에 제출했어요.

피해자　그 장애를 돈으로 계산해서 합의금을 받은 거군요. 그런데 그렇게나 많이 나와요?

골프　아시겠지만 그분 월수입이 현재 400만 원 정도 되잖아요. 400만 원을 3년 즉 36개월 동안 받으면 14,400만 원인데 그중에 장애로 인해 15%의 손해가 발생하는 거니까 2,160만 원의 손실이 발생하죠. 그런데 이 돈을 36개월 동안 나눠서 받는 게 아니라 한 번에 받으니까 연 5% 정도의 미래에 발생하는 이자를 삭감하는 경과년수표의 호프만계수나 라이프니츠 방식을 사용하는 복잡한 수식이 있어요. 대략 이 공식을 대입하여 미래의 이자를 공제하면 약 1,600만 원 정도가 되고 여기에 위자료 등을 합쳐서 1,700만 원을 지급받으신 거예요.

피해자　그럼 저도 허리통증에 대한 입증자료만 있으면 그 정도를 받을 수 있겠네요?

골프　같은 직장 다니신다고 했으니까 월급은 비슷할 거고, 후유장해진단서에서 수치만 비슷하게 나오면 그럴 수 있죠.

피해자　그렇군요. 지금부터라도 일러주시는 대로 잘 따라갈게요.

골프바라기의 TIP TIP TIP

TIP
- 사고 후 통증이 극심하지 않더라도 후유증을 염두에 두고 MRI, CT 등 검사받는 것이 좋다
- 사고에 따른 후유장해가 확인되었다면, 장기적인 영향을 증명하여 보상액을 신청할 수 있다

일정한 소득이 없는데 휴업손해보상이 가능한가요

골프　아무리 대리님이 보험사의 직원이라고 하시지만 그래도 손해사정 업무를 보시는 분이 너무 편파적으로 보험사의 입장만 대변하시는 거 아닙니까?

담당자　국장님. 이게 뭐가 편파적입니까? 피해자분은 현재 직업이 없으시다고 본인 입으로 말씀하셨고요. 입원하셨다고 해서 어떻게 소득이 없는 분에게 휴업손해금을 드립니까. 휴업 손해금이란 것이 말 그대로 휴업, 일을 못 해서 발생한 손해금인데, 피해자분은 손해금이 실제로 없지 않습니까.

골프　피해자가 현재 구직 중이어서 사고 당일 휴직 중인 상태였다 하더라도 마음만 먹으면 당장이라도 단기 아르바이트나 일용직 노동을 할 수 있었지 않습니까. 그런데 교통사고로 인한 상해로 입원하는 바람에 그 일조차 못 하게 되었으니까 방금 말씀드렸던 일용직 노임 정도를 달라는 것인데, 왜 이것이 무리한 요구입니까. 피해자가 예전에 하고 있던 일의 일일 급여인 20만 원을 달라는 얘기도 아니고요.

자동차보험표준약관

나. 부상

　3. 휴업 손해

　　가. 산정방법 | 부상으로 인하여 휴업함으로써 수입의 감소가 있었음을 관계 서류를 통해 증명할 수 있는 경우에 한하여 휴업 기간 중 피해자의 실제 수입감소액의 85% 해당액을 지급함.

담당자　제 상식으로는 도저히 이해가 안 되네요. 프리랜서 디자이너가 휴직 중에 갑자기 일용직 노동을 한다니요. 약관상에도 입원했다고 해서 무조건 휴업손해금을 지급하라는 말은 어디에도 없습니다.

골프　말씀하신 자동차보험표준약관의 내용은 대인배상 시 무보험자동차에 의한 지급기준이고요, 피해자는 담당자님 보험사의 계약자가 아니라서 표준약관대로 보상을 받는 것이 아니라, 민법상 자동차손해배상 보장법대로 배상을 받는 것입니다.

담당자　저희는 보험사니까 당연히 표준약관대로 보상을 하는 것이죠. 수익의 감소가 있었다는 서류만 주시면 입원을 안 하시고 통원치료만 받으셨어도 얼마든지 휴업손해금을 드립니다.

골프　보험사는 한국에서 사업하는 회사 아닙니까? 엄연히 법적으로 보장된 피해자의 권리를 왜 보험사의 기준대로 축소하려고 하세요? 이거 분명한 보험사의 횡포이고 부당행위입니다. 계속 이러시면 금융감독원에 정식으로 민원을 제기하겠습니다.

담당자　아니, 국장님이나 저나 회사만 다르지 사실 같은 업계에서 일하고 계신 분이 금융감독원에 민원 넣으시면 보험사 직원들 어떻게 되는지 뻔히 아시면서 왜 그러세요?

골프　담당자님이야말로 정말 왜 그러세요? 법으로 보장된 피해자의 배상금을 왜 주지 않으려고 하세요? 제가 많은 금액을 요구하는 것도 아니고 담당자님이 좋아하시는 자동차보험표준약관상 일용직 노동자의 임금 정도만 부탁드리는 거잖아요. 피해자가 월급을 실제로 100만 원만 받는 사람이었다 할지라도 일용근로자 임금으로 한달 기준 약 280만 원, 그러니까 하루에 약 10만 원 정도를 지급하셔야 하는데 피해자는 예전에 급여로 약 500만 원을 받던 분입니다. 하지만 피해자가 현재 휴직 상태인 것을 감안하여 예전 급여가 아닌 약관상 일용근로자 임금 정도로 부탁드리지 않습니까.

담당자　국장님 그럼 보험사에서 사고 당시 직업이 없어서 입원한 기간 동안 실제로

자동차보험표준약관상 일용근로자 임금

교통사고로 인한 손해액 산정시 기준이 되는 금액은 소득세법에 의해 입증되는 실직적인 소득액이지만 1) 소득세법에 의해 소득 입증이 곤란한 경우와, 2) 소득세법에 의한 실질 소득액이 일용근로자임금보다 낮은 경우에는 자동차보험 약관상 일용근로자임금이 적용됩니다.

자동차보험 약관상 일용근로자임금은 대한건설협회에서 공표한 보통인부노임과 중소기업중앙회에서 공표한 단순노무종사원의 노임을 평균화한 금액으로 결정되는데요. 구체적인 산식은 아래와 같습니다. 일년에 3회 상향조정 합니다.

산식

(공사부문 보통인부임금 + 제조부문 단순노무종사원임금) ÷ 2

* 월 임금 산출 시 25일을 기준으로 산정

보통인부 시중노임단가

(단위 : 원)

연도	반기	부문	금액	산식	적용
2019	상반기	공사부문	2,759,394	125,427×22	1.1일부터 적용
		제조부문	1,800,500	72,020×25일	
		보험사 평균	2,468,087	(125,427+72,020)÷2×25일	
	중반기	공사부문	2,759,394	125,427×22일	7.1일부터 적용
		제조부문	1,950,575	78,023×25일	
		보험사 평균	2,543,125	(125,427+78,023)÷2×25일	
	하반기	공사부문	2,865,808	130,264×22일	9.1일부터 적용
		제조부문	1,950,575	78,023×25일	
		보험사 평균	2,603,587	(130,264+78,023)÷2×25일	
2020	상반기	공사부문	3,042,380	138,290×22일	1.1일부터 적용
		제조부문	1,988,800	79,522×25일	
		보험사 평균	2,723,025	(138,290+79,552)÷2×25일	
	중반기	공사부문	3,042,380	138,290×22일	7.1일부터 적용
		제조부문	2,002,575	80,103×25일	
		보험사 평균	2,729,912	(138,290+80,103)÷2×25일	
	하반기	공사부문	3,057,758	138,989×22일	9.1일부터 적용
		제조부문	2,002,575	80,103×25일	
		보험사 평균	2,738,650	(138,989+80,103)÷2×25일	
2021	상반기	공사부문	3,104,112	141,096×22일	1.1일부터 적용
		제조부문	2,016,400	80,656×25일	
		보험사 평균	2,771,900	(141,096+80,656)÷2×25일	
	중반기	공사부문	3,104,112	141,096×22일	7.1일부터 적용
		제조부문	2,029,900	81,196×25일	
		보험사 평균	2,778,650	(141,096+81,196)÷2×25일	
	하반기	공사부문	3,178,582	144,481×22일	9.1일부터 적용
		제조부문	2,029,900	81,196×25일	
		보험사 평균	2,820,962	(144,481+81,196)÷2×25일	
2022	상반기	공사부문	3,267,220	148,510×22일	1.1일부터 적용
		제조부문	2,050,025	82,001×25일	
		보험사 평균	2,881,387	(148,510+82,001)÷2×25일	
	중반기	공사부문	3,267,220	148,510×22일	7.1일부터 적용
		제조부문	2,107,575	84,303×25일	
		보험사 평균	2,910,162	(148,510+84,303)÷2×25일	
	하반기	공사부문	3,380,762	153,671×22일	9.1일부터 적용
		제조부문	2,107,575	84,303×25일	
		보험사 평균	2,974,675	(153,671+84,303)÷2×25일	
2023	상반기	공사부문	3,455,496	157,068×22일	1.1일부터 적용
		제조부문	2,115,450	84,618×25일	
		보험사 평균	3,021,075	(157,068+84,618)÷2×25일	
	중반기	공사부문			7.1일부터 적용
		제조부문			
		보험사 평균			
	하반기	공사부문			9.1일부터 적용
		제조부문			
		보험사 평균			

휴업 손해가 없는 피해자에게 휴업손해 배상금을 지급해야 하는 법적인 근거 있습니까?

골프   그럼요. 있죠. 담당자님이 말씀하시는 논리가 차액설에 근거한 것인데요. 말 그대로 사고 전과 사고 후 수입의 차액을 배상한다는 것이죠. 제가 말씀드리는 논리는 평가설에 근거한 것인데요. 이것은 사고로 인해 할 수 있었던 일을 못 하게 된 소득을 배상한다는 개념이에요. 즉 입원 기간 동안 피해자가 할 수 있었던 노동의 가치를 최소한도로 배상한다는 것이죠. 입원하지 않았더라면 피해자가 공사장에서 일을 할 수 있는 상황이었든 아니었든 할 수 있었다고 가정하고 그만큼의 임금으로 손해를 평가하는 방식이에요.

담당자   그렇다면 판사님마다 판결이 다르다는 것 아닌가요?

골프   그렇지가 않아요. 2000년대 초기까지는 지방의 일부 판사나 서울중앙지방법원 손해배상전담부의 소수 판사는 차액설의 입장에서 판결하는 경우도 간혹 있었지만, 최근에는 서울중앙지방법원의 손해배상전담부를 비롯하여 전국적으로 대부분의 판사는 평가설에 따라 손해를 인정하고 있고, 입원 기간 동안 급여를 받은 피해자들에게도 일실이익 손해를 인정해 주고 있어요. 회사에서 급여를 받았는지에 따라 손해액이 달라지는 것이 아니라 보험사는 피해자의 입원 기간에는 당연히 휴업 손해액 전부를 인정하고 피해자가 휴업 손해배상을 받은 후에 그 돈을 회사에 반납하든지 말든지 하는 것은 회사와 피해자 간의 문제일 뿐이라는 취지로 입원 기간에 급여가 지급되었다는 이유로 휴업손해금을 지급하지 않는 것은 법리에 어긋난다고 판결하고 있어요.

담당자   그럼 모든 판사가 그렇게 판결하고 있지는 않은 거네요.

골프   아닙니다. 2002년에 대법원에서 평가설에 따라 휴업 손해를 인정하라는 판결이 나와서 평가설에 입각한 손해배상이 사실상 확정되었죠. 입원 기간 월급을 받은 사람에게도 휴업 손해를 지급하라는 것이 대법원의 판결인데 하물며 이 사건의 피해자처럼 무직자라서 급여를 받지 못했더라도 이 사람이 할 수 있었던 노동만큼의 휴업 손해를 인정하는 것은 당연한 거죠. 다시 말씀드리지만 피해자가 과거에 했었던 업무를 기준으로 배상금을 달라는 것이 아니라 자동차보험표준약관에 기재되어 있는 최소한의 임금을 기준으로 요구하는 것 아닙니까.

담당자   네, 국장님 말씀 충분히 이해했고요. 저도 보험사의 직원이다 보니 혼자 결정할 수는 없고요, 센터장과 상의 후 다시 연락드리겠습니다. 가능하면 지급되는 방향으로 논의해서 전화드릴게요.

골프   네, 저도 좀 흥분해서 말씀드린 거 죄송하고요. 상급자와 잘 말씀 나누시고 연락하시면 감사하겠습니다.

골프바라기의 TIP TIP TIP

TIP   - 한시적으로 무직인 피해자도, 최저임금에 해당하는 휴업손해를 인정받을 수 있다

교통사고 자력구제

대법원 2002. 9. 4. 선고 2001다80778 판결

1) 타인의 불법행위로 인하여 상해를 입은 피해자에게 신체장애가 생긴 경우에 그 피해자는 그 신체장애 정도에 상응하는 가동능력을 상실했다고 봄이 경험칙에 합치되고, 피해자가 종전과 같은 직종에 종사하면서 종전과 다름없는 수입을 얻고 있다고 하더라도 당해 직장이 피해자의 잔존 가동능력의 정상적 한계에 알맞은 것이었다는 사정까지 나타나지 않는 한, 피해자의 신체훼손에도 불구하고 바로 피해자가 재산상 아무런 손해를 입지 않았다고 단정할 수는 없고 (대법원 1996. 4. 26. 선고 96다1078 판결 참조),

2) 노동능력상실률을 적용하는 방법에 의하여 일실이익을 산정할 경우 그 노동능력상실률은 단순한 의학적 신체기능장애률이 아니라 피해자의 연령, 교육 정도, 종전 직업의 성질과 직업경력, 기능숙련 정도, 신체기능장애 정도 및 유사직종이나 타직종의 전업가능성과 그 확률 기타 사회적, 경제적 조건을 모두 참작하여 경험칙에 따라 정한 수익상실률로서 합리적이고 객관성이 있는 것이어야 하고, 노동능력상실률을 정하기 위한 보조자료의 하나인 의학적 신체기능장애률에 대한 감정인의 감정결과는 사실인정에 관하여 특별한 지식과 경험을 요하는 경우에 법관이 그 특별한 지식, 경험을 이용하는데 불과한 것이며, 궁극적으로는 앞서 열거한 피해자의 제조건과 경험칙에 비추어 규범적으로 결정되어질 수밖에 없다(대법원 1992. 5. 22. 선고 91다 39320 판결 참조).

3) 원심은, 원고 이○○의 입원기간 동안의 노동능력상실률을 100%로 평가하여 입원기간 동안의 일실수입을 계산하고 입원기간 동안 직장에서 받은 급여가 공제되어야 한다는 피고의 주장을 배척하였는바, 위 법리와 기록에 비추어 보면, 원심의 위와 같은 판단은 정당하고, 거기에 상고이유 주장과 같은 입원기간 동안의 일실수입에 관한 법리오해의 위법이 없다.

차에서 내리다가 다쳤을 때도 보험 처리가 될까요

동창　영록아. 오랜만이네. 그동안 애들 통해서 간간이 얘기는 들었는데, 법률사무소 다닌다며.

골프　응, 몇 년 만이니. 그런데 개업식 날 꼴이 이게 뭐야? 다리에는 웬 깁스야?

동창　넘어져서 발목이 부러졌어. 혼자 생쇼 했지 뭐. 차에서 내리는 데 딱 그 자리가 얼어서 빙판이 되어있더라고. 혼자 넘어졌는데 나이 먹으니까 그냥 부러지더라.

골프　아이고, 조심 좀 하지. 보험 처리는 받았고?

동창　실손보험이랑 상해보험 들어 놓은 거 있어서 치료비랑 진단비랑 합쳐서 몇십 받았지.

골프　자동차보험으로는 접수 안 했고?

동창　운전하다가 그런 게 아니라 주차하고 내리다가 넘어져서 부러진 거라고.

골프　주차하고 내리다가 넘어진 것도 자동차보험으로 보상받을 수 있어.

동창　교통사고도 아닌데 자동차보험으로 처리가 된다고?

골프　자동차보험은 자동차를 사용하는 동안에 일어난 사고에 대해 보상을 해주는 거야. 주차하는 것도 자동차를 사용한 거니까 보상을 받을 수 있는 거지.

동창　주차를 한 상태여서 차가 완전히 정지했는데도 차를 사용 중이라 볼 수 있는 건가?

골프　차에서 내려서 문을 닫아야 주차를 다 한 거니까 네가 넘어졌을 때는 아직 주차 중이라고 보는 거지. 주차를 위해 차량의 문을 여닫는다든지 화물차의 화물칸을 내린다든지 건설 자동차에 장착된 기중기를 사용한다든지 등등 이게 다 자동차를 사용하는 거고, 이런 도중에 사고가 발생하면 보험 처리 되는 거야.

동창   말도 안 돼. 네 말대로라면 지가 혼자 다쳐놓고 너도나도 다 주차하고 내리다가 넘어져서 다쳤다고 하게?

골프   그런 건 보험사기인 거고, 허튼 짓거리 안 하고 딱 자동차의 목적에 맞게끔 사용하는 것만 되는 거야. 그런데 자동자 손해배상 보장법에서 정의하는 '운행'이란 의미가 우리가 상식적으로 생각하는 범위보다 상당히 넓어. 예를 들면 고속도로에서 운전하다가 차가 길 한가운데서 고장 나면 차에서 내려서 뒤에 오는 차들 비켜 가라고 수신호라도 해야 하잖아. 그거 하다가 교통사고 날 때도 있거든.

동창   설마 그것도 자동차보험으로 처리돼?

골프   그렇지. 자동차가 고장 나서 후속 조치를 한 '관리'에 해당한다고 보는 거야. 그래서 보험 처리를 해줘. 관리하는 것도 운행에 포함되거든. 운행에는 관리하는 것만이 아닌 소유하는 것도 포함돼서 주차된 네 차를 누가 박고 도망가서 그 사람을 못 잡았을 때 자차로 처리를 해 주잖아. 이게 소유하는 동안에 발생한 사고라서 그런 거야. 차에서 불이 나거나, 차가 낭떠러지로 떨어지거나, 날아오는 돌에 맞아서 찌그러져도 자차로 처리를 해주는 것은 물론 그런 사고로 다쳤어도 보험 처리를 해주는 이유도 소유하고 있는 동안에 발생한 사고라서 그런 거지.

동창 나도 빨리 자동차 보험사에 전화해야겠다. 그런데 그냥 전화해서 이런 일 있었다고 얘기하고 보험금 달라고 하면 되니? 보험사 입장에서도 내가 진짜 주차하고 내리다가 다쳤는지를 따지지 않겠어?

골프 당연히 네가 그렇게 다쳤다고 스스로 입증을 해서 보험사에 청구해야 해. 그런데 지금 네 경우처럼 보상금이 얼마 안 되면 까다롭게 심사하는 거 같지는 않더라고, 물론 보험금이 수백 수천만 원이 되면 그때는 CCTV를 보든 목격자 진술을 받든 하겠지. 혹시 모르니까 근처 상점의 CCTV 있는지 보고 매장 사장님한테 좀 보여달라고 해서 휴대폰으로 촬영해 놔.

동창 빨리 부탁해 봐야겠네. 그런데 만약에 근처 가게에 CCTV 말고 전봇대나 그런데 달린 나라에서 운영하는 CCTV 보려면 경찰서 가야 하니?

골프 이건 교통사고나 강도사건과 같은 형사사건이 아니라서 경찰에서 수사하지 않기 때문에 경찰서에 말해봤자 안 되고 국가에서 설치해놓은 CCTV를 보려면 정보공개청구제도라는 것을 이용해야 하는데, 인터넷에 정보공개라고 검색하면 홈페이지가 나오거든, 거기서 신청하면 돼.

동창 개업식 끝내고 내일 아침 일찍 알아보러 가야겠다. 고마워.

정보공개청구제도
공공기관이 직무상 작성 또는 취득하여 관리하고 있는 정보를 수요자인 국민의 청구로 열람·사본·복제 등의 형태로 청구인에게 공개하거나 공공기관이 자발적으로 또는 법령 등의 규정에 따라 의무적으로 보정 보유하고 있는 정보를 배포 또는 공표 등의 형태로 제공하는 제도를 말합니다.
정보공개법 제2조 규정에 따라 공공기관에서 보관하고 있는 문서, 필름, 테이프 및 그 밖에 이에 준하는 매체 등에 기록된 사항으로 정의하고 있어 CCTV 내용도 정보공개 대상에 포함됩니다.

교통사고 자력구제

Q 자동차보험회사는 차량을 운행하다가 발생한 모든 사고에 대하여 보험 처리를 해주나요?

A 보험사는 차량 운행 도중에 일어난 모든 사고를 책임지는 것이 아니라, 운행 시 발생된 사고에 대해서만 보험 처리를 받을 수 있습니다. 예를 들면, 행인이 야구공을 던져 주행 중이던 차량 내의 승객이 다친 경우라든지 고속도로에서 용변을 보기 위해 잠시 정차하고 산 밑에서 소변을 보는 도중에 산사태가 일어나 사상한 경우 등은 차량을 운행하는 도중에 일어난 사고는 맞지만 차량을 운행하는 것이 원인이 된 사고가 아니어서 보상받을 수 없습니다. 또한 주행 중인 차에서 아무런 이유 없이 스스로 뛰어내린다든지, 완전히 멈춰있는 버스 안에서 학생들끼리 장난치다가 전적으로 본인의 과실로 넘어져 다친 경우도 마찬가지의 이유로 보험사로부터 보상받을 수 없습니다.

골프바라기의 TIP TIP TIP

TIP
- 안전히 내려 문을 닫은 것까지를 주차의 개념으로 볼 수 있으므로, 주차 중 넘어진 데 대해서도 자동차보험 배상청구를 할 수 있다
- 국가에서 설치한 CCTV 조회가 필요한 경우 정보공개청구제도를 이용할 수 있다

10년 전 사고로 장애가 생겼어요

동생 형님, 해장국이나 먹으러 가죠.

골프 어제 또 달렸나 보네. 그렇게 맨날 밤마다 부어라 마셔라 하니까 이제 갓 스물 넘은 놈 배가 남산만 해지는 거야.

동생 친구가 이번 주에 군대 가서 송별회 한 건데 친구들이 저만 군대 안 간다고 계속 술 따라 줘서 안 마실 수가 없었어요.

골프 너 군대 안 가? 뭐야? 과체중으로?

동생 형님, 저 그 정도로 안 뚱뚱해요. 고등학교 때 오토바이 타다가 교통사고 나서 무릎을 다쳤거든요. 그래서 신체검사에서 면제 나온 거예요.

골프 아니, 무릎을 얼마나 다쳤기에 군대 면제까지 나와?

동생 거의 10년 전 일이라 정확하게 기억은 안 나는데 십자인대인가 뭐 그런 게 끊어졌는지 그랬던 거 같아요.

골프 교통사고로 다친 거면 상대방 보험사한테 배상금 좀 받았겠네?

동생 옆 차로의 차가 갑자기 끼어들면서 제 오토바이 앞바퀴를 쳐서 넘어진 건데, 상대 보험사에서 제 과실을 20%나 잡더라고요. 제 보험사에서도 그게 맞다 해서, 아버지가 합의금으로 몇백만 원 받고 끝난 거로 아는데요.

골프 군대 면제를 받을 만큼 무릎이 다쳤는데 합의금 몇백으로 끝냈다고?

동생 저도 어렸고, 아버지가 그냥 좋게좋게 끝내시는 성격이시라 그랬던 거 같아요. 근데 그때 이후로 운동하거나 특히 달리기나 점프 같은 거 할 때 무릎이 자꾸 아프

교통사고 합의의 무효 요건

교통사고가 발생하였을 경우 피해자가 가해자의 보험회사와 보상금에 관하여 합의를 하는 것도 민사상 합의에 해당하여 원칙적으로 피해자가 보험회사와 한 합의를 취소할 수는 없다.

다만, 대법원은 예외적인 경우에 합의를 취소할 수 있다고 판단하는데 그 요건을 살펴보면, "그 합의가 손해발생의 원인인 사고 후 얼마 지나지 아니하여 손해의 범위를 정확히 확인하기 어려운 상황에서 이루어진 것이고, 후발손해가 합의 당시의 사정으로 보아 예상이 불가능한 것으로서 당사자가 후발손해를 예상하였더라면 사회통념상 그 합의금액으로는 합의(화해)하지 않았을 것이라고 보는 것이 상당할 만큼 그 손해가 중대한 것일 때에는 당사자의 의사가 이러한 손해에 대해서까지 그 배상청구권을 포기한 것이라고 볼 수 없으므로 다시 그 배상을 청구할 수 있다."라고 하여, 기존 보험회사와의 합의를 취소하거나 기존 합의의 효력이 후에 피해자에게 나타난 후유증에 대한 보상금에 대하여 까지는 미치지 않는다는 합의의 효력범위의 제한을 통하여 피해자에게 합의 후에 나타난 후유증에 대한 추가 보상을 인정하고 있다.

즉 법원의 일반적 판단기준은 후발손해가 합의 당시의 사정으로 보아 예상이 불가능한 것으로서 당사자가 후발손해를 예상하였더라면 사회통념상 그 금액으로는 합의하지 않았을 것이라고 보는 것이 상당할 만큼 그 손해가 중대한 것일 때에는 당사자의 의사가 이러한 손해에 대해서까지 그 배상청구권을 포기한 것이라고 볼 수 없으므로 다시 그 배상을 청구할 수 있다는 것이다.

또한 대법원은 일정한 경우에는 합의 당시 피해자가 궁박, 경솔, 무경험 등으로 보험회사와 현저히 불공정한 합의를 하였다고 볼 수 있다면 기존 보험회사와의 합의를 민법 제 104조의 불공정계약으로 보아 합의 자체를 무효라고 보기도 한다.

니까 안 움직이게 되고, 자꾸 먹기만 하니까 지금 이렇게 된 거죠. 저도 그 사고 전에는 홀쭉이였어요.

골프　　그럼 지금은 괜찮아?

동생　　아뇨, 아직도 계속 아파요. 평상시에 통증이 있는 건 아닌데 무릎에 힘 들어가는 운동 하거나 하면 아프죠. 안 그래도 몇 년 동안 계속 참다가 작년에 검사받았는데 후방 십자인대 재건술하고 전방 십자인데 봉합수술 해야 한다고 하더라고요.

골프　　그 사고로 다쳐서 그런 수술을 받아야 하는 거야?

동생　　저는 그렇게 생각하죠. 그 사고 이후로 무릎을 다친 적이 없으니까. 그런데 의사는 그 이후로 시간이 10년 가까이 지나서 사고 때문에 이런 수술을 받아야 하는

지에 대해 확답을 안 주더라고요.

골프 십자인대가 파열되어서 군대까지 면제되는 교통사고를 당하고도 합의금 몇 백만 원으로 합의하고 끝냈다는 건 너무 억울한데.

동생 그렇죠. 수술비가 몇천이라 돈 없어서 수술 못 하고 있는 것도 억울하고, 그 돈 받고 끝낸 것도 억울하고, 그때 형님을 알았더라면 몇천만 원은 받았을 텐데 말이죠.

골프 지금이라도 알고 있으니까 어쩌면 몇천만 원보다 더 받을 수도 있어.

동생 정말요? 어떻게요? 이미 합의하고 끝난 건 데도요?

골프 너희 아버님이나 너나 그 사고로 이렇게 다쳐서 지금 이런 상태가 되었을 거라고 예상했더라면 돈 몇백 받고 끝냈겠니?

동생 절대 아니죠.

골프 너희 아버님이나 너는 그때 그런 사고에 대한 대처 경험이 없어서 합의 이후에 무릎이 얼마나 더 아파지고 지금처럼 이렇게 군대 면제까지 받을 장애가 남을 거라고 예상할 수 없었고, 만약에 이 지경이 될 것을 알았더라면 절대 돈 몇백에는 합의하지 않았을 것이라는 게 상식적이겠지.

동생 당연하죠.

골프 법원에서도 그 상식이 통해. 판사도 너와 같은 상황에서 합의된 것은 무효라고 판결해줘. 그러니까 지금이라도 보험사한테 제대로 된 합의금 달라고 해야지.

동생 그런데 벌써 거의 10년이나 지난 건데도 가능해요? 보험사는 3년 인가 지나면 돈 안 주지 않아요?

골프 일반적으로 교통사고로 인한 손해배상청구권의 소멸시효가 보험회사에서 병원에 치료비를 지급한 날 또는 보험회사가 피해자에게 합의금을 제안한 날로부터 3년이긴 한데, 네 경우와 같이 합의 자체를 무효로 볼 수 있는 경우에는 소멸시효의 기산점을 교통사고가 발생해서 상해를 입은 날이 아니라 잠재되어 있던 손해, 즉 그 사고로 인해 십자인대가 파열되었다는 것을 안 날로 잡는 거야. 넌 사고 당시에 지금과 같은 장애가 남을지 몰랐고 작년에 병원에 가서야 알게 되었으니까 그 의사가 너에게 십자인대파열이라 진단을 해준 날로부터 3년 동안 추가적인 손해배상금을 청구할 수 있지.

동생 그럼 이거 형님이 좀 맡아서 해결해 주세요. 변호사 수임료는 얼마나 돼요?

골프 보통 착수금 300만 원에 성공보수 7%를 받는데 이 사건은 소송액이 커서 법률비용도 패소한 쪽에서 전부 부담하게 할 수 있어. 그런데 변호사한테 돈부터 먼저 줄 게 아니라 네가 승소할 수 있는 준비를 해야지. 아무것도 없이 판사한테 보험사가 저에게 배상금을 줄 수 있도록 해 주세요, 한다고 배상금을 받을 수 있는 게 아니거든. 민법에서는 피해 입증의 의무가 피해자에게 있어. 다시 말해 그때 교통사고로 네 십자인대가 파열되어 현재 이 지경에 이르러 이만큼의 손해를 보고 있다는 것을 네가 입증해야 해.

동생 그걸 변호사가 돈 받고 해주는 거 아니에요?

골프 그렇긴 한데 기본적인 자료는 네가 준비해 줘야지. 변호사한테 무작정 맡겼는데 알고 보니 입증자료를 찾을 수 없는 경우라면 그냥 변호사 비용만 날리는 거잖아.

동생 그러네요. 제가 뭘 준비하면 될까요?

골프 우선 그때 합의금 얼마에, 어떻게 합의되었는지를 입증할 수 있는 합의서가 필요한데 당연히 너희 아버지가 지금까지 그 서류를 보관하고 계실리는 없고, 상대 보험사가 어디야?

동생 ○○손해보험이요.

골프 그 보험사 콜센터에 전화해서 네 인적사항 얘기하고 약 10년 전 교통사고

손해배상청구권의 소멸시효

민법 제766조

① 불법행위로 인한 손해배상의 청구권은 피해자나 그 법정대리인이 그 손해 및 가해자를 안 날로부터 3년간 이를 행사하지 아니하면 시효로 인하여 소멸한다.

② 불법행위를 한 날로부터 10년을 경과한 때에도 전항과 같다.

교통사고로 발생한 장애로 인한 손해배상청구권의 소멸시효의 기산일

【판시사항】

대법원 2019. 7. 25. 선고 2016다1687 판결

[1] 가해행위와 이로 인한 현실적인 손해의 발생 사이에 시간적 간격이 있는 불법행위의 경우, 손해배상채권의 소멸시효의 기산점이 되는 '불법행위를 안 날'의 의미 및 이때 신체에 대한 가해행위가 있은 후 상당한 기간 동안 치료가 계속되는 과정에서 어떠한 증상이 발현되어 그로 인한 손해가 현실화된 사안의 경우, 법원이 '손해를 안 날'을 정하는 방법

【판결요지】

[1] 불법행위로 인한 손해배상의 청구권은 피해자나 그 법정대리인이 손해 및 가해자를 안 날로부터 소멸시효가 시작된다. 가해행위와 이로 인한 현실적인 손해의 발생 사이에 시간적 간격이 있는 불법행위의 경우 소멸시효의 기산점이 되는 불법행위를 안 날은 단지 관념적이고 부동적인 상태에서 잠재하고 있던 손해에 대한 인식이 있었다는 정도만으로는 부족하고 그러한 손해가 그 후 현실화된 것을 안 날을 의미한다. 이때 신체에 대한 가해행위가 있은 후 상당한 기간 동안 치료가 계속되는 과정에서 어떠한 증상이 발현되어 그로 인한 손해가 현실화된 사안이라면, 법원은 피해자가 담당의사의 최종 진단이나 법원의 감정 결과가 나오기 전에 손해가 현실화된 사실을 알았거나 알 수 있었다고 인정하는 데 매우 신중할 필요가 있다. 특히 가해행위가 있을 당시 피해자의 나이가 왕성하게 발육·성장활동을 하는 때이거나, 최초 손상된 부위가 뇌나 성장판과 같이 일반적으로 발육·성장에 따라 호전가능성이 매우 크거나(다만 최초 손상의 정도나 부위로 보아 장차 호전가능성이 전혀 없다고 단정할 수 있는 경우는 제외한다), 치매나 인지장애 등과 같이 증상의 발현 양상이나 진단 방법 등으로 보아 일정한 연령에 도달한 후 전문가의 도움을 받아야 정확하게 진단할 수 있는 등의 특수한 사정이 있는 때에는 더욱 그러하다.

(출처 대법원 2019. 7. 25. 선고 2016다1687 판결 [손해배상(자)])

에 대한 합의서를 보관하고 있는지 문의해봐. 보험사가 그 서류를 10년 동안 의무적으로 보관하고 있어야 하는 건 아니지만 스캔본으로 갖고 있을지도 몰라.

동생 네 형님, 바로 전화해 볼게요.

(며칠 뒤)

동생 찾아보고 연락 준다고 해서 기다렸더니 다음 날 보상과에서 전화 와서 교통사고가 재접수 되었고 제가 요청한 합의서도 이메일로 보내준다고 하더라고요.

골프 운이 좋은데. 사실 난 반신반의했거든. 그 서류가 없으면 그 사고일 기점으로 너희 아버지 통장 내역을 알아봐야 하고 일이 좀 많아질 줄 알았는데 다행이네. 자 그럼 다음으로 교통사고 나서 처음으로 갔던 병원이나 그 이후로 무릎 통증 때문에 다녔던 병원들 기억나니?

동생 네 저희 아파트 옆에 ○○정형외과만 쭉 다녔어요. 작년에는 대학병원 간 거였고요.

골프 그럼 ○○정형외과 원무과 가서 네 진료기록하고 엑스레이나 MRI 등 영상 CD도 모두 달라고 해. 그런데 보통 5년 정도만 보관하니까 없을까 봐 좀 불안하네.

동생 거기 원무과장님이 우리 아버지 고등학교 후배예요. 그래서 저도 그 병원 쪽 다닌 거였고요. 제가 그분한테 부탁드려볼게요.

골프 알았어. 알아보고 연락 줘.

(며칠 뒤)

동생 형님. 원무과장님한테 졸라서 간신히 받았어요. 5년 넘은 거는 따로 보관해서 찾기 힘들다고 하는 거 아버지까지 전화해주셔서 어찌어찌 받았네요.

골프 잘됐네. 서류랑 CD 가지고 사무실로 좀 와봐.

(잠시 후)

골프   이거 봐봐. 초진 때 네 무릎뼈의 사이가 좀 벌어져 있지?

동생   저는 봐도 잘 모르겠는데요.

골프   진료 기록지하고 영상 판독지를 보니까 확실히 그 사고로 인해서 십자인대 파열이 보이고 네가 몇 년 동안 다니면서 찍은 엑스레이를 보면 계속 그 손상이 남아 있는 걸 알 수 있어.

동생   병원 다닐 때는 그렇게까지 아픈지 몰라서 가끔 아플 때마다 그냥저냥 다녔거든요. 의사도 제가 어리니까 회복도 빠를 거라고 했고 그때는 이게 장해인지도 몰랐어요.

골프   그럼 합의서로 300만 원에 합의했다는 것을 입증하고, 진료 기록지와 영상 판독지로 교통사고로 인해 십자인대가 파열되었다는 것을 입증했으니까, 이제 마지막으로 현재 상태가 어느 정도의 장애가 남는지 후유장해진단서를 받아야 하는데 너 갔다 온 대학병원에 가서 후유장해진단서 좀 받아 와. 아마 진단비로 몇십만 원 달라고 할 거야.

동생   진단서 한 장에 몇십만 원이나요?

골프   그 서류로 인해 앞으로 네가 받을 배상금에 비하면 아무것도 아니지. 그 서류에 기재된 장해 기간과 장해율로 배상금이 결정된다고 봐도 무방하니까. 물론 소송이 진행되면 판사가 지정한 병원에서 다시 받아야 할 수 있지만, 어쨌든 그 서류에 적힌 장해 기간 하고 장해율을 봐야 소송을 하는 것이 이득인지 아닌지 가늠할 수 있으니까.

동생   네. 그럼 이게 마지막으로 받아야 할 서류인 거죠?

골프   원래는 네 소득을 증빙할 서류도 필요한데, 네가 지금 아르바이트로 버는 돈이 월 200만 원 정도라고 했지?

동생   맞아요. 210만 원이요.

골프   그 금액이 법원에서 인정해 주는 너의 노동력 가치보다 낮으니까 굳이 소득 증빙서류를 제출할 필요는 없지.

(며칠 뒤)

골프　이 정도 장해 기간과 장해율이면 대략 1억 2천만 원 정도 나오겠다. 이건 무조건 소송해야지.

동생　와, 그렇게나 많아요?

골프　네가 입은 장애에 비하면 큰돈은 아니지만 그래도 받아야지.

동생　형 아니면 모르고 넘어갈 일이었는데. 감사해요.

골프　인사는 나중에 소송에서 승소하면 해. 앞으로 내가 요청하는 서류 잘 준비해주고.

동생　네, 잘 부탁드려요.

골프바라기의 TIP TIP TIP

TIP
- 합의 후에 나타난 후유증에 대해서는 추가 보상이 가능하다
- 잠재된 손해 사실을 안 시점이 손해배상청구권이 발생하는 시작점이 된다

차에서 머물다가 사망한 경우의 보험 처리가 궁금해요

친구　문자 받았지?

골프　응. 오늘 아침에 봤어. 마른하늘에 날벼락도 아니고 이게 무슨 일이냐.

친구　상혁이네 지금 그야말로 초상집이야. 제수씨는 멍하니 천장만 바라보고 있더라고.

골프　넌 지금 장례식장에 가 있어?

친구　응. 나도 온 지 얼마 안 됐어.

골프　네가 제수씨하고 애들 좀 챙겨라.

친구　그래야지. 다음 달에 유학 간 둘째 딸 미국에서 귀국한다고 얼마나 좋아했었는데, 이렇게 허망하게 갈 줄 누가 알았니.

골프　애들 유학비 대느라 새벽에 배달까지 했는데 이게 도대체 무슨 일인지 모르겠다. 자동차보험 담보금액은 얼마나 되는지 모르겠네. 나중에 제수씨 안정 좀 취하면 보험금은 내가 챙겨줘야겠다.

친구　그래. 그건 네가 맡아서 해줘야지. 그런데 자동차보험이 무슨 말이야? 이런 사고가 자동차보험으로도 보상이 돼?

골프　당연히 자동차를 운행하다가 당한 사고니까 자동차보험 회사로부터 보상을 받을 수 있지.

친구　차 안에서 잔 건 자동차를 운전한 게 아니잖아?

골프　자동차를 운행하는 것이 운전하는 것보다 더 넓은 개념인데 자동차보험에서는 운전은 물론 운행 중에 일어난 사고에 대해서도 보상을 해 줘. 목적지까지 가기 위해

> ### 자동차보험에서 보상하는 손해
>
> **자동차보험표준약관**
>
> **제2편 자동차보험에서 보상하는 내용**
>
> **제2절 대인배상Ⅱ와 대물배상**
>
> **제6조(보상하는 손해)**
>
> ① 「대인배상Ⅱ」에서 보험회사는 피보험자가 피보험자동차를 소유·사용·관리하는 동안에 생긴 피보험자동차의 사고로 인하여 다른 사람을 죽게 하거나 다치게 하여 법률상 손해배상책임을 짐으로써 입은 손해(「대인배상Ⅰ」에서 보상하는 손해를 초과하는 손해에 한함)를 보상합니다.)
>
> **운전(조종)**
>
> 「도로교통법」상 도로{도로교통법 제44조(술에 취한 상태에서의 운전금지)·제45조(과로한 때의 운전금지)·제54조(사고발생 시 조치) 제1항·제148조(벌칙) 및 제148조의2(벌칙)의 경우에는 도로 외의 곳을 포함}에서 자동차 또는 건설기계를 그 본래의 사용방법에 따라 사용하는 것을 말합니다.
>
> **운행**
>
> 사람 또는 물건의 운송 여부와 관계없이 자동차를 그 용법에 따라 사용하거나 관리하는 것을 말합니다(「자동차손해배상보장법」 제2조 제2호)

자동차를 움직이게 하는 운전뿐 아니라 안전하게 운전하기 위해 자동차를 잠시 세워 상태를 점검한다든지, 자동차를 보관하기 위한 주차 등 차량을 관리하는 것도 모두 운행에 포함돼. 그래서 상혁이가 당한 사고도 당연히 보상이 되는 거야. 상혁이가 차 안에서 자게 된 경위를 살펴보면, 새벽 배달을 하는데 갑자기 눈이 많이 와서 도로가 결빙되고 눈이 너무 많이 쌓여서 도저히 차가 움직일 상황이 아니었다며.

친구   그랬었대.

골프   그러니까 상혁이는 제설차가 올 때까지 골목에다가 차를 주차하고 기다릴 수밖에 없었던 거고, 그런데 추워죽겠는데 누가 차 시동을 끄고 있겠니.

친구   그건 그렇지.

골프   새벽부터 배달하느라 피곤한데 밖은 추우니까 창문 닫고 히터 틀어 놓으니까 당연히 잠이 올 수밖에. 그건 사람이니까 어쩔 수 없는 거잖아. 그리고 상혁이는 원래 배

달 마치고 9시까지 출근했으니 거기서 일부러 자려고 한 것도 아니었잖아.

친구 네 말은 그 차에서 일부러 자려고 잔 게 아니라, 차를 안전하게 몰기 위해서 도로에 눈 치울 때까지 골목에 주차해놓고 히터 틀어 놓은 차 안에서 기다리고 있다가, 몸이 피곤해서 어쩔 수 없이 잔 거니까 차를 관리하기 위한 운행의 일환이어서 자동차보험으로 보상받을 수 있다, 이거지?

골프 딱 알아듣네. 너 혹시 저번에 네 거래처 사장 얘기 꺼내려고 하지?

친구 어떻게 알았어? 지금 네 말 들으니까 그분 사건은 소송까지 했는데 왜 보험금 못 받았는지 알겠다. 그분은 자기가 술 먹고 졸려서 술집 앞에 주차된 차에서 잤으니까 차를 운행하다가 당한 사고가 아니라는 거구나.

골프 그렇지. 그분이 자동차의 시동을 건 것은 단순히 추워서 히터를 틀기 위해서 그런 거라 차량의 운행하고는 아무런 관련이 없다고 판사가 판결한 거야.

친구 상혁이 사고는 안전운전을 위한 조치이고, 거래처 사장님은 차량에서 자기 위한 것이어서 그런 거구나. 아무튼 네가 보험 처리 잘 될 수 있게 신경 좀 많이 써줘라.

운행에 해당되지 않는 사고

교통사고만의 담보특약부 상해보험계약에 적용되는 약관상 '운행'이라 함은 자동차손해배상보장법 제2조에서 규정하고 있는 바와 같이 자동차를 당해 장치의 용법에 따라 사용하고 있는 것을 말하고(대법원 1994. 4. 29. 선고93다55180 판결 참조), 여기서 '당해 장치'라 함은 자동차에 계속적으로 고정되어 있는 장치로서 자동차의 구조상 설비되어 있는 자동차의 고유의 장치를 뜻하는 것인데, 위와 같은 각종 장치의 전부 또는 일부를 각각의 사용목적에 따라 사용하는 경우에는 운행 중에 있다고 할 것이나 자동차에 타고 있다가 사망하였다 하더라도 그 사고가 자동차의 운송수단으로서의 본질이나 위협과는 전혀 무관하게 사용되었을 경우까지 자동차의 운행 중의 사고라고 보기는 어렵다고 할 것이다
(대법원 1996. 5. 28. 선고96다7359판결, 2000. 1. 21. 선고99다41824 판결 등 참조).

골프바라기의 TIP TIP TIP

| TIP | - 자동차의 운행은 운전을 포함한 넓은 개념이므로, 차를 관리하기 위한 운행의 일환으로 잠든 경우의 사고에는 보상을 신청할 수 있다 |

교통사고 자력구제

STORY 27 교통사고로 성기능 장애가 생겼어요

의사 영록아, 너 요즘 부부관계 어떠니?

골프 뜬금없이 무슨 소리야?

의사 잠자리 말이야.

골프 나이 드니까 당연히 맘처럼 쉽지 않지.

의사 어제 우리 병원에 온 환자 보니까 남 일 같지 않더라고.

골프 비뇨기과에 오는 환자들이 대부분 그쪽에 문제 있어서 오는 사람들 아니야? 넌 의사니까 네가 알아서 잘 관리하면 되잖아.

의사 나이 들어서 성욕이 감퇴한다거나 발기부전이 생기거나 하는 건 어쩔 수 없는 일이고 치료하면 좋아질 수도 있겠지만, 혈기왕성한 30대 초반 남성이 사고로 신경이 손상되어서 영구적으로 발기부전 상태가 되었거든.

골프 한창일 나이에 무슨 봉변이냐. 참 그 사람도 인생 갑갑하겠다. 수술 같은 거로도 해결이 안 되는 거야?

의사 음경 보형물 수술하면 되긴 하는데 그래도 자연적으로 되는 거랑은 다르지.

골프 그런데 무슨 사고를 당했기에 그 지경이 된 거야?

의사 친구 차 타고 놀러 가다가 중앙선을 넘어오는 차에 치여서 차가 구르면서 많이 다쳤나 봐. 뒷좌석에 타고 있었는데 안전벨트도 안 매고 있었다고 하더라고. 그래서 더 다친 거 같다고. 골절이랑 찰과상 입은 거 몇 달 동안 다 치료받고 사고 난 지 3개월 정도 됐는데 어느 순간부터 자기가 발기가 안 되는 걸 느꼈다고 하더라고.

골프　사고 나서 바로 그런 게 아니고?

의사　여기저기 많이 다쳐서 치료받는 동안에는 신경 쓰지 못했는데 어느 정도 회복되고 애인이랑 관계를 하려고 하는데 몇 번이고 시도해도 발기가 안 돼서 병원에 왔다고 하더라고.

골프　보험사에서 배상금 몇천 받는다고 해도 그걸로 어디 비할 바가 되겠어.

의사　보험사로부터 이미 합의금은 받았더라고. 그 돈으로 수술받을 거라고 하던데.

골프　음경 보형물 수술인가 하는 그 수술비용을 보험사로부터 받은 합의금으로 낸다고?

의사　그래서 나도 수술비는 본인이 내는 게 아니라 교통사고 가해자 측 보험사에서 우리 병원에 지급보증해 주고 그 보험사에서 수술비를 지불하는 거라고 설명해 줬는데 이미 합의를 해버렸대. 합의했을 당시에는 자기가 발기부전일 거라고는 상상도 못 했다고 하더라고.

골프　그거야 다시 받으면 되는 거고.

의사　이미 합의를 했는데 어떻게 다시 받아?

골프　그 환자가 교통사고로 인해 상해를 입어서 신경 쪽 손상 때문에 발기부전이 된 게 맞아? 그걸 네가 진단서에 써줄 수 있어?

의사　그럼. 당연하지. 실제로도 그렇게 된 게 맞으니까.

골프　그 환자가 합의 당시에는 자기가 교통사고 때문에 발기부전이 될 줄 모르고 합의한 거니까 네가 진단서에 발기부전의 원인은 교통사고로 인한 상해라고만 적어주면 예상치 못한 장해에 대해서는 이미 합의를 했다 하더라도 그 장해에 대해 추가 지불보증을 받아 치료도 받을 수 있고 합의금도 받을 수 있어. 그리고 성기능장애에 대한 합의금만 해도 몇천만 원은 되지.

의사　수술비 빼고 합의금만 몇천만 원이나 된다고?

골프　네가 그 사람 장해평가 할 때 맥브라이드 방식으로 평가할 수 있잖아? 맥브라이드 장해평가표에 보면 성기능장애로 인한 노동상실률은 10~25% 되니까 영구적인 발기부전이면 15%만 잡고, 그 환자 월급이 300만 원 정도라고만 가정해도 최소한 앞으로 30년 정도는 더 일할 수 있으니까 1년이면 3,600만 원, 30년이면 대략 10억 원, 이것저것 공제한다 치더라도 그 돈의 15%면 성기능장애에 대한 추가적인 합의금으로 대략 1억은 받겠네.

의사 　그렇지. 성기능 장애가 오면 심리적인 스트레스가 심할 거고 자기가 일하는데도 악영향을 미쳐 노동의 질이 떨어질 테니까 노동상실률이 발생하겠지. 그러니까 그에 따른 위자료 등으로 합의금을 준다는 거구나.

골프 　그럼. 정신적인 문제가 현실 생활에서 노동력 상실을 가져온다는 것은 이미 검증된 사실이니까. 그래서 교통사고로 인지능력이 떨어진다거나 정신병에 걸려도 법적으로 위자료를 주게 되어있는 거지. 이건 소송을 해봐도 충분히 가치가 있어. 배상금이 5천만 원만 넘어도 소송비용확정액 신청으로 변호사 비용도 다 받아낼 수 있으니까.

의사 　이거 빨리 그 환자한테 말해줘야겠는데. 너한테 소개해 줘도 되지?

골프 　그럼 나야 고맙지.

의사 　다음에 병원 올 때 너한테 전화하라고 해야겠다.

후유장애의 구분과 책임보험금의 한도금액[제3조제1항제3호 관련]

■ 자동차손해배상 보장법 시행령 [별표 2] <개정 2014.12.30.>

장애급별	한도금액	신체장애 내용
7급	6,000만 원	13. 양쪽의 고환을 잃은 사람
9급	3,800만 원	14. 생식기에 뚜렷한 장애가 남은 사람

자동차보험표준약관상의 노동능력상실률 판단 기준

2. 상실수익액

다. 노동능력상실률

맥브라이드 식 후유장애 평가방법에 따라 일반의 옥내 또는 옥외 근로자를 기준으로 실질적으로 부상 치료 진단을 실시한 의사 또는 해당과목 전문의가 진단·판정한 타당한 노동능력상실률을 적용하며, 그 판정과 관련하여 다툼이 있을 경우 보험금 청구권자와 보험회사가 협의하여 정한 제3의 전문의료기관의 전문의에게 판정을 의뢰할 수 있음.

교통사고 성기능 장애도 노동능력 상실

서울고법 민사11부(김대휘 부장판사)는 2005년 5월 15일 교통사고로 요도 협착과 발기부전 등의 장애를 입은 이모(43)씨가 가해차량 보험사를 상대로 낸 손해배상 청구소송에서 "비뇨기과 치료비용 3천883만 원과 재산상 손해, 위자료 등을 포함해 총 1억4천800여만 원을 지급하라"고 원고 일부승소 판결했다고 밝혔다.

재판부는 "영구장해인 발기부전에 따른 성기능장애는 심리적·정신적 면은 물론 육체활동 전반에 걸친 욕망과 의지 및 기질에 부정적 영향을 미칠 수 있다. 비뇨생식기 손상·질병은 맥브라이드 장애평가표 상의 노동능력 상실률이 15%지만 주사 요법에 의해 인위적 성행위가 가능한 만큼 3분의 2인 10%를 인정한다"고 판결했다.

골프바라기의 TIP TIP TIP

TIP   - 성기능장애로 인한 노동상실률은 10~25%로 책정된다

자동차 보험사 보상금 V.S. 산재처리

골프　방금 회사 동료분에게 전화받았습니다. 교통사고로 많이 다치셨다고요. 동승하신 분도 입원해계신다고 들었는데요.

고객　네, 맞아요. 저희 둘 다 많이 다쳤어요. 의사가 친구는 아마 불구가 될 거라고 하더라고요. 그 날따라 제가 늦게 일어나서 좀 빨리 가려고 앞차를 앞질러서 차선변경을 하다가 사고가 나서 보험사에서는 제 과실이 훨씬 많이 잡힐 거라고 하더라고요. 저는 갈비뼈 부러진 거밖에 없는데, 그 친구는 허리 쪽에 신경을 다쳐서 다리를 못 쓰게 될 거라고 하니 이 죗값을 어떻게 치러야 할지 모르겠습니다.

골프　출근길에 그러신 거예요?

고객　네. 매일 같이 카풀해서 출근하거든요.

골프　회사에 산재 처리 신청은 하셨어요?

고객　세상이 좋아져서 요즘에는 출퇴근하다가 교통사고 난 것도 산재 처리 해준다는 소리는 들었는데, 아무리 그래도 눈치 보여서 도저히 회사에 말 못 하겠더라고요. 사장님이 산재 처리 신청하는 거 허락해 주시지도 않을 거 같고, 괜히 욕만 먹을 거 같아서.

골프　이제는 사업주의 승인이 없이도 근로복지공단에 직접 신청하시면 산재 처리를 받으실 수 있어요.

고객　아무리 그래도 저 때문에 괜히 회사에 피해 주는 거 같아서요.

골프　선생님은 그렇다 쳐도 동승자분은 아무런 잘못도 없이 반신불구가 되게 생겼는데 회사에 피해 주고 자시고 할 거 없이 본인이 보상금을 최대한 많이 받으려면 산재 처리 신청을 하실 수밖에 없으니까 선생님이 신청하셔도 같은 건으로 처리가 되어서 회사에 추가로 산재보험료 올라가는 거 없습니다.

고객 보험사 직원은 그 친구나 저나 둘 다 제 보험으로도 처리가 된다고 하던데요. 어차피 자동차보험하고 산재보험에서는 중복으로 보상받을 수 없지 않나요? 산재보험에서 보상금을 받으면 자동차보험에서 공제된다고 들어서요.

골프 물론 공제가 되지만 전부 다 공제되어서 전혀 못 받는 것이 아닙니다. 그러니까 전략을 잘 짜서 처리하면 자동차보험과 산재보험 모두에서 최대의 보상금을 받을 수 있습니다.

고객 회사 동료한테 국장님이 인터넷에서 유명하신 분이고 워낙 처리를 잘 해주신다고 들어서 꼭 국장님에게 맡기고 싶습니다. 잘 좀 부탁드려요. 수임료는 얼마 드리면 되나요?

골프 최선을 다해 처리해 드리겠습니다. 착수금으로 부가세 포함해서 330만 원 주시면 되고요, 성공보수는 수령하시는 총 보상금의 7%를 주시면 됩니다. 추후 보험사를 상대로 승소하게 되면 판결금 즉 수령하시는 보상금의 약 7%를 소송비용으로 환급받으실 수 있게 해드리고, 판결금에 대한 지연이자가 연이율 12%인데 소송이 대략 반년 정도 걸리니까 판결금의 6~7%가 지연이자로 지급되거든요. 제가 예상하는 정도의 판결금이 확정된다면 아마 지연이자만 1,000만 원이 넘을 겁니다.

고객 소송 끝나고 소송비용이랑 지연이자 받으면 착수금이랑 성공보수를 드린다고 해도 사실상 소송을 공짜로 하는 거네요?

골프 선생님의 입장에서는 그렇게 생각하실 수도 있죠.

고객 그럼 저랑 그 친구 두 명이니까 착수금으로 660만 원 드리면 되나요?

골프 아니요, 사고가 한 건이니까 330만 원만 주시면 됩니다.

고객 그렇게 해주시면 저희야 감사하죠. 저도 저지만 동승한 그 친구 보상금 좀 많이 받게 해주세요.

골프 네. 그럼 지금부터 제가 말씀드리는 대로 잘 따라오시면 됩니다. 우선 사고 블랙박스 영상하고 두 분의 진료기록과 진단서를 사무실로 보내주세요. 변호사님하고 손해사정사님과 잘 상의해서 보상전략을 수립하고 수일 내로 전화드리겠습니다.

고객 빨리 준비해서 보내드릴게요.

(다음 날 법률사무소 회의실, 골프와 변호사, 손해사정사 앞에는 진료기록과 사건기록이 정리된 서류가 놓여있고, 회의 테이블 앞 모니터에는 사고 블랙박스 영상이 재생되고 있다)

골프 저희 고객이 방향지시등은 켜고 진입을 했지만, 너무 급하게 차선을 변경하는데요. 변호사님은 과실을 어느 정도 예상하세요?

변호사 우리 측이 최소 70%이고 판사에 따라서는 상대방 입장에서 불가항력적으로 피할 수 없었을 것이라고 보고 우리 측 100%를 판결할 수도 있는 상황입니다. 상대방 측 보상과 직원이 제시한 과실 비율이 있나요?

골프 상대방 보상과 직원은 손해보험사의 자동차사고 과실 인정기준에 따라 우리 과실 70%를 주장하고 있는데요. 변호사님 의견이 그러시다면 상대방 측의 제안을 받아들여야겠네요.

변호사 일단 상대방과 과실 비율에 대해서만 합의를 진행해 주세요.

골프 우리 보상과 직원에게도 우리 과실 70%를 인정하자고 안내하고 상대방 보상과 직원과는 그렇게 합의를 하겠습니다. 자 그럼 사정사님. 두 분의 부상에 대한 손해사정 결과는 어떻게 나왔나요?

사정사 진료기록을 보면 43세의 운전자는 늑골 3개 골절, 약간의 뇌진탕 증세 및 허리와 무릎에 염좌 진단이 있습니다. 진단서상에는 전치 4주로 되어있고 보험사 기준의 상해급수는 7급으로 예상되네요. 우리 과실이 더 많아서 상대측 보험사로부터 보상을 받으면 과실상계에 따라 보상금이 삭감될 텐데 혹시 이분 자동차보험 담보가 어떻게 되어요?

골프 안타깝게도 자동차 상해가 아니고 자기신체 손해라서 과실에 따른 보상금 감액이 불가피해요. 더군다나 운전자의 자동차보험이 KK손해보험이라 약관상 '피보험자가 실제로 지출한 치료비'로 명시되어 있어 '실제 소요된 치료비'로 명시되어 있는 보험사보다 보상금도 적어요.

사정사　보험료 아끼시려고 자동차 상해 담보 가입 안 하셨나. 아니면 모르고 안 하셨을까. 자동차 상해 담보만 있어도 과실에 따른 감액 없이 보상받으실 수 있을 텐데 말이죠.

골프　그러게요. 추가적으로 산재보험으로도 보상받을 수 있게 조치해야 합니다.

사정사　운전자분은 1급부터 5급까지만 받을 수 있는 병간호비 지급대상도 아니시고 늘 골골절로 장해가 남지도 않으실 테니까 병간호비, 장해 관련 비용은 차치하고 과실적용을 받지 않고 전액 모두 받을 수 있는 산재보험으로 치료비, 휴업 손해금을 먼저 보상을 받으실 수 있게 하고 산재보험에서 받지 못한 위자료와 통원치료교통비를 과실상계 후 받으실 수 있도록 조치하면 과실에 따른 손해를 최소화해서 보상금을 받게끔 할 수 있습니다.

골프　그렇게 진행해야겠네요. 동승자분도 같은 순서로 처리하면 될 듯한데. 변호사님. 동승자분은 소송으로 진행하는 것이 보험사와 협의하는 것보다 보상금이 훨씬 크겠죠?

자동차보험 VS 산재보험 보상항목 비교

구분	자동차보험	산재보험
장해급별	한도금액	신체장해 내용
과실상계	적용	미적용
치료비	전액지불 보증 후 과실상계	과실상계 없이 산재보험 수가로 지급
휴업보상	실 소득의 85% 지급	평균 임금의 70%
간병비	지급	지급
후유증	노동상실율에 따라 지급	장해등급에 따라 장해급여 지급
장해연금	미지급	지급
유족급여	미지급	지급
위자료	지급	미지급

변호사　국장님의 경험상 보험사에서는 합의금으로 어느 정도 제시할 것으로 예상하세요?

골프　동승자분의 나이가 만으로 39세이고, 현재 급여가 세전 450만 원 정도죠. 우선 하반신마비에 대한 위자료는 8,000만 원 될 것 같고요. 장해에 따른 휴업손해금은, 급여를 세전 연 5,000만 원 정도로 계산해서 65세까지 26년 동안 받는다고 가정하면 13억인데, 그에 대한 85% 금액에서 기본생활비와 이자를 공제하고 장해율을 적용하면 5억 정도로 계산될 것 같네요. 대략 6억 정도 제시하지 않을까 싶습니다.

변호사　제가 계산한 판결금이 9억 정도 되니까 이 건은 소송으로 진행해야겠네요.

골프　더군다나 보험사에서도 동승자에게는 과실을 잡을 수 없을 테니까 무조건 소송으로 가야죠.

사정사　동승자분은 산재보험으로 장해연금을 사망 시까지 받을 수 있으니까 산재보험으로 먼저 처리 후 자동차 보험회사를 상대로 승소한 금액을 추가로 받아야 수령하는 총 금액이 커집니다.

골프　보험사에서 공제하고 주는 금액이 얼마 정도 될까요?

사정사　산재보험에서는 위자료를 지급하지 않으니까 보험사는 위자료를 전혀 공제할 수 없고, 1,309일 치의 평균임금을 공제하니까 약 9,000만 원 정도 공제할 거고요.

골프　동승자분은 산재보험의 장해연금 2급만 받아도 월 150만 원씩 사망할 때까지 지급되는데 80세까지만 생존한다고 쳐도 41년 치의 장해연금이 거의 7억 원이고 승소해서 보험사로부터 이거저거 공제하고 대략 6억 정도만 받는다고 가정해도 총 보상금액은 13억 정도 되겠네요. 그럼 이 내용 정리해서 고객에게 상담하고 다시 보고 드리겠습니다.

골프바라기의 TIP TIP TIP

TIP
- 사업주의 승인 없이도 근로복지공단에 산재처리를 직접 신청할 수 있다
- 자동차보험과 산재보험의 보상항목을 비교하고,
  한쪽에서 보상받지 못한 항목을 다른 쪽에서 받을 수 있는지 확인한다

병원을 오래 다녔다는 이유로 보험사에서 소송을 건대요

문의자   어제 저에게 법원으로부터 우편물이 왔더라고요. 깜짝 놀라서 뜯어보니까 보험사가 저에게 소송을 걸었더라고요.

골프   채무부존재 확인 소송 걸었나 보군요.

문의자   맞아요. 어떻게 아셨어요?

골프   보험사가 개인 상대로 소송 거는 게 그거 말고는 없거든요.

문의자   읽어보니까 보험사가 저에게 돈을 물어주지 않아도 된다고 주장하고 있더라고요.

골프   채무부존재 확인 소송이 글자 그대로 채무 즉, 빚이 부존재 존재하지 않는다, 라는 것을 법원이 확인해 달라는 뜻이거든요. 보험사는 피해자에게 채무 즉 배상금이 없다는 소송을 한 거예요. 그런데 무슨 일이 있었기에 소송까지 당하신 거예요?

문의자   기억나실지 모르지만 제가 한 2년 전에 교통사고를 크게 당해서 국장님께도 문의드린 적이 있거든요. 그때 천골*이라고 골반이 부러지는 부상을 입어서 입원도 두 달 넘게 하고 병원도 엄청 오래 다녔거든요.

골프   천골까지 골절이 됐으면 충격이 엄청 났겠는데요?

문의자   그렇죠. 후방 추돌당해서 자동차가 3m 절벽으로 굴러떨어졌으니까요. 천골 골절되면서 허리 디스크도 생기고 여기저기 타박상에, 유리 파편 튀어서 얼굴까지 찢어졌으니까요.

---

*   천골 | 엉치뼈. 엉치등뼈

골프　　아. 기억납니다. 그 사고 뉴스에도 나오지 않았어요?

문의자　　네 맞아요. 그때 제가 이틀 동안 의식을 잃고 있어서, 저희 부모님이 뉴스 보고 저 다친 줄 알고 병원으로 뛰어 오셨잖아요.

골프　　지금은 몸 좀 많이 좋아지셨어요?

문의자　　찰과상 입은 것은 흉터 남아서 레이저로 제거 시술 꾸준히 받고 있었고요, 얼굴 찢어진 건 국장님이 말씀해주신 대로 영구장해 받을 거니까 레이저 시술 받을 만큼 받고 소송을 하든 할 거고요, 허리 디스크랑 골반 골절된 것은 의사가 수술은 잘 되었다고 하는데 걸어 다닐 때나 앉아 있을 때 계속 통증이 있어서, 재활의학과 다니고 있고요. 그런데 한 6개월 전에 재활의학과 병원에서 보험사에서 더 이상 병원비 지불보증을 안 해주니까 치료비를 저에게 내라고 하더라고요. 그래서 그게 무슨 말이냐고 물어보니까 심평원이라는 데서 진료비 삭감을 통보해서 병원에서도 어쩔 수 없다고 하더라고요.

골프　　일단 심평원이 뭐냐면요. 건강보험심사평가원이라고 준정부기관인데 2013년 7월에 국토교통부, 보건복지부, 금융위원회 등이 밀어붙여서 심평원 내에 자동차보험심사센터를 설립했거든요. 그곳에서 자동차 보험사를 대신해 병원 의료비 지급 여부를 결정하는 거죠. 원래는 보험 사기를 효율적으로 방지하려고 의료비심사를 통합하기 위해서 만들어진 건데 지금은 보험사가 이 제도를 악용한다는 비판을 받고 있어요. 민간기업인 보험사가 보험 사기 때문에 손실을 본다면 스스로 자구책을 마련해야지 자기네들이 위탁수수료를 내는 준정부기관의 힘을 빌려 결국 위탁수수료만큼 보험사에서 지불하는 의료비를 깎으려고 하는 게 아니냐는 쓴소리를 듣고 있죠. 20여 개에 달하는 보험사와 공제조합에서 내는 위탁수수료가 연간 100억이 넘거든요. 결국 심평원은 위탁수수료를 지불하는 민간 보험사를 위해서 일하는 게 아니냐는 비아냥거림을 들을 수밖에요. 어쨌든 병원은 준정부기관인 심평원에서 진료비 삭감을 통보하면 따를 수밖에 없으니까 어쩔 수 없겠죠.

문의자　　그런 거였군요. 제가 보험사 대인 보상과 담당자에게도 따져 물으니까 그 사람도 자기가 지급을 거절한 것이 아니라 심평원에서 그렇게 한 거라 본인도 어쩔 수 없다는 식으로 얘기하더라고요. 저는 하도 약이 오르고 억울해서 대인 보상과 직원 상급자 바꿔 달라고 해서 싸우기도 하고 금융감독원에다가 민원도 3번 정도 넣었거든요.

골프 보험사 담당자도 자기가 맡은 사건이 소송으로 가게 되면 인사고과에 불이익을 받게 되는데도 불구하고 소송을 진행하는 것은 금감원 민원으로 인한 담당 직원의 인사고과 불이익이나 보험회사 차원의 불이익보다 소송으로 인한 불이익이 적기 때문이죠. 금감원은 법원보다 하위 기관이기 때문에 소송이 진행되어서 사건이 법원으로 이관되면 금감원에서 내리는 처분은 더 이상 효력이 미치지 않거든요. 즉 피해자가 금융감독원에 민원을 제기하여 발생하는 보험사에 대한 페널티가 사라지는 것이죠. 이런 이유로 보험사는 변호사 비용을 써 가면서 소송을 거는 거예요. 보험회사 같은 대기업에서 몇백만 원 수준의 변호사 비용이 큰돈도 아니겠지만요.

문의자 하지만 제 입장에서 몇백만 원의 변호사 비용은 너무 큰 돈이네요. 보험사와 심평원이라는 곳이 저렇게 움직일 줄은 몰랐어요.

골프 의사협회나 일선 병원들에서 특히 저런 의혹의 시선으로 바라보고 있는 것은 사실이죠. 그래서 2021년 3월 25일부터 금융소비자보호법이라는 것이 시행되었는데, 보험사가 소송을 제기하여 금융감독원의 분쟁 조정제도를 회피할 수 없도록 '조정이탈금지제도'와 '소송 중지제도'를 도입했어요. 이 제도에 따라 보험사가 피해자를 상대로 소송을 제기해도 법원의 판단에 따라 해당 소송을 중지할 수 있고, 2000만 원 이하 사건은 분쟁 조정 절차가 완료될 때까지 제소를 금지할 수 있도록 했어요.

문의자 그런데 그런 제도가 있음에도 불구하고 저의 경우에는 소송이 제기되는 거잖아요. 대응 방법을 모르니 답답하기도 하고요. 대한민국 법원이라는 곳이 정의로운 판사님들이 계시는 곳 아닌가요? 그 판사님들이 알아서 시시비비를 가려주신다면 제 억울한 상황도 분명 해결해 주시지 않을까요?

골프 안타깝지만, 법원은 정의를 실현하는 곳이 아닙니다. 서로 각자의 이익에 따라 상반되는 주장을 하는 원고와 피고가 치열하게 법적인 공방을 벌이는 전쟁터입니다. 소송을 당한 피고가 판사만 믿고 가만히 있었다가는 무변론판결이라고 해서 소송을 한 원고의 주장을 모두 인정하는 판결이 나오고 변호사 비용의 일정 부분까지 물어내야 하는 상황이 닥칩니다.

문의자 정말요? 그럼 저는 어떻게 해야 하나요?

골프　　　지금 소송을 당한 본소에 대항하여 반대하는 소송, 즉 반소를 제기하여 상대방 원고인 보험사가 본인에게 채무, 다시 말해 배상금을 줄 의무가 있다는 것을 주장하셔야 합니다. 우편으로 온 소장을 읽어 보시면 원고인 보험사가 어떤 이유로 보험사는 배상금을 줄 필요가 없다고 적어 놓았을 거예요. 그것처럼 소송을 당한 피고도 이러한 이유로 상대방 원고가 본인에게 배상금을 줄 의무가 있다는 것을 논리정연하게 기재한 답변서를 법원에 제출하셔야 해요. 상대방이 제기한 소송에 대하여 적극적으로 반소를 제기하여 상대방에게 채무가 있다는 것을 판결받아야 보험사로부터 배상금을 제대로 받을 수 있는 거지, 가만히 있다고 판사가 알아서 소송을 당한 피고의 사정을 고려하여 정의로운 판결을 해주는 것이 아니에요.

문의자　　　그럼 제가 하든 국장님에게 의뢰해서 하든 이 소송에서 이기면 보험사는 저에게 당연히 피해배상을 해줘야 하는 거죠?

골프　　　이 소송에서 이긴다는 것은 상대방에게 채무, 즉 배상금을 지불할 의무가 있다는 것만 확인하는 것이지 배상금을 구체적으로 얼마를 지급하라는 판결까지 받아낸 것은 아니에요. 그래서 승소한 후에 손해배상청구소송을 다시 하셔야 해요.

문의자　　　채무부존재 확인 소송에서 승소해도 또 손해배상청구소송을 해야 한다고요? 소송을 두 번이나 해야 하는 거네요? 이걸 지금 제가 공부해서 될 것도 아니고 어차피 나중에 후유 장해 확정되면 소송 맡기려고 했는데 이번 참에 같이 맡아주시면 좀 싸게 안 돼요?

골프　　　법률사무소도 서비스업이나 마찬가지입니다. 법률서비스를 판매하는 곳이죠. 장사하는 곳에서 한꺼번에 여러 개의 상품을 주문하는 고객에게 할인을 해주는 것은 당연한 이치 아닙니까.

문의자　　　그렇게 해주시면 감사하죠.

골프바라기의 TIP TIP TIP

TIP	- 채무부존재 확인 소송에 대항하려면 반소를 제기해야 한다 - 반소에서 승소한 뒤에 손해배상청구소송을 제기하고 승소해야 　 피해배상이 확보된다

아기가 유산되었는데 보험금을 한 푼도 안 준대요

보험사　○○보험사의 이배상 과장입니다. 저번에 말씀하신 선생님의 유산에 대한 위자료를 상부에 보고를 드려봤는데 사망한 태아는 물론이고 선생님에게도 죄송한 말씀이지만 지급해 드릴 수가 없어서 연락드리게 됐습니다. 다시 한번 정말 죄송합니다.

피해자　아니, 담당자님! 저는 이해가 안 되는 게, 2년 전쯤 제가 교통사고가 난 적이 있었거든요. 사고 난 다음 달에 저희 첫째가 태어났는데, 출산 때문에 정신없어서 한동안 병원 안 다니고 있었더니 어느 날 보험사한테 전화 와서는 저는 물론이고 갓 태어난 제 아기에게도 합의금을 준다고 하더라고요. 그래서 좀 의아해서 물어보니까, 보험사 직원분께서 하시는 말씀이 태아도 사람인데 당연히 드려야죠, 그러더라고요. 그때랑 지금이랑 왜 상황이 다른가요. 저랑 빨리 합의하고 마무리하고 싶을 때는 태아를 사람이라 인정하고, 돈 많이 달라고 하면 사람으로 인정하지 않고, 보험사라는 이렇게 큰 회사가 기준도 없이 이랬다저랬다 해도 되나요?

보험사　선생님, 그건 담당자가 선생님 감정 상하지 않게 하려고 편의상 그렇게 설명드린 거고요. 대법원판결에 태아에게도 위자료를 지급하라는 판결이 있어서 그렇습니다.

피해자　자동차보험표준약관에도 그렇게 나와 있나요?

보험사　아니요. 그런 내용이 있지는 않지만, 법원의 판결이 약관보다는 우선하기 때문에 그렇게 지급해 드린 듯하네요.

피해자　그럼 과장님도 그 담당자랑 같은 입장이었다면 저에게 똑같이 보상하셨을까요? 아님 아기 위자료는 주지 않으셨을까요?

보험사   아마 저도 지급해 드렸을 겁니다.

피해자   법원 판결이 약관보다 우선하니까요?

보험사   그렇죠.

피해자   그럼 과장님. 이번 교통사고로 인해 태아 사망에 대한 위자료를 지급하지 못한다는 이유가 약관상 사람이 사망했을 때만 위자료를 지급하는데 태아는 민법상 사람으로 볼 수 없기에 그렇다고 말씀하셨잖아요.

보험사   네 그렇습니다. 일단 출산이 되어야 출생이 되었다고 인정하기 때문에 그렇죠.

태아의 손해배상청구권

대법원 1993. 4. 27 선고 93다4663 판결 [손해배상(자)]

태아도 손해배상청구권에 관하여는 이미 출생한 것으로 보는바, 부(모)가 교통사고로 상해를 입을 당시 태아가 출생하지 아니하였다고 하더라도 그 뒤에 출생한 이상 부(모)의 부상으로 인하여 입게 될 정신적 고통에 대한 위자료를 청구할 수 있다.

※임산부는 배 속의 아기 때문에 엑스레이 또는 MRI 등의 검사나 일반적인 물리치료는 물론 약도 복용할 수 없어 대인 합의 시 불이익을 받는 경우가 많은데 이런 경우에는 태아의 손해배상청구권을 근거로 대인 담당자에게 출산 후에 아기의 대인 합의금에 대한 청구를 안 할테니 좀 더 많은 합의금을 요구하면 받아들여질 때가 있다.

민법상 사람의 출생 시기

서울고등법원 2007. 3. 15 선고 2006나56833 판결 [손해배상(의)]

태아의 법적 보호를 위하여 불법행위에 기한 손해배상청구(민법 제762조), 재산상속(민법 제1000조 제3항) 등과 같이 개별적으로 특별규정을 두어 이미 출생한 것으로 보는 경우를 제외하고는, 우리 민법의 해석상 사람의 출생 시기는 태아가 모체로부터 전부 노출된 때를 기준으로 삼는 것이 타당하다.

피해자　그런데 인터넷에 검색해 보니까 피해입증의 의무가 피해자에게 있지만, 가족의 사망이나 자신의 명예 훼손 같은 경우에는 당연히 정신적인 고통이 따른다는 법원의 판결이 있어 따로 증명할 필요가 없다는 기사를 봤거든요. 그럼 태아가 사망하면 부모가 엄청나게 슬퍼하고 가해자를 찢어 죽이고 싶을 만큼의 정신적 고통이 있다는 것을 아내와 제가 꼭 우리 스스로 입증해야 하는 건 아니잖아요?

보험사　그렇죠. 저도 자식을 키우지만 제 애들이 배 속에 있을 때 그렇게 됐다고 생각하면 당연히 선생님 이상으로 고통스럽고 괴로울 겁니다.

피해자　그렇다면 보험사는 가해자가 후방 추돌을 해서 제 차가 전손된 것은 배상해 주고 왜 입증할 필요도 없이 당연한 정신적인 고통에 대한 위자료는 배상을 안 해주신다는 거예요?

보험사　다시 한번 말씀드리자면, 약관상 그렇기 때문입니다.

피해자　아니, 아까는 약관 보다 법원의 판결이 우선이라면서요? 인터넷 조금만 검색해 봐도 교통사고로 사망한 태아에 대해 부모에게 위자료를 지급하라는 기사가 금방 나오는데, 저 기사들은 다 허위인가요? 기자들이 할 짓 없어서 소설 쓴 건가요? 담당자님의 논리대로라면 입증할 필요가 없을 정도로 당연히 피해가 있는데다가, 약관 보다 우선하는 판결도 있는데 도대체 왜 위자료를 못 준다는 거죠?

보험사　죄송합니다. 저도 자식 가진 입장에서 선생님의 심정은 충분히 이해가 됩니다. 제 맘 같아서는 진즉에 드리고도 남았을 텐데 저도 회사의 일개 직원이다 보니 상부의 승인을 받아야 해서 어쩔 수가 없습니다. 선생님 차라리 소송을 진행해 보시는 건 어떠신지요?

피해자　제가 죽은 제 아이 치료비를 달라고 했습니까? 일을 하지 못한 휴업손해금을 달라고 했습니까? 저와 아내, 가슴 찢어지게 괴로운 가족들의 정신적인 고통에 대한 위자료를 달라는 건데, 보험사에서는 왜 그렇게 안 주려고 하는지 모르겠네요. 몇십만 원짜리 합의금은 조기에 합의하려고 판례 운운해가며 금방 지급하면서, 제가 달라고 한 배상금이 몇천만 원 되니까 또 말을 바꿔서 약관 운운하면서 못 준다고 하고. 정말 소송밖에는 답이 없겠네요.

교통사고로 인한 태아 사망의 위자료

광주지방법원 손진홍 판사는 2005년 12월 8일 교통사고로 6주된 태아를 사산한 조모(39.여)씨 부부가 J보험사를 상대로 낸 손해배상 청구소송에서 "피고는 조씨에게 800만원, 남편 백모씨에게 500만 원, 조씨의 아들과 딸에게도 각각 50만 원을 지급하라"고 원소 일부 승소 판결했다.

재판부는 판결문에서 "신체 손상이 유산에 직접적인 영향을 주지는 않는다고 하더라도 임신 6주된 태아가 사고 직전까지 정상적으로 성장하다가 교통사고로 인해 사망에 이르게 됐다고 보여진다"고 밝혔다.

재판부는 "사고로 인해 태아 염색체에 이상이 생기고 골반 골절이 발생했으며 12주부터는 태아 성장이 지연되다 13주째 자연유산됐다"며 "원고들의 연령, 원고들의 가족관계, 상해정도 등을 참작해 가족들에게도 위자료 지급을 결정했다"고 설명했다.

서울지법 남부지원 홍기만 판사는 2013년 9월 28일 교통사고로 9개월 된 태아를 사산한 허모(여)씨 부부가 D보험사를 상대로 낸 손해배상 청구소송에서 '피고는 2천700여만 원을 지급하라'고 원고 일부 승소 판결했다.

태아 자신의 손해배상청구권

대구고등법원 1976. 10. 28 선고 76나702 판결 [손해배상청구사건]

태아 자신의 생명침해를 이유로 하는 손해배상청구권은 사고로 인하여 조산되었으나 정상적으로 성장하지 못하고 사망한 경우 등과 같이 일단 출생하여 상당한 정도 생존한 사실이 인정되어야 한다.

골프바라기의 TIP TIP TIP

TIP
- 민법상 사람의 출생은 모체로부터 노출된 태아를 기준 삼지만, 손해배상청구권에 관해서는 배 속의 아기도 출생한 것으로 본다
- 교통사고로 태아를 잃은 피해자 가족은 위자료를 요청할 수 있다

임신 중이라 병원을 다닐 수 없는데 합의금을 제대로 받을 수 있을까요

임산부   교통사고 합의금 때문에 궁금한 게 있어서요. 제가 임신 중이거든요. 그런데 인터넷이나 유튜브에 '임산부 교통사고 합의금'이라고 검색해 보면 다들 합의는 최대한 미루고 출산 후에 하는 게 좋다는 말 외에 딱히 설명해 주는 게 없고, 결국 자기들한테 의뢰하면 그때 자세히 알려준다고만 되어 있어 실례를 무릅쓰고 여쭤봤어요.

골프   네, 그러셨군요. 구체적으로 어떤 것이 궁금하세요?

임산부   말씀드렸다시피 제가 임산부라 병원에서도 해줄 게 별로 없다고 하더라고요.

골프   어디가 얼마나 다치셨어요?

임산부   사고가 크게 난 건 아니고 뒤에서 쿵 박았는데 그래도 충격은 좀 있었거든요. 목하고 허리도 좀 뻐근하고 배 뭉침도 느껴지고요. 사고 당일 새벽에 배가 심하게 뭉쳐 응급실 갔더니 임신 중이라 엑스레이 같은 것도 못 찍었어요. 병원비는 왜 그렇게 많이 나왔는지도 모르겠고, 그것도 보험 처리 안 된다고 해서 일단 신랑이 냈는데, 나중에 보험사한테 받을 수 있는지도 궁금해요.

골프   사고 당일의 응급실 병원비는 당연히 보험사로부터 받을 수 있죠. 응급실의 원무과 직원은 새벽이라 당장 보험사와 연락해서 지불보증을 받을 수 있는 상황이 아니었으니까 보험 처리가 안 된다고 했을 거고요, 임산부가 교통사고를 당해서 응급실에서 산부인과 진료를 받은 것에 대한 비용은 당연히 가해자 측 보험사에서 지불해 줘야죠.

임산부   다행이네요. 그리고 다음 날 산부인과도 가고 정형외과도 갔는데 태아도 별

이상은 없고 교통사고로 근육이 긴장해서 좀 뻐근한 거라고 시간 지나면 괜찮아질 거라고 하네요. 정형외과에서 전치 2주짜리 진단서 발급받았어요. 제가 결혼하기 전에 비슷한 교통사고를 당한 적이 있는데 그때는 2달 정도 통원 치료하고 150만 원 정도 받았던 거 같거든요.

골프 대인보상과 직원하고 어느 정도 협의를 하면 보통 백만 원대 초중반은 받을 수 있죠. 그게 쉬운 일은 아니지만요.

임산부 제가 홍보, 영업 관련 일을 오래 했거든요. 그래서 웬만하면 말빨에 밀리지 않는데요. 보상과 직원한테 내가 지금 임신 중이라 병원에 자주 갈 형편이 안 된다, 그리고 예전에 비슷한 사고로 병원 2달 정도 다니고 150만 원 정도 받은 적이 있다, 그러니 조기에 합의할 테니까 백만 원대 초중반으로 합의금을 맞춰주면 안 되냐. 라고 아무리 말해도 보험사 지급기준 들먹이면서 제가 병원을 별로 안 가서 60만 원 밖에 못 준다고 하고 있거든요.

골프 병원을 얼마나 다니셨는데요?

임산부 사고 난지 2달 정도 되었는데 5번 정도 밖에 못 갔어요.

골프 통원치료 횟수가 적긴 하네요. 혹시 상대측 보험사가 공제조합인가요?

임산부 아니요. ○○손해보험이요. 왜요?

골프 공제조합이 손해보험사보다 대인 배상금을 적게 주는 경향이 있어서 여쭤봤어요. 그럼 혹시 중간에 담당자가 한 번 바뀌었나요?

임산부 네, 처음에는 사무실 번호로 연락 왔었는데 2주 정도 지나니까 지역 담당자로 다시 배정해 준다고 하고 휴대폰 번호로 현재 담당자한테 연락이 왔었어요.

골프 처음에 사무실 번호로 전화를 건 사람은 보상과의 초기 보상팀인데 그 부서는 경미한 사고를 초기에 몇십 만 원 정도의 합의금으로 마무리하는 팀이거든요. 그 부서에서 합의가 안 되면 피해자가 다니는 병원의 지역을 담당하는 보상과 직원으로 재배정을 하죠. 일반적으로 지역 담당자는 초기 보상보다 조금 더 높은 금액으로라도 합의를 보고 마무리하고 싶어 하죠. 그런데 60만 원이면 손해보험사의 합의금치고는 좀 적은 금액이긴 하네요.

임산부　　그러니까요. 제가 몰랐으면 모르겠는데 예전에 받은 금액이 있다 보니까 60만 원은 너무 적다는 생각이 들어서요.

골프　　사실 다친 정도와 치료받으신 횟수를 고려해 손해사정을 한다면 60만 원이 적은 금액은 아니에요. 다만 말씀하신 것처럼 예전의 경험 때문에 심적으로 적다고 느끼시는 거겠죠. 현실적으로 지금 상황에서 법적인 논리의 잣대로 협상을 하는 것은 불리해요.

임산부　　그냥 금융감독원에다가 민원이라도 넣어 볼까요?

골프　　심정은 충분히 공감합니다만, 보험사의 불공정한 처사가 아닌데 단순히 배상금을 많이 받기 위해서 금융감독원에 민원을 접수하는 것은 큰 효과가 없어요. 이렇게 제안을 해보세요.

임산부　　어떻게요?

골프　　나는 임산부라서 배 속의 아기 때문에 엑스레이나 MRI 등의 검사나 일반적인 물리치료는 물론, 약도 먹기가 힘들다. 당신은 직업적으로 이런 사고처리 경험이 많으니 내가 병원을 자주 못 갈 것을 알고 보험사의 배상금 지급 기준을 언급하며 대인 합의금을 통상적인 금액보다 적게 제시하는 것 같은데, 그렇다면 나도 몇 달 후 출산하고 나서 내 아이의 정신적 고통에 대한 위자료를 청구하겠다. 태아도 손해배상청구권이 있다는 것쯤은 나도 알고 있다.

임산부　　내 배 속의 아기에게도 대인 합의금을 받을 수 있는 권리가 있어요?

골프　　그럼요. 부모의 부상으로 인해 입게 될 정신적 고통에 대한 위자료를 청구

태아의 손해배상청구권

대법원 1993. 4. 27 선고 93다4663 판결 [손해배상(자)]
태아도 손해배상청구권에 관하여는 이미 출생한 것으로 보는바, 부(모)가 교통사고로 상해를 입을 당시 태아가 출생하지 아니하였다고 하더라도 그 뒤에 출생한 이상 부(모)의 부상으로 인하여 입게 될 정신적 고통에 대한 위자료를 청구할 수 있다.

교통사고 자력구제

할 수 있어요. 그러니까 보상과 직원에게 저렇게 얘기하시고, 그렇게 하면 당신도 업무처리가 느려지고 어차피 배상금도 많아지는 거 아니냐. 차라리 지금 백만 원 초중반으로 합의하자. 이렇게 제안해 보시면 60만 원보다는 높은 금액으로 합의금을 받으실 수 있을 거예요.

임산부   태아도 배상금을 받을 수 있다는 것은 몰랐어요.

골프   한 말빨하신다고 하니 제가 드린 조언을 바탕으로 보상과 직원하고 잘 협상해 보세요. 아기 잘 낳으시고요.

골프바라기의 TIP TIP TIP

| TIP | - 배 속의 아기 때문에 물리치료와 약 투여가 걱정되는 임산부라면
   태아의 정신적 고통에 대한 위자료까지 청구할 수 있다 |

형사 합의는
어떻게 해야 하나요

의뢰인 국장님! 화물공제조합이란 곳은 보험사가 아닌가요?

골프 화물공제조합이 엄밀히 말해서 흔히 우리가 알고 있는 보험회사와 같다고 할 수는 없지만, 자동차보험과 동일한 역할을 하고 있죠.

의뢰인 공제조합이 보험사보다 까다롭다는 말은 주변에서 들었지만. 보상담당자가 이렇게까지 비협조적으로 구는 것이 공제조합 측 직원이라서 그런 건가요? 담당자 개인의 문제인가요?

골프 공제조합은 영리목적의 회사인 보험사와는 달리 비영리단체에요. 그래서 금융감독원의 관리 감독 및 제재를 받지 않죠. 비단 화물공제조합 뿐 아니라 택시나, 렌터카 등의 공제조합들도 보험사보다는 민원에 대한 인사 규제가 느슨하기 때문에 공제조합 보상담당자들의 태도가 피해자 입장에서는 보험사의 담당자들 보다 덜 협조적으로 느껴질 수도 있죠. 하지만 아무리 구조적으로 그렇다고 해도 그것은 개인 문제지 꼭 모든 공제조합의 보상담당자들이 그렇다고 할 수는 없습니다.

의뢰인 사고 당한 것도 억울한데 하필이면 가해자가 화물트럭 기사라 직업적으로 이런 교통사고에 대한 경험이 많아서 그런지는 몰라도 그 사람도 그냥 배 째라는 식으로 나오고, 상대측 보험사도 화물공제조합이라 제대로 된 배상은커녕 오히려 저를 돈 밝히는 사람 취급하고 정말 스트레스 받아 죽겠네요.

골프 지금 화물공제조합 측에서는 사모님 차량의 중고시세, 중고차 시세 하락 손해, 렌터카 사용일수, 상해 배상금에 대해 우리가 제시하는 금액이 너무 높다고 이의를 제기하고 있는 거잖아요.

의뢰인　한 달 전에 7,000만 원 주고 사서 2,000km도 안 탄 벤츠를 국장님이 감정사 통해서 6,500만 원으로 평가받아오신 금액도 억울해 죽겠는데, 6,000만 원이라고 주장하면서 우리가 제시한 금액이 많다고 이의 제기하는 것이 말이 되나요?

골프　당연히 말이 안 되죠. 그런데 우리가 우리의 주장을 할 수 있는 권리가 있는 것처럼 상대방도 자신의 주장을 펼칠 수 있는 권리를 법적으로 보장하고 있어요. 설사 그것이 우리 입장에서 말이 안 되는 것이라 할지라도요. 그리고 우리나 상대방이나 공권력을 가지고 민간인을 강제할 수 있는 검사나 판사가 아니니까 소송이라는 제도를 통해서 판사로부터 판결을 받는 거죠. 우리는 자동차보험표준약관 운운하는 보상담당자와 우리의 손해배상을 양보해 가면서 합의점을 도출하는 것이 아니라, 대한민국 민법대로 자동차손해배상법에 의거하여 소송절차를 밟고 있는 중입니다. 그러니까 상대방이 억지 주장을 하든 말든 신경 쓰지 마시고, 우리는 그저 우리의 주장을 논리적으로 정리하고 그 입증자료를 잘 준비해서 법원에 제출하면 판사가 법대로 판결을 해 줄 겁니다. 제 생각에는 우리의 주장이 상식에 더 가깝기도 하고 지금까지의 제 경험으로 봤을 때 승소할 확률이 높습니다. 그러니 사모님 자꾸 공제조합 쪽에 전화하지 마세요. 전화해 봐야 보상담당자의 억지 주장이나 태도 때문에 기분만 나빠지실 거잖아요. 너무 스트레스 받지 마시고요, 저 믿고 그냥 잊어버리시고 기다리시면 좋은 결과 있을 겁니다. 사모님.

의뢰인　저도 잊어버리고 싶고, 입 꾹 다물고 있고 싶은데 가해자가 아직까지 사과 한 마디 없으니 그게 너무 속상해서, 국장님한테 하소연할 수도 없으니까 자꾸 공제조합 보상담당자한테 전화해서 따지는 거 같아요. 정말 이렇게 사고 당한 것도 억울한데 상대측 공제조합도 그렇고 가해자도 그렇고 너무들 하는 거 같아요. 가해자는 덤프트럭 타고 있어서 사고 현장에서도 어슬렁어슬렁 걸어 다니고 별로 다치지도 않은 거 같던데, 저만 이렇게 다쳐서 병원에 입원해 있으니 분통이 터지네요. 그 사람은 중앙선 침범해서 신호위반까지 했는데 자기가 잘못한 건 자기 공제조합에서 다 물어 주고 그 사람이 손해 보는 건 별로 없을 거 아니에요. 진짜 세상 너무 불공평해요.

골프　　그래서 저희가 공제조합과의 민사소송과는 별도로 가해자에 대한 형벌을 높이고 형사 합의금을 유도하기 위해 지속적으로 검찰청에 진정서를 넣어 왔습니다.

의뢰인　　진정서요?

골프　　탄원서 같은 개념이라고 보시면 되는데요. 가해자는 교통사고 12대 중과실 중 중앙선 침범과 신호위반 2개의 중대한 과실로 피해자의 차량이 전손 될 만큼의 재산 상 손해와 피해 차량 운전자가 전치 8주에 이르는 상해를 입게 하였음에도 지금까지 단 한마디의 사과도 없이 용서를 구한 적이 없으니 엄벌에 처해달라는 내용으로요.

의뢰인　　그게 가해자의 처벌 수위를 올리는 데 효과가 있나요?

골프　　처벌은 양형기준에 의해 내리는 것이기 때문에 사실상 직접적인 영향은 없지만 그래도 많은 검사와 판사들이 '가해자가 피해자에게 용서를 받았는가'를 두고 형량을 결정할 때 어느정도 참작하기도 해요. 특히 사망사고 같은 경우에는 더 그렇고요. 그리고 금전배상주의 원칙에 따라 가해자가 용서를 받을 때 피해자에게 금전적으로 배상을 했는지도 살펴보죠. 그걸 형사 합의금이라고 하는 거고요.

의뢰인　　가해자 트럭 기사는 저에게 형사 합의에 대해서는 지금까지 한 마디도 없었는데요.

골프　　트럭 기사이니 아마 교통사고에 관한 경험이 일반인보다는 많을 거고요, 자신은 벌금 정도로 끝날 거라 생각하고 있을 거예요. 그래서 형사 합의금을 주고 합의서를 받아도 벌금이 많이 줄지 않는다는 걸 아니까 굳이 피해자에게 아쉬운 소리 해가며 합의해달라고 읍소하지 않는 거겠죠. 그런데 검사가 자기 선에서 벌금형으로 안 끝내고 법원으로 기소하게 되면, 즉 판사에게 이 사람에게 이 정도의 형벌을 내려 주시라고 요청하면 가해자는 법정에 서야 돼요. 그러면 높은 판사석에 앉은 판사에게 왜 아직 피해자와 합의를 하지 않았느냐 등의 질문을 받으면 심리적으로 굉장히 위축될 수밖에 없고 그때까지 벌금 내고 대충 때우려는 심사는 사라지게 되죠. 마음이 급해져서 합의하자고 전화 올 거예요.

의뢰인　　검사가 가해자를 기소할까요?

골프　　가능성은 낮지만 그래도 할 수 있는 건 다 해봐야죠.

(몇 달 뒤)

골프　선생님, 가해자가 기소됐어요.

의뢰인　정말요?

골프　네. 이례적이기 한데, 아마 동종 전과가 있는 거 같아요. 예전에 음주운전이나 교통사고로 누굴 사망하게 했던지요. 어쨌든 가해자 국선변호인한테 합의하자고 전화 왔어요. 국선변호인이 자기가 변호하는 가해자한테 합의하는 것이 유리하다고 설명한 듯해요. 그리고 가해자도 법정에 갈 생각하니 겁이 나겠죠.

의뢰인　잘 됐네요.

골프　그런데 합의금으로 1,000만 원을 준대요.

의뢰인　1,000만 원이요? 생각보다 꽤 많네요. 법정이 무섭긴 무서웠나 봐요.

골프　그렇죠. 보통 이 정도 사건에 1,000만 원씩 제시를 안 하는데요. 더군다나 교통사고에 대해서 비교적 잘 아는 트럭 기사가 말이죠. 그래서 제가 국선변호인에게 혹시 가해자가 운전자 보험이 있냐고 물어봤더니, 아니나 다를까 그렇더군요. 운전자 보험에서 형사 합의금을 지급하는 보통의 기준이 피해자가 8주 진단이면 1,000만 원까지거든요.

의뢰인　그래도 다행이네요. 그 돈이라도 받을 수 있게 되었으니. 그래도 그 트럭기사는 그 돈조차 자기 돈으로 안 내고 보험 처리를 받는군요.

골프　네, 그러게요. 그래서 가해자에게도 개인 돈을 받아내 봐야겠어요. 좀 더 기다려보시죠. 앞으로 사모님과 사모님 가족분들 명의로 여러 차례 법원의 판사에게 탄원서를 제출할 거예요.

(몇 달 뒤)

골프　사모님. 상대방 국선변호인에게 또 연락이 왔어요. 빨리 합의해 주면 안 되겠냐고요. 아마 가해자가 지금 애가 타고 있을 거예요. 합의금을 1,000만 원이나 준다는데 왜 합의를 안 해주는지.

의뢰인   사실 저도 좀 그렇기는 해요.

골프   가해자를 더 애태우고 불안하게 해서 합의금을 올려야죠. 그러니까 조금 더 기다려보세요. 최적의 타이밍은 아직 오지 않았어요.

의뢰인   그게 언젠데요?

골프   선고기일이 잡힐 거예요. 가해자를 법정에 세워 놓고 어떤 벌을 줄지 결정해서 알려주는 날이죠. 바로 그 전날에 1,200만 원을 제시할 거예요. 아마 자기 돈 200만 원 정도 더 들어가는 건 수긍할 거 같아요. 상대방이 OK 하면 합의서에 도장까지 찍어서 문자로 보내주고 합의금 입금되면 내일 오전 일찍 법원 판사실에 직접 내겠다고 할 거고요. 그럼 1,200만 원 입금된 거 보고 내일 아침 일찍 전화해서 내 의뢰인이 그 금액에 못 하겠다고 한다, 없던 일로 하자고 하면 아주 불안해질 거예요.

의뢰인   그런데 그러다가 정말 없던 일이 되면 저는 돈 하나도 못 받는 거 아니에요?

골프   어차피 합의서는 선고 당일날 제출해도 돼요. 그 사실을 국선변호인이 가해자에게도 알려줄 거고요. 그렇게 애를 태운 다음에 100만 원 더해서 1,300만 원 주면 합의하겠다고 해서 조금이라도 더 받아보려고요. 속된 말로 '양아치' 같지만, 저야 뭐 사모님의 이익을 위해서 일하는 사람이니까요.

의뢰인   양아치는 그 가해자가 더 양아치죠. 국장님이 고생이시네요.

골프   그럼 저는 상대측 국선변호인과 합의서, 처벌불원서, 채권양도통지서 조율해서 확실히 결정되면 다시 전화드릴게요.

의뢰인   합의서하고 처벌불원서는 알겠는데 채권양도통지서는 뭐에요?

골프   무엇을 받을 수 있는 권리를 채권이라고 하잖아요. 가해자가 피해자인 사모님에게 합의금으로 1,200만 원이든 1,300만 원이든 지급을 하면 가해자는 자신의 자동차보험사나 공제조합으로부터 그 돈을 받을 수 있는 권리, 즉 채권이 생겨요. 그럼 상대측 공제조합은 사모님에게 배상금을 지급할 때 자신의 고객인 가해자 트럭 기사가 사모님에게 지급한 형사 합의금을 빼고 지급하게 되죠.

의뢰인   그렇게 되면 저는 형사 합의금을 못 받은 거나 마찬가지예요.

<u>골프</u>　　　그렇죠. 그래서 가해자의 채권을 피해자인 사모님이 받아오셔야 해요. 가해자의 채권을 양도받아야 하는 거죠. 그렇게 하기 위해서 가해자가 자신의 보험사인 공제조합에 자기의 채권을 피해자인 사모님에게 양도한다고 통지해야 하는데 그때 필요한 것이 채권양도통지서에요. 그것을 상대측 국선변호인하고 조율해서 작성할 거고요.

　　　(며칠 뒤)

<u>의뢰인</u>　　　국장님 덕분에 공제조합 상대로 배상금도 넉넉하게 받고, 형사 합의금도 받고 이제야 마음이 좀 풀리네요. 변호사님에게도 감사하다고 전해주세요.

<u>골프</u>　　　그동안 맘고생 많으셨을 텐데 오랜 시간 믿고 기다려주셔서 감사합니다.

골프바라기의 TIP TIP TIP

TIP
- 형사사건이라면 선고기일이 가까워질 때가 합의의 최적 타이밍이다
- 가해자의 채권을 양도받아야 형사 합의금까지 확실히 보상받을 수 있다

PART 06

교통사고를 냈어도 정신줄은 잡고 있자

운전 중에 사망사고가 발생했어요

문의자 유튜브 보고 연락드렸는데요. 제가 사망사고를 내서요. 어떻게 해야 될지 몰라서, 일단 급하게 전화드렸어요.

골프 사망사고요?

문의자 할머니를 보자마자 브레이크를 밟았는데, 너무 갑자기 튀어나와서 어쩔 수 없이 박았어요.

골프 교통사고를 내신 거군요.

문의자 네, 맞아요. 지금 제가 너무 정신이 없어서 제대로 말씀을 못 드리는 것 양해 부탁드려요.

골프 괜찮습니다. 당연히 제정신이 아니실 테죠. 혹시 사고 장면이 담긴 블랙박스 영상 있으세요?

문의자 사고 장소에 출동한 경찰관이 블랙박스 SD카드를 가져갔어요.

골프 그럼 나중에 받아볼 수 있겠네요. 사고 장소 주변에 CCTV가 있던가요?

문의자 CCTV가 있었는지 잘 모르겠어요.

골프 하긴 그걸 확인할 경황이 없으셨겠죠. 일단 사고 장면이 녹화된 영상을 통해서 운전자분의 고의가 없고 브레이크를 밟았지만, 피해자를 추돌할 수밖에 없었던 불가항력적인 상황이었다는 걸 주장해야 해요.

문의자 그럼 경찰서 가서 블랙박스 SD카드 달라고 해야 하나요?

골프 그렇죠. 달라고 해야죠. 그리고 주변 CCTV 영상을 확보해달라고 요청도 하서야 해요. 아마 말씀을 안 하셔도 경찰 수사관이 이미 찾고 있을 거예요.

문의자 만에 하나라도 제가 감옥에 갈 확률이 있을까요?

골프 경찰 수사관이 사고 조사를 할 때 가해자를 구속시킨 상태에서 수사를 할 필요가 있다고 판단한다면 담당 검사에게 구속수사를 하고 싶다고 요청할 수 있거든요. 고의가 아니더라도 사망 사건의 가해자를 가둬둔 상태로 수사하고 싶어 하죠. 수사관 입장에서는 그게 수사하기에 편리하니까요. 가해자가 구속된 상태라면 심리적으로도 굉장한 압박을 받을 테니까 아무래도 심문하기도 수월하고요. 그런데 경찰의 이러한 수사 관행을 막기 위해서 만들어진 제도가 영장실질심사예요. 경찰은 먼저 담당 검사에게 가해자 구속에 대한 승인을 받아야 해요. 검사가 판단했을 때 구속수사가 필요 없다고 판단하면 경찰의 요청을 허락하지 않는 경우도 있어요. 그리고 검사가 경찰 수사관의 요청을 수락했다고 해서 구속수사가 즉시 이루어지는 것도 아니고요. 그런데 검사가 일단 구속수사가 필요하다 판단하면, 최종적으로 판사의 승인을 얻어야 하는데요. 이 단계에서 잠깐 감옥에 갇혀 있어야 해요. 경찰서 안에 있는 유치장이죠.

문의자 잠깐이라면 어느 정도요?

골프 몇 시간 정도인데요, 갇혀있는 입장에서는 그 몇 시간이 며칠, 몇 주만큼 길게 느껴질 수도 있죠. 시간이 길어지면 유치장에서 밥도 줘요.

문의자 저를 구속할지 말지 판사가 승인하는 단계에서 제가 왜 잠깐이라도 유치장에 갇혀 있는 거예요?

골프 구속이 결정되면 바로 투옥해야 하니까요. 구속영장을 발부해 달라는 검사의 요청에 의해 판사는 법정으로 가해자를 불러서 심문한 후에 이 가해자의 기본권인 자유를 박탈하고 가둬둔 상태에서 수사를 하는 것이 정말 필요한 것인가를 심사하게 되는데요, 한 명의 판사가 하루에 여러 명을 심문하고, 여러 건을 심사하기 때문에 시간이 좀 걸리죠. 가해자는 법정에서 심문을 받은 후에 판사가 심사하는 시간 동안 경찰서의 유치장에 갇힌 채로 기다리는 거예요. 거기서 판사가 구속하라는 영장을 발부하면 바로 구치소로 가는 거고, 구속하지 않은 상태에서 수사를 하라고 하면 즉시 풀려나는 것이죠. 구속될지 말지는 아무리 늦어도 보통은 그날 자정 전에 결정돼요.

문의자   그럼 경찰 수사관이 저를 구속수사하기 위해서 영장실질심사를 신청할까요?

골프   교통사고 사망사건은 대부분 합니다.

문의자   그럼 저는 앞으로 어떻게 대처를 해야 할까요?

골프   가족이랑 같이 사세요?

문의자   와이프랑 애들 두 명이요.

골프   직장 다니시죠?

문의자   네, 중소기업 다녀요.

골프   혹시 전과 있으세요?

문의자   아니요. 평생 경찰서 문턱도 안 밟아 봤어요.

골프   제 경험상 선생님처럼 주거가 일정하고, 도주의 우려가 없고, 피해자 가족들에게 보복할 우려가 없는 사람들은 구속이 될 가능성은 굉장히 낮습니다. 영장실질심사 받을 때 국가에서 국선변호인을 무상으로 선임해 주기도 하고요.

문의자   그렇게 되면 다행이겠네요. 그런데 국선변호인이 저를 열심히 변호해 줄까요?

골프   선생님에게 수임료를 받지 않는 국선변호인이라고 해서 모두가 열심히 안 하는 것도, 수임료를 받는 사선변호인이라고 해서 모두가 열심히 하는 것도 아니겠죠. 사람마다 다를 테니까요. 성공보수가 걸려 있는 사선변호인이 더 열심이라고 느껴질 가능성이 높지만요. 이러한 영장실질심사에 대한 변호는 변호사가 굳이 열심히 안 해도 될 정도의 수준이긴 하죠. 그래도 혹시나 하는 염려가 되기는 하겠지만요.

문의자   영장실질심사 단계에서 제가 구속될 가능성이 그렇게 낮다면 최종적인 형사 처벌도 구속이 될 가능성이 낮은 건가요?

골프   선생님이 교통법규를 위반한 사실이 없고 피해자를 추돌할 수밖에 없었던 불가항력적인 상황이라는 것이 확인된다면 벌금하고 사회봉사 정도이거나 최대 집행유예가 될 거예요.

문의자   교통법규를 위반한 것은 없으니까 불가항력적이었다는 것을 잘 설명해야 하겠네요.

골프 그렇죠. 그것을 입증하는 것이 관건이죠.

문의자 그걸 법적인 논리로 제가 잘 입증할 수 있을지가 스스로 의문이네요. 아무래도 돈 주고 변호사를 선임하는 것이 마음이 편할 거 같기는 하네요. 보통 변호사 비용은 얼마나 들어요?

골프 법률사무소마다 다르겠지만 2022년도 기준으로 400~600만 원 정도라고 예상하시면 돼요. 그런데 운전자보험 있으세요?

문의자 안 그래도 주변에서 운전자보험에 변호사 비용을 주는 담보가 있다고 해서 알아봤는데 저는 운전자보험이 없더라고요.

골프 그러면 자동차보험회사 콜센터에 전화하셔서 법률 비용 지원 담보 특약이 있는지 알아보세요.

문의자 혹시 골프님이 어느 유튜브 채널에서 자동차보험 가입할 때 들어야 할 담보와 특약에 관해 설명하실 때 언급하셨던 거 아니에요?

골프 아마도 그랬을 겁니다.

문의자 그러면 있을 거예요. 저 그거 보고 국장님이 말씀하신 거 다 들어놓았거든요.

골프 그렇다면 다행이네요. 그러면 콜센터에 전화하셔서 변호사 비용으로 지급되는 보험금이 얼마까지 인지 확인해 보세요.

문의자 네, 알아보고 바로 다시 전화드릴게요.

(몇 분 후)

문의자 국장님! 확인해 보니 변호사 비용 300만 원, 형사 합의금 1,000만 원, 벌금 1,000만 원이네요. 대인배상은 무한이고요.

골프 자동차보험에 가입할 때 대인 Ⅰ, 소위 책임보험만 가입하지 않는 이상 대인 Ⅱ까지 가입하면 피해자에 대한 대인배상은 무한대로 배상해 줘요. 그래도 법률 비용 지원 담보 특약이 있어서 다행이네요. 그걸로 어느 정도는 충당이 되니까요. 제가 영장실질심사 받으실 때 판사에게 제출할 서류 샘플 드릴 테니까 선생님 상황에 맞게 약간만 변경해달라고 국선변호인에게 부탁하시고 그 이후 재판에 대해서는 300만 원에 변호를 맡아줄 수 있는 변호인을 선임하시면 경제적으로 대응하실 수 있겠네요. 서초동의 법률사무소 밀집 지역에서 발품을 파시거나 인터넷에서 몇 군데 전화해 보시면 선임료가 비교적 저렴한 변호사들을 구하실 수 있을 거예요.

문의자　경제적으로 대응하기보다는 비용이 좀 들더라도 안정적으로 대응하고 싶은데, 국장님 법률사무소에서 맡아주시면 선임료가 얼마예요?

골프　저희는 영장실질심사부터 마지막 선고까지 부가세 제외하고 500만 원 받습니다. 싸진 않죠.

문의자　그렇네요. 그럼 국장님, 가족과 조금만 상의하고 다시 전화드려도 될까요?

골프　그럼요. 천천히 생각해 보시고 저뿐만 아니라 다른 곳에서도 상담받아보시고, 제가 말씀드린 방법도 고려해 보시고요.

문의자　네, 감사합니다. 연락드릴게요.

(2주일 후)

문의자　국장님 안녕하세요. 얼마 전에 교통사고로 사망사고 내서 상담받았던 사람인데요. 기억하시죠? 그동안 저도 여기저기 알아보고 아내랑 상의도 해봤는데요. 그냥 국장님 믿고 부탁드리려고요. 근데 수임료가 500만 원이라고 그러셨잖아요. 저 죄송한 말씀이지만 조금만 깎아서 450만 원 정도로 해주시면 안 될까요?

골프　저 믿고 맡겨주시는데 그 정도는 할인해 드려야죠.

문의자　정말 감사해요. 그리고, 오늘 아침에 경찰서에서 전화 왔는데 아니나 다를까 국장님 말씀대로 내일 영장실질심사 받으러 서초동에 있는 법원으로 오라고 하더라고요.

골프　그럼 우선 빨리 변호사 선임계부터 제출하고 변호인의견서 작성해야겠네요. 몇 호 법정이래요?

교통사고 자력구제

문의자 문자로 안내받은 거 전달해 드릴게요.

(다음 날 밤)

문의자 국장님, 예상대로 불구속 수사하기로 됐어요.

골프 고생하셨어요.

문의자 네, 유치장에 갇혀 있는 7시간이 정말 7년 같았네요. 오늘 법정에 오신 변호사님에게도 감사하다고 전해주세요. 시간이 늦어서 전화는 따로 못 드리겠네요.

(두 달 뒤)

골프 안녕하세요. 잘 계셨죠? 드디어 공판 일정이 잡혔어요.

문의자 네, 안녕하세요. 저도 문자로 안내받았습니다. 안 그래도 전화드릴 참이었어요. 그리고 형사 합의는 어떻게 되어 가요?

골프 유족분들이 2,000만 원에는 도저히 못하시겠다고 하고요, 계속 5,000만 원만 말씀하시네요.

문의자 저도 형편만 넉넉하면 드리고 싶지만 2,000만 원도 운전자보험에서 나오는 1,000만 원 하고 대출 1,000만 원 보태야 되는 거라서요. 지금 와서 후회해봐야 쓸데없는 일이지만 운전자보험을 들어놓을 걸 그랬나봐요.

골프 다들 그런 말씀 하시더라고요. 자기한테 이런 일이 있을 줄 꿈에도 몰랐다고, 그리고 막상 닥치면 후회하시는 분들이 태반이죠. 혹시 모르니까 지금이라도 운전자보험 가입해놓으세요. 다른 담보 다 필요 없고 변호사 비용, 형사 합의금, 벌금 담보만 최대로 올려서 가입하셔도 40대 남성 기준 월 2만 원 미만이에요.

문의자 네, 그래야겠네요. 국장님, 형사 합의가 어렵다면 공탁이란 것이 있다고 하던데 그 방법은 뭐에요?

골프 법원에 형사 합의금을 맡겨 놓으면 법원에서 피해자에게 가해자가 형사 합의금을 맡겨 놓았으니 찾아가라고 알려주는 제도에요. 이렇게 하면 피해자가 그 돈을 찾아가든 안 찾아가든 판사는 가해자가 합의에 적극적이라고 판단하고 형량에 참작을 해주죠. 그런데 지금은 피해자의 동의 없이 공탁을 할 수 없도록 개정되어서 저희는 그것도 못해요.

문의자   그렇군요. 큰일이네요. 형사 합의 안 하면 형량에 많이 불리하겠죠?

골프   폭행이나 성추행 등 고의성이 짙은 사건처럼 교통사고도 가해자의 과실이 크거나 법규를 위반했다면 당연히 그렇습니다만, 선생님의 경우는 블랙박스와 CCTV에 찍힌 것처럼 신호위반이나 속도위반 등의 중과실이 없고, 오히려 피해자가 무단횡단해서 갑자기 튀어나와 카레이서라도 도저히 피할 수 없는 불가항력적인 상황이었으니, 형사 합의를 안 한다고 해서 형량에 불리할 거 같지 않습니다. 다시 말해 상대방에서 저 정도의 형사 합의금을 요구한다면 안 해도 됩니다. 차라리 정공법으로 변호해서 선생님의 무과실을 주장하는 편이 좋을 듯해요. 변호사님하고도 그 방향으로 상의하고 있고요.

문의자   그래도 괜찮을까요?

골프   제 경험상 그 방향이 맞다 생각합니다.

문의자   네, 저야 걱정이 되긴 하지만 국장님 말씀에 따르는 수밖에 없죠.

골프   변호사님과 잘 준비하겠습니다. 그럼 공판일에 뵙죠.

(두 달 뒤)

문의자   정말 정말 감사합니다.

골프   별말씀을요. 변호사님이 변호를 잘하셔서 그런 거죠. 그래도 벌금 1,000만 원으로 끝나서 다행입니다.

문의자   그러게요. 운전자보험으로 충당하면 될 것 같아요. 변호사님에게도 감사하다는 말씀 꼭 전해주시고요. 국장님도 그동안 정말 고생 많으셨습니다. 국장님은 제 과실이 없으니까 괜찮다고 하셔도, 제가 사람을 죽인 놈이라 죄책감에 매일 밤잠도 설치고 유족분들에게도 너무 죄송하고 무엇보다 감옥 갈까 봐 정말 걱정했거든요. 저 감옥 가면 제 식구들 누가 먹여 살려요. 그동안 밥도 제대로 못 먹고 정말 걱정 많이 했는데 이렇게 끝나니 너무 다행이네요.

골프   근본적으로 선생님의 과실이 없어서 그런 거죠. 저희야 뭐 그걸 잘 설명한 것 뿐이고요.

<u>**문의자**</u>   국장님하고 변호사님이 열심히 해주셔서 그렇죠. 감사합니다.

골프바라기의 TIP TIP TIP

TIP
- 교통법규를 위반하지 않고 피해자를 추돌할 수밖에 없는 불가항력적인 상황이라면 이를 입증하는 것이 관건이다
- 운전자보험에 변호사 비용 항목이 없다면 법률 비용 지원 담보 특약을 알아보자

음주운전에 따른 사고라면
보상받기는 어렵겠죠

고객　안녕하세요. 좋은 일로 전화드려야 되는데 매번 이런 일로만 연락드려서 죄송하네요.

골프　왜요? 또 사고 당하셨어요?

고객　저………그게 정말 바보 같게도, 진짜 그러면 안 되는 거였는데 제가 음주운전을 해서 사고를 크게 냈어요. 브레이크를 못 밟고 앞차를 그대로 박았어요.

골프　경찰한테 걸리셨어요?

고객　네. 저도 많이 다쳐서 교통사고 현장에서 기절해 있었나 봐요. 그 사이에 경찰이 왔었대요. 119 응급차에 실려서 병원으로 갔는데 거기까지 경찰이 따라와서 음주측정하더라고요. 0.12 나와서 바로 걸렸어요.

도로교통법 개정안(제2 윤창호 법)
- **2019년 6월 25일 시행**
- **면허정지** | 0.05% 이상 0.10% 미만 → 0.03% 이상 0.08% 미만
- **면허취소** | 0.10% 이상 → 0.08% 이상
- **면허 재취득 제한** | 음주운전 3회 이상 적발 시 면허가 취소되고 3년간 취득이 제한 됨
　　　　　　　　　　 → 2회 이상 적발 시

골프   0.08 넘어서 면허취소네요. 그럼 지금은 병원이세요?

고객   입원 중이예요. 갈비뼈 3개 부러지고 어깨뼈 빠졌대요. 여기저기 쑤시고 아픈데 그건 검사해봐야 자세히 알 수 있다고 하고요.

골프   상대방 피해자는 어때요?

고객   그분들이 크게 다치셨나 봐요. 제 보험사 직원 말로는 한 분은 뇌 손상이 커서 의식이 아직 없다고 하고, 한 분은 척추를 다치셔서 하반신 마비가 될 수도 있다고 해요.

골프   선생님도 큰일이지만, 그분들은 더 큰일이네요.

고객   네, 정말 죄송해 죽겠어요. 그분들 꼭 좋은 변호사 선임하셔서 제 보험사한테 배상금 받으실 거 다 받으실 수 있었으면 좋겠어요.

골프   그래야죠. 그 정도 다치셨으면 손해사정사 통해서 보험사랑 협의하지 마시고 꼭 변호사에게 소송 의뢰하셔서 진행하셔야 제대로 다 받으실 수 있죠. 배상금이 몇억 이상 될 테니 변호사 비용도 전액 다 보험사에서 지불할 거니까요.

고객   저야 뭐 제 보험사에다 면책금 400만 원만 내면 보험사가 상대방에 대한 손해배상금은 다 내주니까 제발 그분들 배상금이라도 많이 받으셨으면 좋겠어요.

골프   상대방 피해자들이 선생님 측 보험사로부터 배상금을 많이 받았으면 하는 취지는 좋은데요, 이제는 보험의 면책금 제도가 달라져서 예전처럼 400만 원만 보험사에 지불하면 보험사가 상대방의 모든 손해배상금을 책임지는 시대는 끝났어요. 새롭게 바뀐 면책금 제도에 따르면 이번 사고 같은 경우 선생님이 최대 1억 5,400만 원까지 면책금을 내야 하실 수도 있어요.

고객   1억 5,400만 원이요? 그렇게나 많이요?

골프   네, 맞아요. 굉장히 많이 올랐죠.

고객   우와. 생각지도 못한 금액이네요.

골프   상대방이 그 정도로 다쳤으면 배상금이 최소 몇 억 원은 될 텐데, 그렇다면 선생님은 대인 면책금으로만 무조건 1억 300만 원을 내셔야 돼요. 책임보험 한도까지는 면책금이 300만 원인데, 책임보험 한도가 부상급수에 따라 다르겠지만 그래봐야 몇 천만 원 일 거고요. 그 책임보험 한도 몇 천만 원 초과분부터 1억까지는 면책금이고 그 금액까지도 넘어가면 그때부터 보험사가 책임지는 거예요. 예를 들어 두 분에 대해 배상금이 5억이 책정 되었다고 가정하고, 선생님 측 보험사의 책임보험 한도가 1억 이라면 선생님의 면책금은 우선 300만 원이고, 9,700만 원은 보험사에서 지불해요. 그럼 4억이 남잖아요. 책임보험 한도금액을 초과하는 금액에서 1억까지는 선생님의 면책금이니까 1억은 선생님이 면책금으로 지불하고 나머지 3억은 보험사에서 지급해요. 그러니까 대인 면책금만 1억 300만 원인데, 이 금액은 확정적이라고 생각하시고 준비하셔야 돼요. 다시 말씀드리지만 그분들 배상금이 최소 몇 억 원은 될 거예요. 물론 피해자의 배상금은 우선 보험사가 전부 지급하고 선생님의 면책금은 보험사가 선생님에게 청구할 거예요.

고객　안 주면 보험사는 당연히 소송하겠죠. 전세 보증금이라도 빼야 될 판이네요.

골프　2019년도 '윤창호법'을 필두로 보험제도도 여기에 따라 바뀌고 있어요.

고객　저는 면책금 몇 백만 원만 내면 보험사에서 다 처리해 줄 거라고 생각하고 있었는데 정말 큰일이네요. 그럼 대물도 면책금이 큰가요?

골프　선생님의 자동차보험 책임보험 대물 한도가 2,000만 원 일 텐데, 책임보험 한도까지는 면책금이 100만 원이지만 책임보험 한도 초과분부터 5,000만 원까지는 선생님 부담이고 책임보험 한도인 2,000만 원과 선생님 부담금 5,000만 원의 합산금액을 초과하는 금액은 보험사에서 지불해요. 예를 들어 상대방 자동차의 손해가 3,000만 원이고 도로 시설물 피해가 1,000만 원이라면 합산 피해액이 총 4,000만 원인데, 선생님 측 자동차보험사의 책임보험 대물한도가 2,000만 원이니까 100만 원은 선생님의 면책금이고 1,900만 원은 보험사에서 내주고요. 책임보험 대물 한도 2,000만 원을 초과분부터 5,000만 원까지는 선생님 부담이니까 나머지 2,000만 원은 전액 선생님이 지불하셔야 해요. 이것도 마찬가지로 선생님 측 보험사가 먼저 전액 지불하고 난 다음 선생님에게 면책금을 청구할 거예요.

고객　그럼 저는 1억 5,000만 원 정도 낼 생각하고 있어야겠네요.

골프　그 정도가 될 가능성이 매우 높죠.

고객　음주운전하면 처벌도 처벌이지만 재정적으로도 깡통 찰 생각해야 되네요. 대리비 몇 만 원 아끼려다가 전셋집 날리게 생겼네요. 지금 치킨집 하나로 근근이 살고 있는데 그것도 가족끼리 하는 거라, 저는 지금 이러고 있지 아내는 저 때문에 병원 들락거리느라 치킨집도 당분간 못 열어서 생활비도 막막한데 정말 인생 좆 치게 생겼네요. 그날 음주운전으로 박살 낸 차가 치킨 배달할 때 쓰는 다마스라 그 차 폐차시켜야 해서 배달도 못 다니고요. 어차피 음주라 자차도 적용 안 되잖아요?

골프　그렇죠. 자차로는 보상받으실 수 없죠.

고객　저도 지금 많이 다쳐서 치료비도 엄청 나올 거고, 치킨집 몇 달간 문 닫아야 돼서 생활비도 못 벌 거고, 모아 놓은 돈도 없지, 전세금도 빼야 되지, 애들 학원비는 둘째 치고 정말 저 때문에 우리 식구 모두 굶어 죽게 생겼네요.

골프　선생님, 자동차 보험회사 콜센터에 전화하셔서 자동차 상해 담보 있는지 확인해 보시겠어요?

고객　그거 골프바라기님이 유튜브에 나오실 때마다 하도 강조하셔서 자동차 상해 담보로 가입해놓았어요. 그건 왜요?

골프　제가 자동차 상해 담보에 대해서 설명한 거 기억나세요?

고객　사실 그거 뭔지 잘 모르고 골프바라기님이 좋다고 많이 말씀하셔서 들어 놓은 거예요.

골프　자동차 상해 담보가 있으면 내가 가해자라도 피해자처럼 내 보험사한테 보상금을 받을 수 있다고 했잖아요. 과실이 있어도 없는 것처럼 내 보험사한테 보상금을 받을 수 있고요.

고객　그런 거군요. 근데 어차피 저는 음주운전이라 자차가 안 되는 것처럼 저에 대한 건 안 될 거 아니에요.

골프　선생님 앞에서 드릴 말씀인지는 모르겠지만 저는 음주운전한 사람은 정말 엄벌에 처해야 하고, 보험 처리도 10원 한 장 해주면 안 된다고 생각하는 사람이거든요. 그래서 이번에 면책금 대폭 상향된 것도 대찬성이고요.

고객　제가 죽일 놈이라 뭐라 드릴 말씀이 없네요.

골프　　그런데요, 음주운전을 한 가해자도 자동차 상해 담보가 있으면 보험사에서 치료비는 물론이고 입원해서 돈 못 번 것까지 보상해 줘요.

고객　　정말요? 음주운전을 해도요?

골프　　네, 선생님이 음주운전을 하셔서 정신이 온전치 못한 상태에서 사고를 낸 것이지 음주상태에서 고의로 앞차를 박아야겠다고 생각하고 추돌한 것은 아니잖아요. 물론 음주인 상태에서 운전대를 잡은 건 고의지만 사고 자체를 고의로 내신 것은 아니란 뜻입니다.

고객　　그렇죠. 음주운전 자체는 제가 백번 잘못한 일이지만, 그 사고를 내고 싶어서 낸 건 아니죠.

골프　　고의 사고가 아니면 음주운전이라도 보험사에서는 계약자에게 자동차 상해 담보에서 정한 보험금을 지급해야 돼요. 치료비는 물론이고 추가로 후유 장해 진단을 받게 되면 해당 급수에 따른 보험금을 받고 위자료, 휴업손해, 후유 장해가 있다면 상실수익액까지 보상받을 수 있어요. 그러니까 치킨집 운영 못 해서 돈 못 버신 거 선생님의 자동차보험회사에서 선생님한테 줍니다.

고객　　참 제가 들어도 음주운전해서 사고 낸 놈한테 그런 돈을 준다는 게 기가 막히긴 한데, 그래도 저로서는 참 다행이네요.

골프　　나중에 자동차 상해 담보에서 받으실 보험금 산정하실 때 알려주세요. 도와드릴게요. 아마 모르는 분이 이런 도움을 요청했다면 단칼에 거절했을 거예요.

고객　　저 같은 놈한테 이런 조언도 아까우실 텐데, 정말 뭐라 드릴 말씀이 없지만 그래도 말씀 주신 대로 다음에 염치 불고하고 다시 연락드릴게요.

골프바라기의 TIP TIP TIP

TIP
- 자동차상해 담보가 있다면 가해자도 보상금을 받을 수 있다
- 음주운전이라도 고의 사고가 아니라면 치료비와 후유 장해 진단에 따른 보험금을 보상받을 수 있다

일상생활배상책임보험에서 보상하지 않는 손해

제4조 (보상하지 않는 손해)

① 회사는 피보험자가 아래와 같은 사유로 생긴 배상책임을 부담함으로써 입은 손해는 보상하지 않습니다.

1. 계약자, 피보험자 또는 이들의 법정대리인의 고의
2. 전쟁, 혁명, 내란, 사변, 테러, 폭동, 소요, 노동쟁의 또는 이들과 유사한 사태
3. 지진, 분화, 홍수, 해일 또는 이와 비슷한 천재지변
4. 핵연료물질 또는 핵연료물질에 의하여 오염된 물질의 방사성, 폭발성 또는 그 밖의 유해한 독성 또는 이들 특성에 의한 사고
5. 제4호 이외의 방사선을 쬐는 것 또는 방사능 오염

② 회사는 피보험자가 다음에 열거한 배상책임을 부담함으로써 입은 손해를 보상하지 않습니다.

1. 피보험자의 직무수행을 직접적인 원인으로 하는 배상책임
2. 보험증권에 기재된 주택을 제외하고 피보험자가 소유, 사용 또는 관리하는 부동산으로 인한 배상책임
3. 피보험자의 피용인이 피보험자의 업무에 종사 중에 입은 신체의 피해로 인한 배상책임
4. 피보험자와 타인 간에 손해배상에 관한 약정이 있는 경우 그 약정에 의하여 가중된 배상책임, 그러나 약정이 없었더라도 법률규정에 의하여 피보험자가 부담하게 될 배상책임은 보상합니다.
5. 피보험자와 세대를 같이하는 친족에 대한 배상책임
6. 피보험자가 소유, 사용 또는 관리하는 재물이 손해를 입었을 경우에 그 재물에 대하여 정단한 권리를 가진 사람에게 부담하는 손해에 대한 배상책임. 단, 호텔의 객실이나 객실내 동산에 끼친 손해에 대하여는 이를 적용하지 않습니다.
7. 피보험자의 심신 상실로 인한 배상책임
8. 피보험자 또는 피보험자의 지시에 따른 폭행 또는 구타로 인한 배상책임
9. 항공기, 선박, 차량(원동력이 인력에 의한 것을 제외합니다), 총기(공기총을 제외합니다)의 소유, 사용 또는 관리로 인한 배상책임

PART 07

이런 것도
보험으로 처리된다

절도한 오토바이로 사고 낸
고등학생에게 보험이 없대요

피해자 제가 얼마 전에 아르바이트 끝나고 걸어가다가 오토바이에 치였거든요.

골프 많이 다치셨어요?

피해자 아니요. 많이는 아니고요. 오토바이 사이드미러에 제 팔꿈치가 부딪혀서 좀 멍이 들었어요.

골프 다행히 큰 부상은 아니네요. 오토바이에 부딪힌 자리가 인도였나요?

피해자 맞아요. 인도였어요.

골프 그러면 이륜차 운전자의 100% 과실이네요. 보험접수는 받으셨어요?

피해자 그게 오토바이를 운전한 사람이 고등학생 정도 되는 애였는데 보험 처리를 받을 수 있을까요? 사고현장에서도 저를 치고 도망가려는 것을 제가 죽기 살기로 뛰어가서 잡은 거였어요. 저한테 잡히고서도 도망가려고 하는 그놈 다리를 잡고 간신히 112에 신고해서 경찰도 불렀고요.

골프 현장에서 보험접수 못 받으셨어요?

피해자 워낙 정신이 없어서요. 경찰도 오고 해서 일단 그냥 헤어졌어요. 경찰 아저씨가 보험접수는 나중에 받거나 제 보험으로 해도 된다고 하셔서.

골프 이륜차는 일반적으로 책임보험만 가입해놓은 경우가 대부분이에요.

피해자 네, 저도 인터넷으로 알아봤더니 보험사에서 주는 돈이 정해져 있다고 그러던데, 맞나요?

골프 맞아요. 책임보험은 피해자의 부상급수에 따라 지급되는 배상금이 정해져 있어요. 그래서 만약에 병원을 안 가시면 보험사에서는 50만 원만 지급하려고 할 테니까 꼭 병원 가서서 진단서를 받으세요. 진단서를 보험사에 제출하셔야 부상 등급이 정해져요. 팔꿈치에 멍든 정도의 염좌 진단이면 보험사에서 12급으로 인정해 줘서 한도 금액이 120만 원까지 책정되어요.

피해자　그러면 제가 배상금을 120만 원까지 받을 수 있겠네요.

골프　120만 원은 치료비와 합의금이 모두 포함된 금액이에요. 병원에 가서 소요된 치료비는 공제되고 받을 수 있어요. 그러니까 별로 안 아프시면 병원 한 번만 가시고 나머지는 다 합의금으로 달라고 하세요. 보험사에서 병원비 한 5만 원 정도 빼고 나머지는 전부 합의금으로 드릴 거예요.

피해자　그렇게 하는 것이 합의금을 제일 많이 받을 수 있겠네요. 어차피 병원비는 빼고 주니까.

골프　네, 별로 안 다치셨으면 그렇게 하시는 것이 현실적인 방법이죠.

피해자　네, 감사합니다. 일면식도 없는 제가 인터넷 보고 무작정 전화드려서 귀찮게 해드렸는데 친절하게 상담해 주셔서 감사합니다.

(다음 날)

피해자　안녕하세요. 저 어제 오토바이에 치인 피해자인데요. 다름이 아니라 경찰서에 전화해 보니까 그 오토바이가 훔친 거라서 보험접수가 안 된대요. 경찰 아저씨가 그러시는데 운전자가 보험이 없어도 소유주의 보험으로 책임보험은 접수되는데 훔친 거는 보험 처리가 아예 안 된대요. 생각해 보니까 훔친 거라서 그놈이 그렇게 기를 쓰고 도망가려고 했나 봐요.

골프　네, 맞아요. 도난 차량은 보험 처리가 안 돼요. 그런 차량을 무보험차량이라고 하는데 너무 걱정마세요. 피해자분의 무보험차상해 담보로 처리하면 됩니다.

피해자　안 그래도 경찰 아저씨가 그걸 말씀하시기에 인터넷에서 찾아봤는데, 그걸로 보험 처리 받으려면 저나 제 부모님이 자동차보험을 가입해 놓은 상태여야 하잖아

무보험자동차

⇒ **자동차보험이 없거나 대인배상 I (책임보험)만 있는 차량**

1. 자동차보험 「대인배상 II」나 공제계약이 없는 자동차

2. 자동차보험 「대인배상 II」나 공제계약에서 보상하지 않는 경우에 해당하는 자동차

3. 본인이 가입한 자동차보험 약관에서 보상될 수 있는 금액보다 보상한도가 낮은 자동차보험의 「대인배상 II」나 공제계약이 적용되는 자동차. 다만, 피보험자를 죽게 하거나 다치게 한 자동차가 2대 이상이고 각각의 자동차에 적용되는 자동차보험의 대인배상 II 또는 공제계약에서 보상되는 금액의 합계액이 이 약관에서 보상될 수 있는 금액보다 낮은 경우에 한하는 그 각각의 자동차.

4. 피해자를 죽게 하거나 다치게 한 자동차가 명확히 밝혀지지 않은 경우 그 자동차

무보험차상해 특약

자동차보험특약 중에는 무보험차상해 특약이 있습니다. 이 특약은 무보험차량에 사고를 당했을 경우 무보험차상해 특약을 가입한 특약금액 한도 내에서 대인배상 II 약관대로 지급이 가능한 특약입니다. 또한 탑승 여부에 상관없이 보상을 합니다.

※ 단, 본인 과실이 있으면 본인 과실을 제하고 보상을 합니다.

요. 그런데 저는 이제 막 취직한 상태라 아직 차가 없어서 자동차보험이 없고, 부모님은 두 분 다 안 계세요.

골프　　아이고. 그러셨구나. 상대측의 책임보험도 적용이 안 되고, 피해자분은 무보험차상해 담보도 없으신 상태네요. 이럴 때는 자동차 손해배상 보장사업이란 제도를 이용할 수 있어요. 인터넷에 정부 보장사업이라고 검색하셔도 찾아보실 수 있어요. 피해자분의 경우처럼 책임보험조차도 없는 차량에 의한 사고에 대해서 책임보험의 한도 내에서 보상을 해드리는 제도에요.

피해자　　국가에서요?

골프　　정확하게는 우리나라의 손해보험회사들이 해드리는 거죠. 국가에서 손해보험회사에게서 기금을 모아 해드리는 거니까요.

피해자　　그럼. 거기서 책임보험만큼은 돈을 주는 거예요?

골프 네, 그럼요. 아무 손해보험회사 콜센터에 전화하셔서 자동차 손해배상 보장 사업 신청한다고 하면 콜센터 직원이 준비하셔야 할 서류를 안내해 드릴 텐데요. 경찰서에서 교통사고가 발생했다는 사실을 증명할 수 있는 교통사고 사실확인원과 병원에서 진료 내역서와 치료비 영수증을 발급받으셔서 제출해달라고 할 거예요.

피해자 아무 손해보험회사에 전화해서 그 서류만 내면 되는 거예요?

골프 피해자분의 경우는 문제없이 처리될 겁니다.

피해자 그렇군요. 정말 감사드려요. 골프바라기님.

무보험차상해 특약 피보험자 범위

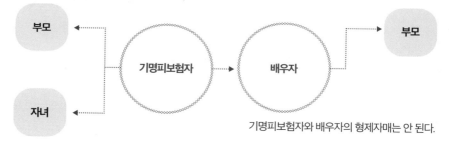

기명피보험자와 배우자의 형제자매는 안 된다.

자동차 손해배상 보장사업(정부보장사업)

⇒ 책임보험조차도 없는 차량에 의한 사고에 대해 책임보험 한도 내에서 보상함

1. ① 보유자 불명(뺑소니), ② 무보험자동차사고(책임보험 미가입), ③ 무단·절취운전 등으로 보유자가 손해배상책임을 면한 사고의 피해자 중에서 대인배상 I (책임보험)의 보상을 받지 못하는 피해자를 위하여 정부보장사업을 통해 대인배상 I 수준으로 배상하는 것을 말합니다.
2. 사망은 1억 5천, 부상은 3천, 후유장애는 1억 5천 한도로 실제 손해액을 보상하며, 가해자로부터 받은 합의금은 공제하고 지급됩니다.

골프바라기의 TIP TIP TIP

TIP
- 이륜차는 책임보험만 가입해둔 경우가 대부분이다
- 무보험차량 과실로 사고가 났다면 피해자의 무보험차상해 담보를 이용하자
- 가해자 피해자 모두 보험 가입이 되어 있지 않다면 자동차 손해배상 보장사업 제도를 이용하자

인도에서 걸어가다가 킥보드에 치였어요

피해자 사무국장님, 안녕하세요. 일전에 교통사고로 도움받았던 소나타 차주입니다. 지난 달에 한남대교 북단에서 사고 났었던. 그때 잘 처리해 주셨는데 따로 인사도 못 드리고 죄송합니다. 제가 또 염치없이 물어볼 게 생겨서 전화드리게 되었네요.

골프 별말씀을요. 편하게 물어보셔도 됩니다.

피해자 어젯밤에 저희 어머니가 공장서 야간작업을 마치시고 버스를 타려고 정류장으로 걸어가고 계셨거든요. 그런데 어머님 옆에서 킥보드가 갑자기 튀어나와서 어머님을 치었어요.

골프 아이고. 이런. 많이 안 다치셨어요?

피해자 어제 응급실로 실려 가셨다가 오늘 MRI 찍었는데 의사 선생님이 척추압박골절이라고 하시네요.

골프 큰일이네요. 어르신들은 뼈가 약하셔서 종종 그렇게 다치시더라고요.

피해자 어머님은 계속 입원해 있으면 공장에서 일당 못 받는다고 자꾸 퇴원해 출근하고 싶어 하세요. 허리가 많이 아프신데도요. 아들 된 입장에서 속상해죽겠습니다. 제가 벌이가 괜찮으면 어머님 공장 못 다니시게 할 텐데.

골프 괜히 자책하지 마세요. 선생님 잘못도 아닌데요, 뭘. 어머님 완치될 때까지 치료 충분히 받으시라고 하세요. 치료 때문에 공장 일당 못 받으신 거 거의 다 받을 수 있으니까요.

피해자 저번처럼 보험으로 보상 받는 거 말씀하시는 거죠?

골프　　그렇죠. 보험으로 치료비나 합의금 모두 받으실 수 있어요.

피해자　　안 그래도 오늘 오전에 가해자랑 통화했는데 자기가 탄 킥보드에는 보험이 없다고 하더라고요.

골프　　맞아요. 아직까지 킥보드 사고를 제대로 보상해주는 보험이 특별히 없어요. 킥보드를 판매할 때 그냥 마케팅 차원에서 미비한 상태의 보험을 끼워서 파는 수준이죠. 그 보험의 담보도 킥보드 사고의 피해자에게 지급하는 보상금이 최대 2,000만 원 정도고요.

피해자　　그럼 저번처럼 가해자의 일상생활배상책임보험으로 배상받는 건가요? 제가 가해자한테 일상생활배상책임보험 가입되어 있는지 확인해 보라고 했거든요.

골프　　킥보드는 도로교통법상 원동기장치자전거로 분류되어 일상생활배상책임보험이든 가족일상생활배상책임보험이든 자녀배상책임보험이든 이런 종류의 보험으로부터는 보상받을 수가 없어요.

피해자　　그럼 저번에 제 사고에서는 왜 그 보험이 적용되었던 거죠?

골프　　그건 전동 킥보드가 아니고 발로 굴러서 가는 킥보드여서 그런 거였죠. 국내법상 전동 킥보드의 명확한 법적 정체성이 확립되지 않아서 문제가 많아요. 도로교통법상으로는 원동기장치 자전거이지만 자동차 손해배상보장법상으로는 자동차가 아니기 때문에 자동차보험을 의무적으로 가입하지 않아도 돼요.

피해자　　참 복잡하네요. 그럼 저희 어머님은 어떤 보험으로 보상받으실 수 있는 거예요?

골프　　선생님의 자동차보험회사로부터 보상받으실 수 있어요.

피해자　　제 보험으로요?

골프　　선생님의 자동차보험에 자동으로 가입되어 있는 무보험 자동차 상해 담보로 보상받으실 수 있어요. 그 담보로 치료비 전부는 물론 위자료도 받으실 수 있고 치료 때문에 공장에서 못 받은 일당의 85%까지 받으실 수 있어요.

피해자　　제 보험인데도 그게 어머님에게도 적용이 되나 봐요?

골프　　무보험 자동차 상해 담보는 선생님은 물론 선생님의 배우자, 부모님, 자녀분들까지도 적용이 됩니다. 단 형제나 자매는 안 되고요. 선생님의 보험사에서 먼저 어

일상생활배상책임보험에서 보상하지 않는 손해

약관 제3조 2항

7. 항공기, 선박, 차량(원동력이 인력에 의한 것은 제외합니다.), 총기(공기총은 제외합니다.)의
   소유, 사용, 관리로 인한 배상책임

킥보드 보험의 실태

2018년 1월 현대해상이 '퍼스널모빌리티 상해보험'을 최
초로 판매했고, 이어서 메리츠화재가 '스마트 전동보험'을
출시했다. 이후 한화손해보험, MG손해보험, DB손해보험,
KB손해보험이 개인형 이동수단 보험을 출시해 총 6곳이 관
련 보험 상품을 판매하고 있다. 그러나 모두 단체보험 수준
의 보상을 할 뿐이다. 현대해상과 메리츠화재는 특정 제품
을 구매했을 때만 보험 가입이 가능하고, 나머지는 특정 공
유서비스업체의 서비스를 이용했을 때만 보장을 받을 수 있
다. 개인적으로 보험에 가입할 수는 없다.

현행법상 전동킥보드의 모호한 정체

구분	법적 성격	내용
도로교통법	원동기장치 자전거	도로에서만 통행 가능 2020년 연말 부터 자전거도로 이용 가능 인도 주행 불가능 교통사고시 차와 이륜차 사고로 규정
자동차관리법	이륜자동차	사용신고 의무 없음
자동차손해배상 보상법	자동차로 인정 안함	보험가입 의무 없음

머님에게 보상을 하고 그 보상금을 가해자에게 청구를 하죠. 가해자에게 소송을 하거나 재산을 압류하거나 하는 등의 방법으로 받아낼 거예요.

피해자　가해자가 젊은 친구 같던데. 대학생쯤 되어 보이더라고요. 사고 날 때 마침 근처에 순찰 도는 경찰이 있어서 경찰서에 사고 접수도 되고, 벌금도 나올 거라고 하던데, 보험사가 그 많은 돈을 달라고 소송하면 그 친구도 참 난감하겠네요.

골프　전동 킥보드가 도로교통법상 원동기장치 자전거라서 오토바이처럼 인도에서 주행하면 안 돼요. 인도에서 전동 킥보드 타고 달리다가 행인을 치게 되면 12대 중과실 사고에 대한 처벌을 받게 되죠. 그래서 벌금이 나오는 거예요. 그런데 가해자 걱정해 주시는 것도 좋지만, 지금은 일단 어머님부터 챙기셔야죠.

피해자　그러게요. 그런데 남 일 같지가 않아서요. 제 막냇동생도 이제 막 제대해서 아르바이트한다고 전동 킥보드 타고 다니거든요. 제가 그놈한테 전동 킥보드 타는 거 제 눈에 한 번만 걸리면 킥보드 부숴버리고 다리몽둥이 분질러 버린다고 했는데도 저 몰래 계속 타고 다니는 거 같더라고요. 동생도 언젠가는 어머님을 친 가해자처럼 되지 말라는 법 없잖아요.

골프　　그러게요. 자동차보험이나 운전자 보험에서도 전동 킥보드 사고는 보장을 해주지 않고, 실손보험에 가입되어 있어도 전동 킥보드를 타고 있다고 보험사에게 알리지 않으면 전동 킥보드 타다가 다쳐도 실손보험사로부터 보상도 못 받아요. 그리고 아까 말씀드린 것처럼 전동 킥보드 보험의 보장 내역도 굉장히 미비해요. 개인이 가입하고 싶다고 할 수 있는 것도 아니고요. 그런데 전동 킥보드의 종류나 회사에 따라서 전동 킥보드를 사거나 그 회사로부터 임대를 하면 자동으로 가입되어 있는 보험이 있으니까 그 보험의 담보라도 잘 알고 타라고 꼭 전해주시고요. 가급적 안 타는 게 좋겠죠. 좀 위험합니까. 2021년에는 킥보드 사고로 발생한 사망자 수가 19명이었고, 2022년 상반기에만 11명이 목숨을 잃었어요.

피해자　　아무튼 말씀해주신 대로 제 자동차보험의 무보험 상해로 처리해 보고 또 궁금한 거 있으면 연락드리겠습니다.

골프　　잘 처리되길 바라고요, 언제든지 편하게 전화주세요.

퍼스널 모빌리티 도로 규정

구분	도로교통법상 분류	면허 필요 여부	헬멧 착용 여부	운행 가능 도로
자전거	자전거	X	O	자전거도로
전기 자전거	자전거	X	O	자전거도로
전동 킥보드	원동기장치자전거	O	O	차도
전동 휠	원동기장치자전거	O	O	차도
전동 스쿠터	원동기장치자전거	O	O	차도

교통사고 자력구제

개인형 이동장치 법규위반별 범칙금 및 과태료 변화(21년 5월 13일 실행)

구분	위반행위	5월 13일 이전 (원)	5월 13일부터 (원)
범칙금	방향지시등 미작동	-	10,000
	헬멧 미착용	-	20,000
	인도 주행	20,000	30,000
	승차 정원 위반	-	40,000
	음주 운전	30,000	100,000
	무면허 운전	-	100,000
	음주 측정 거부	100,000	130,000
과태료	동승자 안전모 미착용	-	20,000
	어린이 운전시킨 보호자	-	100,000

골프바라기의 TIP TIP TIP

TIP

- 무보험자동차상해 담보는 본인은 물론 일부 가족에게도 적용된다
- 전동 킥보드를 타기 전에 킥보드 회사의 가입 보험 내용을 알아두자

STORY 37 한강 둔치에서 산책하다가 자전거에 치였어요

피해자　국장님! 어제 제 딸하고 아내가 한강 둔치에 산책 나갔다가 자전거에 치이는 사고를 당했어요. 그래서 이 사고도 제 자동차보험의 무보험차상해로 보상받을 수 있는지 보험사에 문의해 보니까 자전거는 자동차가 아니라서 무보험차상해로 처리되지 않는다고 하더라고요.

골프　그렇죠. 자전거는 자동으로 가는 차 즉, 자동차가 아니니까요. 두 분 다 많이 다치셨어요?

피해자　어제 사고 나고 바로 응급실에 갔거든요. 딸은 넘어져서 손등에 가벼운 찰과상 정도인데 아내가 자전거에 직접 치여서 갈비뼈가 3개나 부러졌어요.

골프　이런. 큰일이네요.

피해자　가해자 말로는 갑자기 강아지가 자전거도로로 튀어나와서 피하려다가 그랬대요.

골프　브레이크 없이 사모님을 그대로 추돌했나 보군요.

피해자　네, 그런 거 같아요. 의사 말로는 하루 이틀 입원하고 집에서 2, 3주는 누워 있어야 된다고 하더라고요.

골프　늑골 골절 치료가 그냥 누워 있는 거 말고는 병원에서 해주는 게 딱히 없더라고요.

피해자　맞아요. 의사도 누워있으면 좋아진다고 돌아다니지 말고 집에만 있으라고 하더라고요. 아내는 회사 못 나가면 무급처리된다고 자꾸 나간다고 하는데 저는 못 가게 말리고 있

교통사고 자력구제

218

고요. 치료 때문에 출근 못해서 급여 못 받은 거는 보험사에서 어느 정도는 받을 수 있을 거라 생각했는데 무보험차상해로 처리가 안 된다고 하니 걱정이네요.

골프　　선생님. 그런데 왜 무보험차상해로만 보상을 받으려고 하세요? 상대 가해자는 보험이 없어요?

피해자　　네, 제가 물어봤는데 자전거 보험을 따로 들어놓은 것이 없다고 하더라고요. 저도 살면서 자전거 보험이 따로 있다는 소리를 들어본 적도 없고요. 그리고 가해자가 고등학생이라 사고 난 날 응급실에 부모랑 같이 왔더라고요. 아이랑 같이 연신 죄송하다고 사과하시기도 하고 그날 응급실 비용도 내주시고 또 저는 무보험차상해 담보로 처리되는 줄 알아서 괜찮다고 그냥 가시라고 했죠.

골프　　그러셨군요. 선생님이 선처해주신 마음은 상대 입장에서는 참 고마운 일이기는 한데요. 그래도 손해 보신 거는 배상 받으셔야죠.

피해자　　보험설계사한테 물어보니까 제 아내 다친 거는 저희 상해보험으로 치료비는 다 나온다고 하더라고요. 일 못 해서 손해가 난 거는 뭐 어쩔 수 없겠네요. 그래도 그 정도면 다행이라고 액땜했다고 쳐야죠, 뭐.

골프　　일단 상대방 가해자 부모 연락처 받으셨어요?

피해자　　그날 응급실에서 받았어요.

골프　　그러면 전화하셔서 인터넷에 '내 보험 다 보여'라는 사이트에 들어가셔서 그 부

일상생활배상책임보험에서 보상하는 손해

제3조 (보상하는 손해)

① 회사는 피보험자가 보험증권에 기재된 이 특별약관의 보험기간(이하「보험기간」이라 합니다) 중에 아래에 열거한 사고 (이하「사고」라 합니다)로 타인의 신체에 피해를 입혀 법률상의 배상책임 (이하「대인 배상책임」이라 합니다)을 부담하거나 타인의 재물의 손해에 대한 법률상의 배상책임 (이하「대물 배상책임」이라 합니다)을 부담함으로써 입은 손해(이하「배상책임손해」라 합니다)를 이 특별약관에 따라 보상합니다.

모 또는 가해 학생의 가입된 보험 중에 일상생활배상책임보험이나 자녀배상책임보험, 가족일상배상책임보험 담보 있는지 확인해 보라고 하시고 다시 저에게 전화 주시겠어요?

피해자   그거 저도 있는 거 같은데 그걸로 배상 받을 수 있어요?

골프   저 담보는 사실상 거의 모든 사람이 가입되어 있다고 봐도 무방할 정도예요. 가해자나 가해자 부모가 가입한 보험 중에 저 담보 중 하나만 있어도 사모님과 따님 치료비 그리고 사모님의 휴업손해 모두 배상받을 수 있으니 가해자 부모한테 아까 말씀드린 그 사이트 접속해서 저 담보 있는지 조회해 보라고 하세요.

(잠시 후)

피해자   가해자 부모랑 통화해봤는데 자기들이 알아보니까 그 가해 학생한테 일상생활배상책임보험 담보 있고 그 부모 둘 다 일상생활배상책임보험 담보도 있고 가해 학생 어머니는 자녀배상책임보험 담보도 있대요.

골프   잘 됐네요. 그러면 학생의 일상생활배상책임보험 담보로 배상받을 수 있으니까 보험 접수해달라고 하시면 돼요.

피해자   정말요? 일상생활배상책임보험 담보로 이런 사고도 배상받을 수 있군요. 저도 보험 가입할 때 이 담보가 자동으로 가입되던데, 보험료도 월 1,000원이 조금 안 됐던 거 같고, 저도 다음에 이런 사고를 내면 제 보험으로 처리를 할 수 있겠네요?

골프   그럼요. 고의가 아니라면 일상생활에서 일어날 수 있는 다양한 사고에 대해서 보험 처리를 받을 수 있어요. 예를 들어, 자전거를 타고 가다가 실수로 넘어져서 주차된 차를 파손했을 때라든지, 길을 걷다가 실수로 행인의 물건을 떨어뜨렸을 때라든지, 키우던 강아지가 옆집 아이를 물었을 때라든지, 우리 집에서 누수가 되어서 아랫집이 물바다가 되었을 때 등 이런 경우에도 모두 보험 처리됩니다.

피해자   그렇군요. 그런데 일생생활배상책임보험 앞에 자녀와 가족 붙은 건 뭐예요?

골프   그건 피보험자 즉 보험 처리를 받을 수 있는 대상이 달라요. 예를 들어 내가 자녀배상책임보험에 가입되어 있으면 내 자녀들이 일으킨 사고까지 보험 처리 할 수

교통사고 자력구제

있고 가족일상배상책임보험에 가입되어 있으면 가족들이 일으킨 사고도 보험 처리할 수 있는 거죠.

피해자 그렇군요. 그럼 그 가해 학생이 일상배상책임보험 담보가 없었더라도 그 학생 어머니의 자녀배상책임보험으로 배상 받을 수 있었겠군요.

골프 그렇죠. 그분들은 그 학생의 보험으로 해도 되고 어머님의 보험으로 해도 되는데, 그분들이 모르실 수도 있으니 선생님이 좀 알려주세요.

피해자 뭘요?

골프 그 학생이나 어머님의 보험 1개로만 접수해서 보험 처리하면 자기부담금이란 것을 내야 하는데 그 학생하고 어머님 보험 2개 모두 접수해서 보험 처리하면 비례보상 처리되어서 자기부담금 안 내도 된다고요.

피해자 그런 요령도 있군요. 보험 처리 못 받을 줄 알았다가 받았으니까 오지랖 좀 부리죠, 뭐. 하하.

배상책임보험의 피보험자의 범위

구분	피보험자 범위
일상배상책임보험	본인, 배우자, 본인과 배우자의 부모, 만 13세 미만의 자녀
자녀배상책임보험	본인, 배우자, 만 30세 미만의 미혼 자녀
가족 일상생활 책임보험	본인, 배우자, 주민등록상 동거친족(8촌내 혈족, 4촌내 인척), 생계를 같이 하는 별거중인 미혼 자녀

골프바라기의 TIP TIP TIP

TIP
- 자전거 사고 시에는 가해자가 가입된 보험 중 일상생활배상책임보험이 있는지 확인한다
- 가족 범위까지 해당하는 일상생활배상책임보험에 들어 있다면, 가족과 본인의 보험 처리를 모두 함으로써 자기부담금을 줄일 수 있다

교통사고로 신혼여행을 못 가게 됐어요

고객　다름이 아니라 제가 이틀 뒤에 결혼을 하는데요. 오늘 예비 신랑하고 같이 신혼집에 가구 들어오는 거 받으러 가는 길에 뒤에서 따라오던 차에 세게 받혀서 제 차 뒤 범퍼하고 트렁크가 부서지고 저랑 예비 신랑이랑 다쳐 입원 중입니다. 모레 있을 결혼식도 그렇고 신혼여행도 너무 걱정돼서요.

골프　아이고, 좋은 일 앞두고 무슨 일이래요. 입원할 정도면 많이 다치셨겠네요?

고객　많이 다친 건 아닌데 예비 신랑이 유난을 떨어서 같이 입원을 하게 되었어요. 제가 지금 임신 3개월 차거든요. 그래서 신랑이 걱정을 많이 하네요. 임신 중이라 입원해 있어도 의사 선생님이 딱히 치료해 줄 것은 없다고 하시네요. 저도 아주 많이 아픈 건 아니고 목하고 허리가 결리는 정도예요. 예비 신랑은 많이 아파하는데 의사 선생님 말씀으로는 교통사고 충격으로 디스크가 생겼다고 하네요.

골프　액땜했다고 하기에는 예비 남편분의 부상이 크네요. 걱정이 많으시겠습니다.

고객　속상해 죽겠어요. 옆 침대에서 끙끙거리고 있는 거 보면 너무 마음이 아파요. 그나저나 의사 선생님이 남편한테 모레 있을 결혼식에서는 조심조심 걸어 다니면 괜찮을 거 같다고 하시는데 신혼여행 가서는 그냥 누워만 있어야 한대요. 여기저기 돌아다닐 계획이었는데 일생에 한 번뿐인 신혼여행에서 누워만 있어야 한다 생각하니 너무 억울해요. 그렇다고 신혼여행을 취소하고 나중으로 미루자니 여행사에 낼 위약금이 너무 아깝고요. 상대방 보험사한테 이 위약금을 보상받을 수 있을까요?

골프　그 위약금은 가해자 측 보험회사에서 보상해주지 않지만 고객님이 그 위약금을 지불하실 필요는 없어요.

고객   어쨌든 위약금을 내지 않아도 된다고 하니 다행이긴 한데 왜 그런 거예요?

골프   가해자는 고객님에게 입힌 손해를 배상할 의무가 있지만 그중에서도 예상할 수 있는 손해 즉 통상 손해에 대해서만 배상할 의무가 있어요. 가해자가 피해자에게 발생할지 몰랐을 손해에 대해서는 배상할 책임이 없는 거죠. 가해자는 고객님이 사고일 기준으로 며칠 뒤에 결혼식을 치르고 해외로 신혼여행을 갈 거라는 걸 알 수 없었기 때문에 결혼식과 신혼여행에 관한 손해는 배상할 책임이 없는 거예요.

고객   그렇군요. 그런데 어떻게 제가 여행 취소 위약금을 내지 않아도 돼요?

민법 제393조 (손해배상의 범위)

① 채무불이행으로 인한 손해배상은 통상의 손해를 그 한도로 한다.

② 특별한 사정으로 인한 손해는 채무자가 그 사정을 알았거나 알 수 있었을 때에 한하여 배상의 책임이 있다.

※ 통상손해 | 사회통념상 일반적으로 예상할 수 있는 손해

특별손해 | 손해발생에 관한 구체적 예견가능성이 없는 손해

국외여행표준약관 제16조(여행출발 전 계약해제)

② 여행사 또는 여행자는 여행 출발 전에 다음 각 호의 1에 해당하는 사유가 있는 경우 상대방에게 제1항의 손해배상액을 지급하지 아니하고 이 여행계약을 해제할 수 있습니다.

　2. 여행자가 해제할 수 있는 경우

　　라. 질병 등 여행자의 신체에 이상이 발생하여 여행에 참가가 불가능한 경우

　　마. 배우자 또는 직계존비속이 신체이상으로 3일 이상 병원(의원)에 입원하여 여행 출발 전까지 퇴원이 곤란한 경우 그 배우자 또는 보호자 1인

골프　　배우자 되실 분이 현재 입원치료가 필요함에도 결혼식 때문에 어쩔 수 없이 결혼식 당일에 외출해서 결혼식을 치르고 다시 입원을 해야 되는 경우잖아요. 국외여행 표준약관에 보면 배우자가 다쳐 3일 이상 병원에 입원해있어야 해서 여행 출발 전까지 퇴원을 할 수 없으면 배우자와 보호자는 위약금 없이 여행을 취소할 수 있다고 나와 있어요.

고객　　그건 다행이긴 한데, 저희가 이번에 특가로 엄청 싸게 예매한 거라서 다음에 다시 예매할 때 지금보다는 비싸질 텐데 그 차액분은 보상받을 수 있을까요?

골프　　분명 억울하실 수 있는 상황이지만 그 차액분도 가해자 입장에서는 예상할 수 없는 것이어서 배상받으실 수 없습니다.

고객　　교통사고 나서 손해 보는 것도 억울한데 배상의 기준이 가해자한테 있는 거 같아서 더 억울하네요. 하긴 저도 언젠간 교통사고 가해자가 될 수 있을지도 모르니까요. 그 예상할 수 있다 없다가 참 중요한 거네요.

골프　　그렇죠. 예를 들어 고객님이 며칠 뒤에 결혼할 것이라는 걸 알았던 어떤 사람이 고객님이 결혼식을 못 치르게 하려고 일부러 교통사고를 냈다면 그건 당연히 결혼식에 관련된 모든 손해를 배상해 줘야 하죠. 그리고 중요한 계약을 앞두고 있다는 것을 알았던 사람이 자신의 이익을 위해 고의로 교통사고를 내서 계약할 장소에 제시간에 못 가게 함으로 그 계약에 손해를 입힌 경우도 당연히 배상을 해줘야 돼요. 그런데 고객님의 경우는 가해자가 예견할 수 없었기 때문에 그런 거죠.

고객　　억울하지만 일견 이해되는 부분도 없지 않아 있네요.

골프　　안타깝게도 고객님의 억울한 부분을 시원하게 해결해 드리지 못해 죄송하고요, 문의사항 있으시면 또 전화주세요.

골프바라기의 TIP TIP TIP

TIP
- 가해자가 예견할 수 없던 항목에 대해서는 보상받기 어렵다
- 국외여행 표준약관에 사고 및 입원 시 위약금 없이 여행을 취소할 수 있는지 확인하자

교통사고 자력구제

횡단보도를 건너다 다쳤는데 운전자에게 보험이 없대요

친구 영록아 와 줘서 고마워. 바쁠 텐데.

골프 고맙긴. 어머님은 좀 어떠셔?

친구 아직 마취에서 안 깨어나셨어. 의사 말로는 못 걸으실 수도 있으시다는데 정말 미치겠다.

골프 척추압박골절이라고 했잖아?

친구 처음에는 그 정도인 줄 알았는데 CT 찍어보니까 신경을 건드려서 하반신 마비가 올 거라고 하네.

골프 너희 어머니 작년 칠순 잔치 때 정정하시던 게 진짜 엊그제 같은데.

친구 사고 당하시기 전에도 테니스 치러 가시다가 그렇게 되신 거야.

골프 그나저나 가해자가 보험이 없다는 소리는 뭐야?

친구 그 사람이 자동차보험 갱신일을 깜빡해서 보험이 없대.

골프 책임보험조차도 없겠네.

친구 그렇다고 하더라고. 그래서 경찰 조사관이 이런 경우에는 정부보장 사업인가 하는 거에서 보상받을 수 있다고 보험회사에 전화해 보라고 하던데.

골프 그거는 정부에서 하는 자동차 손해배상 보장사업이라고 무보험 자동차한테 피해를 입은 국민들에게 책임보험 한도까지만 보상해 주는 건데, 어머님은 자동차보험의 무보험차상해 담보로 보험 처리 받으실 수 있어서 그거 신청 안 해도 돼.

친구 안 그래도 병원 원무과 직원한테 무보험차상해 담보로 접수하면 보험 처리 받을 수 있다고 안내는 받았는데, 어머님은 운전 안 하셔서 자동차보험이 없으셔.

골프　　네 자동차보험에 있는 무보험차상해 담보로 어머님이 보험 처리 받으실 수 있게 할 수 있어.

친구　　무보험차상해 담보라는 게 내가 보험 없는 차에게 피해를 입었을 때 내 자동차보험회사로부터 보험 처리 받을 수 있는 거 아니야?

무보험차상해 특약

자동차보험특약 중에는 무보험차상해 특약이 있습니다. 이 특약은 무보험차량에 사고를 당했을 경우 무보험차상해 특약을 가입한 특약금액 한도 내에서 대인배상Ⅱ 약관대로 지급이 가능한 특약입니다. 또한 탑승 여부에 상관없이 보상을 합니다.

※ 단, 본인 과실이 있으면 본인 과실을 제하고 보상을 합니다.

무보험차상해 특약 피보험자 범위

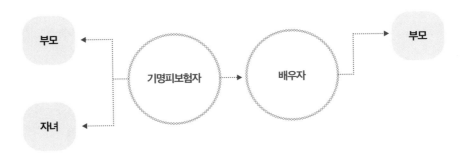

기명피보험자와 배우자의 형제자매는 안 된다.

골프　그건 당연한 거고, 그 담보는 부모, 자식, 배우자까지 적용이 돼. 그러니까 네 자동차보험으로도 너희 어머님 사고를 보험 처리 할 수 있는 거야.

친구　그런 거였구나. 가해자 보험 안 된다고 해서 괜히 걱정했네.

골프　네 자동차보험회사 콜센터에 전화해서 무보험차상해 담보 한도 금액이 얼마인지 물어봐.

친구　한도 금액이라는 게 있어?

골프　이건 가해자의 민사적인 배상 책임을 지는 보험사에서 지급하는 배상금과는 성격이 달라. 그 배상금은 무한대로 지급하도록 되어 있지만. 무보험차상해 담보에서 지급하는 금액은 네가 보험료를 내고 계약한 한도 금액 내에서만 지급을 해 줘.

친구　그럼 우리 어머님 같은 사고는 대략 어느 정도 보상을 받아야 하니?

골프　만으로 70세이시고 정말 하반신 마비가 되신다면 자세히 손해 사정을 해봐야 알겠지만 1억 선 되겠는데.

친구　그렇구나. 한도 금액이 얼마나 되는지 콜센터에 물어볼게. 잠깐만.

(잠시 후)

친구　영록아. 내 자동차보험의 무보험차상해 담보 한도 금액이 1억 밖에 안 된대.

골프　왜 이렇게 적어?

친구　인터넷 다이렉트로 싸게 가입하려고 담보 한도 금액을 다 최저로 설정을 해서 그랬나 봐. 누가 이런 일이 생길 줄 알았나.

골프　무보험차상해 담보는 무조건 최대 금액으로 가입하는 거야. 최저일 때랑 최대일 때랑 몇 천 원도 차이가 안 나.

친구　참. 내 아내 자동차도 내 명의로 되어 있어서 내가 자동차보험 계약자로 되어 있는데 그 보험에는 얼마로 가입되어 있는지 알아볼게.

(잠시 후)

친구   거기도 1억으로 가입해놓았네. 그럼 자동차보험이 2개니까 합쳐서 2억까지 되겠네.

골프   한 사람이 자동차가 2대라서 2개의 자동차보험에 가입되어 있다고 2개의 무보험차상해 담보 한도 금액이 더해지는 건 아니야. 한 사람 명의의 자동차보험에 있는 무보험차상해 담보는 중복 보장이 안 되어 둘 중에 높은 금액까지만 지급이 돼.

친구   다음부터 무보험차상해 담보는 꼭 최대로 들어놓아야겠다.

골프   다른 담보나 특약도 웬만하면 최대로 설정해놓는 것이 좋아. 언제 어떤 일이 생길지 모르니까. 어쨌든 아버님 운전하시니?

친구   연세가 몇이신데, 운전 안 하신지 몇 년 되셨지.

골프   그럼 네 동생은 운전할 거 아니야?

친구   걔는 하지.

골프   그럼 네 동생 자동차보험에 있는 무보험차상해 담보의 금액을 더할 수 있어.

친구   아까는 중복 보장이 안 된다며?

골프   그거는 한 사람이 여러 개의 자동차보험을 가지고 있을 때고, 여러 명이 합치는 건 가능해. 만약에 제수씨가 자동차보험을 가지고 있었다면 제수씨 것도 합칠 수 있어. 무보험차상해 담보의 범위는 배우자의 부모님까지도 적용이 되니까.

친구   빨리 동생한테 알아보라고 해야겠다.

(잠시 후)

친구   다행히도 동생 보험에는 3억으로 되어있대. 내 거랑 합치면 4억이니까 모자라지는 않겠지?

골프   그 정도면 보험사에서 병원에 치료비를 지급하고도 3억 이상이 남으니까 보상받는 데는 문제없을 거야.

친구   근데 내 보험회사 입장에서는 좀 억울하겠다. 자기 가입자가 낸 사고도 아닌데 보험금을 지급해야 하니까.

골프	네 보험사에서는 너한테 일단 지급한 다음 가해자한테 받아내지.
친구	구상권 행사를 하는구나.

골프　그렇지. 그런데 무보험차상해에서 지급되는 돈은 어디까지나 보험회사의 약관상 기준이기 때문에 피해자의 입장에서 본다면 배상금으로는 좀 적은 돈일 수도 있어. 그러니까 너도 가해자를 상대로 민사소송을 진행하는 게 좋아. 소송하면 1억 이상이 나올 수도 있으니까. 어쨌든 무보험차상해의 지급 기준보다는 많이 나올 거야.

친구　그럼 소송에서 승소하면 나는 보험회사로부터도 돈을 받고 가해자로부터도 돈을 받는 거야?

골프　아니지. 예를 들어 5억으로 승소했는데 보험회사가 치료비로 1억 지급하고 보상금으로 3억을 지급했다면 가해자는 보험회사에 4억 너에게 1억을 줘야 하는 거지.

친구　그렇구나. 그래도 네가 있어서 얼마나 든든한지 모르겠다.

골프　그래. 어서 병실에 들어가 봐. 어머니 언제 깨어나실지 모르잖아.

골프바라기의 TIP TIP TIP

TIP
- 무보험차상해 담보는 월 납입액 기준 몇천 원 차이이므로, 보상 최대 금액으로 가입하는 것이 좋다
- 무보험차상해 담보는 가족 범위까지 적용되므로, 가족 중 가입자가 많다면 총 보상액의 범위는 개별 보상액의 합계가 된다

홍수로
차가 침수되었어요

고객　국장님 안녕하세요. 잘 지내시죠? 오랜만에 연락드리는데 매번 안 좋은 일로만 전화드리네요.

골프　왜요? 또 사고 나셨어요?

고객　교통사고는 아니고요. 얼마 전에 태풍 왔었잖아요. 그때 저희 아파트 지하주차장에 물이 차서 제 차가 침수되었거든요.

골프　그 스포츠카 말씀하시는 거죠? 튜닝 많이 해놓으신 차?

고객　네 맞아요. 애지중지하며 튜닝만 천만 원 넘게 해 놓았는데, 이번에 완전히 침수되어서 폐차하게 생겼어요.

골프　엄청 아끼면서 타신 차였잖아요. 아까워서 어째요. 자차는 들어 놓으셨죠?

고객　그럼요. 국장님이 자동차보험 설계 도와주셨잖아요. 그런데 교통사고가 아닌데도 자차로 보상 받을 수 있어요? 태풍으로 홍수가 난 것이 자동차보험회사 책임이 아닌 데도요?

골프　자연재해 중에서 비교적 자주 일어나는 태풍, 홍수, 해일은 자동차보험회사에서 자기차량손해 담보로 보상을 하도록 1999년에 약관이 개정되었어요. 주차장이 잠겼을 정도로 물이 차서 자동차가 침수되었다면 차량은 폐차해야 될 거예요. 보험사에 침수로 사고접수 하시고 보상과 직원 배정되면 사고 당일 기준 자차가액을 문의해 보세요.

고객　사고당일의 자차가액이요?

골프   자동차보험을 일년 마다 갱신하잖아요. 몇 달 전에 갱신했을 때 설정 된 자차가액이 시간이 지나면서 점점 감액이 돼요. 그래서 사고당일의 자차가액을 보상과 직원에게 문의해 보셔야 돼요.

고객   네 국장님. 그럼 알아보고 다시 전화드릴게요.

(잠시 후)

고객   국장님. 알아봤는데, 문제가 자차가액이 중고시세 보다 너무 낮아서 자차로 보상을 받더라도 손해가 너무 커요.

골프   차이가 얼마나 나는데요?

자동차보험에서 자연재해에 대한 보상 여부

자동차보험표준약관

구분	대인배상 II	대물배상	자기신체사고	무보험차상해	자기차량손해
지진 분화	×	×	×	×	×
태풍 홍수 해일	×	×	○	×	○

☞ 홍수·태풍·해일이 발생되는 동안에 운행 중 발생된 사고에 대해 운전자의 상해와 자신의 자동차는 보상이 되지만 상대방의 인적·물적 피해에 대해서는 배상해 주지 않습니다.

※ 자동차보험에서는 지진과 분화와 같은 자연재해에 대해서는 전혀 보상해 주지 않습니다.

고객　　　제가 알아 본 중고시세는 대략 3천만 원 초반인데 자차가액은 2,200만 원 밖에 안 돼요. 튜닝한 거는 아예 계산도 안했고요. 제 보험으로 자차 처리 받으면 앉은 자리에서 그냥 천만 원 이상 손해 보게 생겼어요. 이걸 누구한테 물어내라고 할 수도 없고 정말 난감하네요.

골프　　　아파트 관리인을 상대로 손해배상을 청구할 수 있어요. 아파트 주차장을 공짜로 사용한 게 아니라 주차료가 포함되어 있는 관리비를 납부하신 거니까요. 일종의 유료주차장 개념이죠.

자기차량손해 담보에서 보상하는 손해

1. 운전자의 과실이 없는 경우(물적할증기준금액 초과하더라도 할증 없고 할인 1년 유예)

- 태풍 또는 홍수로 인하여 주차(불법주차)중 침수
- 태풍 지역에서 날리던 물체가 주차중 또는 운행중인 차량을 충격
- 태풍 지역을 운행하던 중 낙석이 차량을 충격
- 태풍이 예보되지 않은 지역을 운행하던 중 갑자기 불어난 물로 인한 침수

2. 운전자의 과실이 있는 경우(물적할증기준금액 초과 시 할증)

- 언론을 통해 사전 대비를 홍보했으나 지하주차장이나 한강 둔치와 같이 침수 위험장소에 차량을 방치
- 이미 물이 불어난 장소인 줄 알면서 통과 중 침수
- 태풍 지역을 운행하던 중 이미 떨어져 있는 낙석에 추돌

3. 운전자의 과실 여부와 관계 없이 보상이 안되는 경우

- 차량에 적재한 물건
- 창문 또는 썬루프를 개방해 놓아 차량 안으로 빗물이 들어와 입은 피해

※ 유료주차장(공영주차장 포함)에 주차중 침수 피해를 당한 경우에는 주차장 관리자로부터 피해보상금의 일부를 받을 수 있습니다. 다만 자차보험이 있으면 자차보험사가 먼저 전액을 보상한 후 주차장 관리자로 부터 구상을 받습니다.

고객　들고 보니 그러네요.

골프　엘리베이터나 게시판 등에 태풍으로 침수가 예상되니 지하주차장에 주차하지 말라는 경고문이 붙어 있었나요?

고객　글쎄요. 제가 게시판에 붙여져 있는 전단지를 일일이 다 보지는 않지만 그런 경고문은 못 본 거 같아요.

골프　그럼 차량이 침수 됐는지는 언제 아셨어요?

고객　아침에 관리사무소에서 비가 많이 와서 주차장 침수 될 수도 있다고 차 빼라는 방송을 했었는데 방송 듣자마자 차 빼러 나갔더니 이미 차에 물이 반 넘게 차서 주차장에 들어갈 수도 없는 상황이었어요.

골프　아파트 관리사무소에서 태풍에 대비해 배수 작업을 미비하게 했거나 차주들이 미리 대피할 수 있도록 경고 방송을 하지 않았기 때문에 침수가 된 것이라 볼 수 있으므로, 아파트 관리책임자를 상대로 손해배상청구소송을 제기할 수 있어요. 책임자는 대부분 입주자대표회의로 되어 있는 경우가 많고요. 관리사무소에 전화하셔서 이번 침수 피해와 관련해서 어떻게 배상할 것인지를 물어보시면서 관리사무소에서 배상책임보험을 가입해놓았는지도 문의해 보세요. 대부분은 가입해놓거든요.

고객　교통사고 났을 때 자동차보험사에 배상금 청구하는 것처럼 이번 침수사고도 배상책임 보험사를 상대로 하는 것인가요?

골프　그렇죠. 관리 책임이 있는 입주자대표회의와 입주자대표회의가 가입한 배상책임 보험사를 상대로 하는 것인데, 배상책임보험이 가입되어 있다면 소송이 끝난 후에 배상금을 비교적 쉽게 받을 수 있어요.

고객　네 그럼 관리사무소에 전화해 보고 금방 다시 연락드릴게요.

(잠시 후)

고객　국장님! 다행히도 배상책임보험에 가입되어 있다고 하네요. 그럼 저는 제 차의 중고시세대로 전부 다 배상받을 수 있나요?

골프   그렇지는 않고요. '손해의 공평한 분담'이라는 견지에서, 손해발생 중 자연력이 기여했다고 인정되는 부분은 공제돼요. 쉽게 말해 태풍과 같은 자연재해는 그 누구의 책임도 아니니까 불가항력적인 자연재해에 대한 책임은 공동으로 져야하고 그 부분만큼은 빼고 배상해야 한다는 거죠. 상황에 따라 다르긴 하지만 보통 30~40% 정도 인정돼요.

고객   그럼 저는 어느 정도 배상받게 되는 거예요?

골프   먼저 소송을 제기하면 판사가 법원의 차량감정사를 통해 자동차의 사고 당시 중고시세를 파악해요. 그 금액이 말씀하신대로 3,200만 원 정도 된다면 보험사에서 먼저 보상을 받은 2,200만 원은 빼고 1,000만 원에 대해서 자연재해에 대한 공동책임분 약 30%를 제하고 700만 원을 배상하라고 판결할 거예요. 그럼 2,900만 원 정도 받게 되시겠네요.

고객   어찌됐건 손해를 볼 수밖에 없네요. 하긴 태풍을 누구 탓으로 돌리긴 힘드니까요. 그런데 변호사 비용을 빼고 나면 더 줄어들겠네요? 제가 혼자서 하기에는 너무 힘들겠죠?

골프   변호사만큼 법률적인 지식이 있지 않고서야 어렵겠죠. 돈이 급하신 것이 아니라면 일단 보험사가 소송할 때까지 기다렸다가 하는 방법도 있어요.

고객   보험사가 왜 소송을 해요?

골프   선생님의 자동차보험사에서 선생님에게 전손된 침수차에 대한 자차보험금을 지급하잖아요. 그러고 나서 침수에 책임이 있는 입주자대표회의 상대로 구상권청구소송을 해요. 자기들이 지급한 보상금에 대해서 입주자대표회의로부터 돌려받으려는 것이죠. 그 소송에 대한 판결이 날 텐데, 그 판결을 이용하면 비교적 쉽게 변호사 없이 피해자가 직접 하는 당사자 소송을 할 수 있어요.

고객   이미 같은 사건에 대한 판결이 있으니 그것을 나에게도 똑같이 적용해달라는 거군요? 그냥 신청만 하면 되는 거예요?

골프   미국 같은 나라는 이미 판결이 난 기판력을 동일 사건의 피해자에게 자동으로 적용시켜주는 제도가 있는데, 우리나라는 아직 그런 제도가 대세효라고 해서 국가를 상대로 하는 행정소송 같은 공법에 대해서만 적용되고 있어요. 선생님이 하시려는 민법에는 해당되지 않아요.

고객　그럼 제가 그 복잡한 소송을 어떻게 혼자 해요?

골프　판결주문 기재례 라고 이미 판결을 난 것을 동일하게 청구하는 취지로 소장을 작성하시면 되는데, 자동차보험사에 소송에 사용한 소장과 판결문을 보고 싶다고 요청하면 보내줄 거예요. 그걸 가지고 법률사무소에 가서서 변호사에게 동일한 사건에 대해서 추가적인 배상금을 받으려고 하는데 가지고 간 소장과 판결문을 참고해서 소장만 작성해달라고 하면 보통 몇 십만 원이면 해줄 거예요. 그 다음은 포털 사이트에 '나홀로 소송'이라고 검색하시면 방법이 자세하게 나와 있으니 어렵지 않게 하실 수 있을 겁니다.

고객　제가 할 수 있는 수준일까요?

골프　그럼요. 그다지 어렵지 않아요. 전자 소송으로 할 수도 있어서 번거롭게 법원에 가지 않고 인터넷으로 하셔도 되고요.

고객　그렇게 해봐야겠네요. 그런데 국장님. 그렇게 배상 받는다고 쳐도 차를 폐차시키고 다음에 차를 살 때 취·등록세 납부해야 하는데 그것도 저에게는 손해가 되겠네요?

골프　본인의 과실 없이 차량이 침수되어 전손처리 되면 다음에 차량을 구입할 때 취·등록세를 감면해줘요.

고객　정말요? 그건 어떻게 해요?

골프　자동차보험사 콜센터에 전화해서 전손처리 된 것을 증명하는 서류를 달라

차량이 홍수·태풍·해일과 같은 자연재해로 자차전손 시 세금 환급
- 자동차전부손해증명서를 보험사로부터 발급받아(손해보험협회장이 발급) 첨부하면 취·등록세 감면
- 전손 후 2년 이내에 피해차량의 명의자가 차량을 취득한 경우에 가능
- 취·등록세 감면은 전손된 차량의 폐차 당시 차량가액을 기준으로 한 취·등록세를 한도로 함.
- 전기차 보조금 또한 환입하지 않아도 됩니다.
※ 침수차는 의무적으로 폐차

고 하셔서서 다음에 자동차를 구매하여 취·등록세를 내셔야 할 때 제출하시면 돼요.

고객   그럼 제가 다음에 1억 차를 사서 취·등록세를 600만 원 넘게 내야 될 때는 완전 이득이겠네요?

골프   그렇게 되면 좋겠지만 침수로 폐차된 차량의 가격을 기준으로 한 취·등록세만 감면해 주는 거예요. 그러니까 3,000만 원 정도를 기준으로 하면 대략 200만 원만 감면해 주고 나머지 400 몇 십만 원은 내야 하는 거죠.

고객   그럼 반대로 취·등록세를 100만 원만 내면 나머지 100만 원은 돌려줘요?

골프   그렇지는 않고요, 초과 될 때만 감면해 주는 거예요.

고객   그렇군요. 그런데 제 옆집은 전기차라서 폐차하면 보조금 받은 거 나라에 돌려줘야 한다고 걱정하던데 혹시 전기차 보조금은 어떻게 돼요?

골프   전기차 보조금도 침수뿐 아니라 본인의 과실 없이 폐차되어서 전손처리 되는 경우에는 보조금을 환입하지 않아도 돼요.

고객   다행이네요. 옆집 사람에게 알려줘야겠어요. 그래도 전손처리 되어서 보험금 받으면 자동차 보험료 올라가는 건 어쩔 수 없겠죠?

골프   자동차 보험료 할증도 보험금을 아무리 많이 받았다 하더라도 본인의 과실이 없으면 할증되지 않아요. 다만 1년 동안 보험료를 할인해 주지 않죠.

고객   그래요? 그게 어디에요. 정말 다행이네요. 국장님 덕분에 오늘 좋은 정보 많이 얻고 갑니다. 나중에 나홀로 소송할 때 모르는 거 있으면 여쭤봐도 되죠?

골프   그럼요. 언제든지 전화주세요.

고객   네 감사합니다. 건강하세요.

골프바라기의 TIP TIP TIP

TIP	- 태풍, 홍수, 해일 시에는 자동차보험회사에서 자기차량손해 담보로 보상된다 - 자연재해를 대비하지 않은 아파트 관리사무소에 손해배상을 청구할 수 있다 - 본인의 과실 없이 차량이 침수되어 전손처리되었다면 다음 차량 구입 시의 취등록세는 감면된다

교통사고 자력구제

자동차보험 할증·할인적용 여부

구분	본인 과실비율	할증·할인
대인·처리	0%	할인
	1%~49%	3년 유예
	50~100%	할증
자손·자상	0%	할인
	1%~49%	3년 유예
	50~100%	할증
	태풍·홍수·해일 등 자연재해	1년유예
	화재·폭발·낙뢰	1년유예
자차	0%	할인
	1%~49%	3년유예
	50~100%	할증
	30만 원 미만 본인과실 0%의 보유불명사고	1년유예
	침수·우박·화재·폭발	1년유예
다른 자동차 대리운전	1%~49%	3년유예
	50~100%	할증

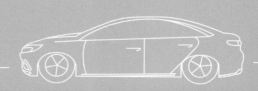

서킷에서 난 사고, 보험 처리 되나요

문의자   제가 교통사고를 냈는데 보험사에서 보험 처리를 거부하고 있어서요.

골프   사고를 어떻게 내셨는데요?

문의자   제가 앞차를 추월하다가 앞차의 뒤 범퍼를 살짝 치면서 지나갔거든요.

골프   상대방이 뺑소니로 신고했나요?

문의자   아니요. 사고 나자마자 바로 속도 줄이고 그 차 따라서 같이 갓길에 세우고 보험 접수 다 해주고 헤어졌죠.

골프   그런데 보험사에서는 왜 보험 처리를 안 해준대요?

문의자   사고 때문에 제 차 앞 범퍼도 망가져서 어제 서비스센터에 수리를 맡겼는데요. 보험사 직원한테 전화 와서 제가 친구랑 도로에서 자동차 레이싱을 했다고 보험 처리를 못 해준다고 하더라고요. 서킷에서 레이싱 경기를 하다가 사고 나면 보험 처리 안 되는 건 알고 있는데, 사고 난 곳은 일반 고속도로고 당신이 내가 도로에서 레이싱을 했는지 어떻게 아냐라고 물었더니 제 블랙박스에 녹화된 거 다 봤다고 안 된다고 하더라고요.

골프   사고가 컸나요?

문의자   아니요. 상대방 차 뒤 범퍼하고 제 차 앞 쪽 살짝 부서진 게 전부고 갓길에서 보험 접수해 줄 때도 상대방 운전자분은 멀쩡하게 서서 담배 피우더라고요. 그런데 그다음 날 바로 병원에 입원하셨다고 하던데. 아마 합의금 때문에 그랬겠죠. 아무튼 그거야 다 보험 처리되니까 그러려니 하고 있었는데 갑자기 오늘 전화 와서 보험 처리 안 된다고 하니까 황당하더라고요. 제 차가 포르쉐랑 앞 범퍼랑 헤드라이트 깨진 거 고치는데 700만 원 정도 나온다고 했거든요.

골프　그 보상과 직원이 선생님 블랙박스에서 뭘 봤기에 안 된다고 하는 거예요?

문의자　제가 친구랑 무전기 앱으로 대화하는 거랑 저랑 친구랑 다른 차들 추월하면서 과속하는 게 다 녹화되어 있다고 하더라고요.

골프　저희끼리 얘기지만 혹시 친구분이랑 자동차 경주 같은 거 하셨나요?

문의자　친구 차가 BMW M3인데 자꾸 자기 차가 더 빠르다고 우겨서 저녁 먹기로 한 식당에 늦게 도착하는 사람이 밥값 내기하기로 했었죠.

골프　친구분이랑 그런 내용, 그러니까 누가 들어도 이 두 사람이 지금 자동차로 어디를 빨리 가는 것에 대해서 내기를 하고 있구나 알 수 있을 법한 대화를 운전하면서 주고받으셨어요?

문의자　하긴 했어요. 제가 좀 앞서고 있었는데, 오늘 네가 밥 사야 된다, 네 차는 내 차한테 안 된다, 튜닝 더 하고 와라, 뭐 이런 얘기를 했던 거 같아요.

경기용 자동차의 보험 처리 여부

자동차보험표준약관

- 제1장 배상책임 제8조(보상하지 않는 손해)
  · 다음 중 어느 하나에 해당하는 손해는 「대인배상Ⅱ」와 「대물배상」에서 보상하지 않습니다.
  피보험자동차를 시험용, 경기용 또는 경기를 위해 연습용으로 사용하던 중 생긴 손해.
  다만, 운전면허시험을 위한 도로주행시험용으로 사용하던 중 생긴 손해는 보상합니다.

- 제2장 배상책임 이외의 보장종목 제14조(보상하지 않는 손해)
  · 다음 중 어느 하나에 해당하는 손해는 「자기신체사고」에서 보상하지 않습니다.
  피보험자동차 또는 피보험자동차 이외의 자동차를 시험용, 경기용 또는 경기를 위해
  연습용으로 사용하던 중 생긴 손해. 다만, 운전면허시험을 위한 도로주행시험용으로 사용하던
  중 생긴 손해는 보상합니다.

골프 블랙박스에 그 대화 내용 말고도 서로 다른 차 추월하면서 과속하는 것도 녹화되어 있겠네요?

문의자 저도 아직 보지는 못했는데 아마도 되어있을 거 같아요. 그러니까 보험사 직원이 저러겠죠.

골프 제가 그 블랙박스를 보지는 않았지만 선생님 말씀대로라면 보험 처리가 안 되는 게 맞아요. 서킷에서 레이싱 하다가 발생한 사고에 대해서 보험 처리 안 해주는 것처럼 자동차 경주를 하다가 사고가 나면 서킷이든 일반 도로이든 보험 처리를 안 해줘요. 장소와 상관없이 자동차로 경주를 하거나 경주를 하기 위해 연습을 하거나 시험을 보거나 하면 보험 처리를 받을 수 없어요.

문의자 그럼 저는 이 사고에 대해서 다 제 돈으로 채워야 하는 거예요?

골프 선생님의 자동차보험회사에서 상대방 상해에 대해서는 책임보험 한도까지는 배상해 줘요. 그 한도 금액이 아마도 120만 원일 텐데요. 그 금액을 초과하는 병원비나 합의금을 부담하셔야 하고요. 상대방 차 수리비 하고 선생님 차 수리비 모두 선생님이 지불해야 돼요. 상대방이 수리 기간 동안 렌터카 이용하면 대차비용도 주셔야 하고요.

문의자 어떻게 조금이라도 보험사에서 더 내게 할 방법이 없을까요?

골프 안타깝지만 없어요. 이번 기회에 제대로 혼났다고 생각하시고 앞으로 다시는 도로에서 그렇게 위험하게 운전하시면 안 돼요.

문의자 네, 저도 반성은 하고 있는데, 자꾸 억울한 생각이 드네요. 그런데 보험사 직원은 제 블랙박스를 그렇게 마음대로 봐도 되는 건가요? 제 개인정보인데. 드라마에서 불법으로 얻은 증거는 효력이 없다, 뭐 그런 거 있던데 이럴 때는 적용 안 되나요? 그 사람이 제 블랙박스 보고 이러는 건데 제 블랙박스를 허락 없이 본 것이 불법이라면 블랙박스 영상을 증거로 저에게 보험 처리 못해주겠다는 것 자체가 무효가 되지 않나 싶어서요.

골프 선생님이 말씀하시는 것이 위법수집증거배제원칙이라는 건데요. 그것은 형사소송법의 증거재판주의가 취하고 있는 입장이지 교통사고처럼 민법에서 다루는 사건에 적용되는 원칙은 아니에요. 그래서 보험사가 계약자의 사고에 대해서 보험 처리를 해 주네 마네 하는 면·부책과 관련한 해석에 있어서 보험사 직원이 위법한 과정으로 블랙박스 영상을 봤다 할지라도 증거로써 효력이 있어요.

문의자　　이럴 줄 알았으면 블랙박스 SD카드를 빼놓는 건데 그랬어요.

골프　　말도 안 되는 소리 하지 마시고요. 천만 원이 아니라 몇 천만 원을 물어 내야 할 수도 있고 사람이 크게 다치거나 죽을 수도 있어요. 그리고 만약에 보험사에서 차량수리비나 상대방 병원비 등을 다 보험 처리로 돈이 지급된 후에 발각되었다면 보험사로부터 고소를 당하실 수 있어요. 그렇게 되면 보험사의 SIU(*Special Investigation Unit*)라고 전직 경찰관 출신으로 이루어진 보험사기조사단이 있는데, 그 사람들이 다 들춰내거든요. 그러면 보험사기방지 특별법에 의해서 형사처분 받죠, 도로교통법 위반으로 처벌받죠, 면허 취소되죠, 벌금도 많이 나오고 때에 따라서는 실형이 나올 수도 있어요. 아까도 말씀드렸지만 차라리 이번에 걸린 게 다행이라고 생각하시고 앞으로 다시는 그러지 마세요.

문의자　　네. 이번 기회에 정신 차려야겠네요.

골프바라기의 TIP TIP TIP

TIP
- 경기 및 경기 연습 중 발생한 사고에 대해서는 보험사에서 보상받지 못한다
- 단 운전면허시험을 위한 도로주행시험 중 생긴 손해는 보상된다

차를 빌려간 친구가
사고를 냈어요

골프　너희들 왜 이렇게 안 와? 지금 다들 기다리고 있는데. 빨리 안 오면 우리가 고기 다 먹어 치운다.

친구　말도 마. 방금 교통사고 났어. 정신이 하나도 없네. 뭐부터 해야 하니?

골프　다친 데는 없고?

친구　내가 앞차를 살짝 박은 거라 우리 둘 다 몸은 괜찮아.

골프　상민이 차 얻어 타고 온다더니 네가 운전한 거야?

친구　상민이가 어제 야근해서 졸리다고 나한테 운전 좀 해달라고 그래서 운전대 대신 잡았는데 거래처에서 문자 온 거 확인하느라 잠깐 휴대폰을 보다가 사고를 냈어.

골프　조심 좀 하지. 상대방 운전자는 어때?

친구　워낙 살살 박은 거라 그분도 괜찮다고 하시네. 그런데 이거 내 차가 아니라서 보험 처리가 안 될 텐데 이럴 때는 어떻게 해야 하니? 그냥 내 돈으로 다 물어주면 되는 거지?

골프　상민이 차도 네 차처럼 승용차지?

친구　응.

골프　그러면 일단 네 보험사 콜센터에 전화해서 네가 다른 사람의 자동차를 운전하다가 교통사고 냈다고 얘기하고 다른 자동차 운전담보 접수해달라고 해.

친구　다른 자동차 운전담보가 뭐야?

골프　그건 이따 만나서 자세히 설명해 줄 테니까 일단 보험접수부터 하고 만나서 애기하자.

친구   그래 알았어. 여기 마무리하고 금방 갈게.

골프   또 졸지 말고. 조심히 와.

(잠시 후)

친구   영록아! 난 네가 말한 다른 자동차 운전담보라는 특약이 내 자동차보험에 있는지도 몰랐어. 내가 그런 특약을 선택했었는지 기억도 안 나네.

골프   대부분의 운전자들이 자동차보험에 무보험차상해담보를 가입해 놓거든. 자동차보험에 가입할 때 기본으로 설정되어 있기도 하고, 보험료도 일이 만 원 정도로 엄청 싸니까. 그 담보를 가입하면 자동으로 가입되는 거야. 이 특약에 대한 보험료도 몇 천 원 정도 밖에 안 되고.

친구   네가 시킨 대로 일단 그 특약으로 보험접수는 하고 왔는데, 말 그대로 내가 다른 자동차를 운전했을 때 보험 처리 받을 수 있는 거야?

골프   그렇지. 네가 다른 사람의 자동차를 운전하다가 사고를 냈을 때 너의 자동차보험으로 그 사고에 대한 보험 처리를 할 수 있는 거야.

친구   그런데 아까 상민이 차가 내 차처럼 승용차인지는 왜 물어본 거야?

골프   이 특약은 같은 종류의 자동차끼리만 적용이 되거든. 네 차는 승용차인데

다른 자동차운전 담보 특별약관

① 보상내용 | 피보험자가 다른 자동차(자가용자동차로서, 피보험자동차와 동일한 차종)를 운전 중 (주차 또는 정차 중은 제외) 생긴 대인사고나 대물사고로 인하여 법률상 손해배상 책임을 짐으로써 손해를 입은 때 또는 피보험자가 상해를 입었을 때에는 피보험자가 운전한 다른 자동차를 보통약관 대인배상2 및 자기신체사고 규정의 피보험자동차로 간주하여 보통 약관에서 규정하는 바에 따라 보상한다.

② 적용대상 | 영업용을 제외한 개인용 및 업무용 자동차

③ 피보험자의 범위 | 기명피보험자, 기명피보험자의 배우자, 지정운전자 1인

다른 자동차의 범위

① 기명피보험자와 그 부모, 배우자 또는 자녀가 소유하거나 통상적으로 사용하는 자동차는 다른 자동차가 되지 못한다.

② 기명피보험자가 자동차를 대체한 경우, 그 사실이 생긴 때부터 회사가 보통약관에 따라 보험자의 피보험자동차 교체 승인 때까지의 대체자동차는 다른 자동차로 본다. 따라서, 피보험 자동차를 양도 또는 폐차하고 중고자동차나 새 자동차를 구입하였으나 아직 보험회사에 통보하지 않은 상태에서는 대체자동차를 다른 자동차운전담보 특약의 다른 자동차로 보아 대인배상Ⅱ, 자기신체사고 담보에서 보상이 가능하다.

다른자동차운전담보 특별약관에서 보상하지 아니하는 손해

① **업무상 재해1** | 피보험자가 사용자의 업무에 종사하고 있을 때 그 사용자가 소유하는 자동차를 운전 중 색인 사고로 인한 손해

② **업무상 재해2** | 피보험자가 소속한 법인이 소유하는 자동차를 운전 중 생긴 사고

③ **자동차취급업자** | 피보험자가 자동차정비업, 주차장업, 급유업, 세차업, 자동차판매업, 대리 운전업 (대리운전자 포함) 등 자동차 취급업무상 수탁받은 자동차를 운전 중 생긴 사고로 인한 손해

④ **유상운송** | 피보험자가 요금 또는 대가를 지불하거나 받고 다른 자동차를 운전 중 생긴 사고로 인한 손해

⑤ **무단운전** | 피보험자가 다른 자동차의 사용에 대하여 정당한 권리를 가지고 있는 자의 승낙을 받지 아니하고 다른 자동차를 운전 중 생긴 사고로 인한 손해

⑥ **타차 소유자에 대한 책임** | 피보험자가 다른 자동차의 소유자에 대하여 법률상의 손해배상 책임을 짐으로써 입은 손해(타차의 소유자에 대한 손해배상책임은 면책이므로, 타차 소유자는 대인배상2로 보상받을 수 없다. 다만, 타차운전특약의 피보험자가 타차 운전중 생긴 사고로 타차 소유자가 생해를 입은 경우에는 자기신체신체사고의 피보험자로 간주하여 자기신체사고 담보에서 보상받을 수 있다.)

⑦ **경기용** | 피보험자가 다른 자동차를 시험용 또는 경기용이나 경기를 위한 연습용으로 사용하던 중 생긴 사고로 인한 손해. 다만, 운전면허시험을 위한 도로주행시험용으로 사용하던 중 생긴 사고는 보상한다.

⑧ **연령 한정 위반** | 보험증권에 기재된 운전가능 연령범위외(外)의 자가 다른 자동차를 운전 중 생긴 사고로 인한 손해

상민이 차가 화물차라면 보험 처리를 받을 수 없어. 또 상민이 차가 너랑 같은 종류의 차라고 할지라도 그 차가 렌터카라든지 네가 상민이 차를 한 달 동안 계속 빌려 탔다든지 하는 것도 처리를 받을 수 없어.

친구　그렇구나. 그러면 이제 내 자동차보험으로 다 처리되는 거야?

골프　상민이 차 파손된 것만 빼고 상대방 차 파손된 거, 상대방 다친 거, 운전한 네가 다친 거, 차량의 주인인 상민이 다친 거를 네 자동차 보험회사에서 보험 처리해 줘.

친구　그래도 다행이네. 상민이 차만 내 돈으로 물어주면 되니까.

골프　네가 만약에 다른 자동차 차량손해지원담보 특약까지 가입해놓았더라면 상민이 차 망가진 것도 네 자동차보험의 자기차량손해 담보 즉 자차로 처리할 수 있었어.

친구　다음에 자동차보험 가입할 때는 꼭 들어놓아야겠다.

골프　그래, 다음번에는 꼭 가입해놓고. 이번에야 상대방 운전자가 병원 안 가도 괜찮다고 하니까 다행이지만, 만약에 피해자가 병원 가서 치료받는다고 했으면 상민이 자동차보험의 대인 1 즉 책임보험 한도까지 배상해 주고 그 한도를 넘는 금액은 네 자동차보험의 대인 2로 배상해 주는 거라서 네 자동차보험료 할증은 물론 상민이 자동차보험료도 할증되었을 거야.

친구　상민이가 자는 동안에 사고를 당해서 지금 당장은 괜찮을지 몰라도 내일 되면 좀 뻐근할 수도 있을 텐데 나야 보험료 할증되어도 상관없으니까 상민이한테 병원도 다니고 합의금도 받으라고 해야겠다. 영록이 네가 합의금 좀 많이 받아줘.

특약	적용 담보
다른 자동차의 자동차보험	대인배상 l
다른 자동차 운전담보 특약	대인배상 ll
	대물배상
	자기신체사고(자동차상해)
다른 자동차 차량손해 특약	자기차량손해

골프   이 담보는 차량의 소유주가 다쳤을 경우에 대인으로 접수해 주는 것이 아니라 자기 신체손해로 접수되는 것이기 때문에 대인처럼 협상하는 것이 아니고 계약된 금액만 받는 거야.

친구   그렇구나. 어쨌든 병원은 꼭 가보라고 해야겠다.

운전자	자동차	적용 특약
나	내 자동차	내 자동차보험
	다른 자동차	다른 자동차 운전담보 특약, 다른 자동차 차량손해 특약
다른 사람	내 자동차	대리운전자 특약, 임시운전자 특약

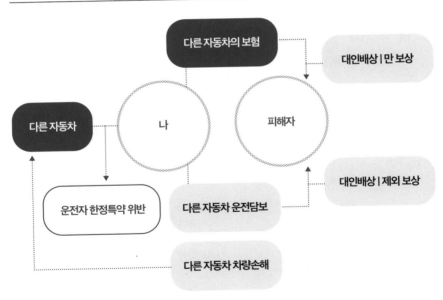

교통사고 자력구제

자전거 탄 아이가
차를 긁고 갔어요

김 주임 그저께 아침에 출근하려고 차 문을 열려고 하는데 운전석 쪽이 쫙 긁혀있는 거예요. 누가 못으로 쭉 긁어 놓은 것처럼요.

골프 엥? 사무실에서도 차 잘 있나 수시로 나가 보더니만. 무슨 날벼락이야.

김 주임 차라리 제 살이 못에 긁히는 게 낫지, 내 차가 그렇게 긁혀 있는 거 보니까 정말 마음이 찢어지더라고요.

골프 김 주임, 아파트 살지 않아? 관리실 가서 CCTV 확인해 봤어?

김 주임 그럼요. 제가 그래도 명색이 교통사고 전문 변호사 사무실 사무원인데 당연히 블랙박스하고 주차장 CCTV부터 확인해 봤죠.

골프 누가 그랬는지 잡았어?

김 주임 어떤 아이가 휴대폰 보면서 자전거 타고 가다가 제 차 쪽으로 휘청하더니 넘어지면서 자전거 손잡이 부분으로 제 차를 쭉 긁더라고요. 애라 그런지 차 망가진 거 확인도 안 하고 그냥 벌떡 일어나서 다시 자기 갈 길 가던데요.

골프 CCTV로 동선 확인할 수 있잖아.

김 주임 그렇죠. 그래서 관리실 직원 아저씨랑 CCTV 화면 뒤져서 저희 앞 동 4층에서 내리는 엘리베이터 CCTV 확인하고 거기 가봤더니 402호에 그 자전거가 세워져 있더라고요.

골프 그럼 그 집 아이겠네?

김 주임 같은 아파트 사람이라 화도 못 내고, 나름 정중하게 상황을 설명드렸죠.

CCTV 봤더니 이 집 아드님이 자전거 타고 가다가 제 차를 긁었다고. 정말 다행스럽게도 그분이 연신 미안하다고 하시면서 자기 아들까지 불러내서 저한테 사과시키시더라고요. 그래서 마음이 좀 풀리긴 했는데. 그래도 내 차 상처가 아물진 않으니까요.

골프 자동차야 물건인데 뭘, 잘만 고치면 다시 새것처럼 되니까, 교통사고 액땜했다고 마음 편히 생각해야지. 그래서 수리비는 어떻게 처리하기로 했어? 현금으로? 보험으로?

김주임 처음에는 공업사에서 수리비 얼마 나오는지 알아보고 알려주면 자기가 입금해 준다고 하시더라고요. 그래서 집 근처 공업사에 가서 물어보니까 문 두 짝 판금 도색하고 사이드미러 커버 교체하는데 총 70만 원에다가, 고치는 데 2박 3일 걸리니까 렌터카도 써야 해서 20만 원 들더라고요.

골프 동네 공업사니까 그 정도지 정식 사업소 들어가면 100만 원도 넘게 나올걸.

김주임 주변에서도 그런다고 하더라고요. 아무튼 그분한테 렌터카 빌리는 거까지 90만 원 나온다니까, 갑자기 태도가 바뀌더니 왜 그렇게 비싸냐부터 시작해서, 렌터카는 안 타면 안 되냐 그러더니 그냥 자기 차로 사고난 걸로 하고 자기 자동차보험으로 처리해 주면 안 되냐고 물어보더라고요.

골프 그렇게 하면 보험 사기지.

김주임 그렇죠? 저도 그럴 거 같아서 국장님에게 여쭤본 거예요.

골프 자전거 손잡이로 못이 긁은 것처럼 생긴 상처를 보험사 담당자가 척하면 척인 선수들인데 그 사람들이 곧이곧대로 믿을까? 자동차에 그렇게 뾰족한 데가 어디 있다고. 그러다가 걸리기라도 해서 보험사에 고소라도 당하면 어쩌려고 그래.

김주임 그러니까요. 저도 순간 혹하긴 했는데. 당연히 안 하는 게 낫겠죠?

골프 당연하지. 그리고 굳이 그런 위험을 무릅쓰면서까지 왜 그런 짓을 해? 일상생활배상책임보험으로도 충분히 보험 처리를 할 수 있는데.

김주임 배상책임보험이요? 그건 사업자가 가입하는 거 아니에요?

골프 배상책임 앞에 '일상생활'이라는 단어가 붙잖아. 말 그대로 일상생활에서 일어날 수 있는 사고에 대해 배상을 책임져주는 보험이야. 일상생활배상책임보험은 실손보험이나 생명보험 등의 보험에 가입한 사람이라면 거의 누구나 가지고 있는 담보야. 워낙 싸거든 1년 동안의 비용이 1,000~2,000원밖에 안 하니까 보험설계사를 통해 가입했다면 너무 당연히 가입되어 있을 거고, 온라인 다이렉트 보험을 직접 가입했더라도 대부분은 가지고 있는 담보야.

김 주임　그 보험 담보를 가지고 있으면 이런 사고도 보험 처리 받을 수 있어요?

골프　그렇지, 그 집이 일상생활배상책임보험을 가지고 있으면 자동차 수리비하고 렌터카 비용을 보험 처리할 수 있어. 물론 약간의 자기부담금은 지불해야 하겠지만.

김 주임　그럼 일상생활배상책임보험 가지고 계신 지 확인해 보라고 해야겠네요.

골프　보험설계사 통해서 가입했으면 그분한테 전화해서 물어보시라고 하면 되고, 다이렉트 보험을 직접 가입하셨다면 보험사 콜센터에 문의하시라고 하면 돼. 그런데 일상생활배상책임보험은 일상생활, 자녀 일상생활, 가족 일상생활으로 나뉘는데 일상생활은 계약자와 배우자만 되고, 자녀일상생활은 자녀만 되고, 가족 일상생활은 8촌 이내의 친척까지 되거든. 그래서 요즘은 가족일상생활배상책임보험으로 가입해. 보장범위가 넓은데 가격은 거의 차이가 없으니까.

배상책임보험의 피보험자의 범위

구분	피보험자 범위
일상배상책임보험	본인, 배우자, 본인과 배우자의 부모, 만 13세 미만의 자녀
자녀배상책임보험	본인, 배우자, 만 30세 미만의 미혼 자녀
가족 일상생활 책임보험	본인, 배우자, 주민등록상 동거친족(8촌내 혈족, 4촌내 인척), 생계를 같이 하는 별거중인 미혼 자녀

김주임 그런데 혹시나 일상생활배상책임보험이라면 자녀는 해당이 안 돼서 보험 처리가 안 된다는 말씀이신 거죠?

골프 그렇지. 그래서 그것까지 정확히 확인해 보시라고 꼭 말씀드려.

김주임 그런데 정말 자녀가 해당이 안 되는 보험이면 어떡하죠?

골프 그때는 협상해서 돈으로 받든지, 김 주임 자동차보험의 자기자동차손해담보로 처리하고 보험사가 구상하도록 해야겠지.

김주임 만약 이 사고도 자차 처리하면 보험료도 오르고 자기부담금도 내야 되는 거예요?

골프 자기 과실이 없는 사고에 대해 자차 처리를 하면 보험료가 오르지는 않지만 1년 동안 유예되고, 자기부담금은 어쩔 수 없이 내야 해. 또 자기부담금은 보험사에서 상대방에게 대신 받아주지 않으니까 피해자가 가해자에게 직접 받아내는 수밖에 없고.

김주임 만약에 그렇게 되면 정말 골치 아프겠네요. 그 가족에게 자녀 또는 가족일상생활책임보험이 있기를 기도해야겠어요.

골프 아마 있을 거야. 워낙 보험료가 싸서 보험에 가입한 사람은 정말 누구나 갖고 있다고 해도 과언이 아닐 정도로 많이들 갖고 계시거든.

김주임 네 지금 빨리 확인해 볼게요.

(한 시간 후)

김주임 확인해 보니까 다행스럽게도 가족일상생활책임보험에 가입되어 있으시대요. 실손보험 가입하실 때 같이 하셨나 봐요.

골프 거 봐. 내가 뭐랬어.

김주임 저도 이런 보험이 있다는 걸 처음 알았는데, 그 부모도 저한테 들어서 처음 아셨대요. 보험설계사한테 들으셨다는데 이런 사고 말고도 아이가 백화점에서 뛰어다니다가 진열된 상품을 깨뜨렸다든지, 자기가 사는 집에서 뭔가를 떨어뜨려 자동차

지붕을 고장내거나 지나가는 사람을 쳤다든지, 혹은 그 사람의 휴대폰을 떨어뜨려 고장 냈다든지, 이렇게 일상생활에서 일어날 수 있는 사고에 대해 거의 다 보험 처리를 해준다고 들으셨대요.

골프　　그것뿐인가. 누수로 아랫집에 피해를 줬을 때도 그렇고 자기가 키우는 강아지가 다른 사람을 물었을 때도 배상해 줘. 물론 고의로 일으킨 사고나 일상생활이 아닌 본인의 업무 중에 일어난 사고 등에 대해서는 보험 처리 안 해주지만.

김주임　　아무튼 국장님 덕분에 한시름 덜었어요. 갑자기 배상금을 깎아 달라고 하니까 정말 당황했었거든요. 제 소중한 차가 다시 새것처럼 태어나길 기도해야죠.

골프　　자, 걱정 끝나셨으면 이제 그만 자리로 돌아가서 업무에 매진하셔야죠.

일상생활배상책임보험에서 보상하는 손해

제3조 (보상하는 손해)

① 회사는 피보험자가 보험증권에 기재된 이 특별약관의 보험기간(이하「보험기간」이라 합니다) 중에 아래에 열거한 사고(이하「사고」라 합니다)로 타인의 신체에 피해를 입혀 법률상의 배상책임(이하「대인 배상책임」이라 합니다)을 부담하거나 타인의 재물의 손해에 대한 법률상의 배상책임(이하「대물 배상책임」이라 합니다)을 부담함으로써 입은 손해(이하「배상책임손해」라 합니다)를 이 특별약관에 따라 보상합니다.

골프바라기의 TIP TIP TIP

TIP　　- 아이가 낸 사고의 경우, 아이의 부모가 자녀배상책임보험 혹은 가족 일상생활책임보험에 가입되어 있는지 확인한다

미성년자 피해자에게는 합의금을 조금밖에 못 준대요

문의자 얼마 전에 가족들이 사고를 크게 당해서 뭐 좀 여쭈어봐도 될까요?

골프 네, 안녕하세요. 그럼요. 어떤 문의세요?

문의자 한 달 전에 제가 약속이 있어서 저희 친정아버지에게 애들 학원 픽업을 부탁드렸거든요. 초등학생 둘째 아들을 축구교실에서 태워서 중간에 중학생 첫째 딸 영어학원에 데려다 주고 있는데, 졸음운전 하던 승합차 운전자가 브레이크 없이 그대로 후방을 때려 박아서 문 열면서 내리고 있던 저희 딸은 무릎이 골절되고 아버지랑 아들도 좀 다쳤어요.

골프 따님은 무릎 골절된 게 전부인가요?

문의자 차가 뒤를 받쳐서 밀리는 바람에 앞 차까지 박아서 전손처리되었는데, 차 부서진 거에 비하면 다행히도 무릎 골절된 거 빼고는 찰과상 정도밖에 없어요. 아버지랑 아들은 차 안에 있어서인지 크게 다친 게 없어서 둘 다 2주 진단 나왔고요.

골프 정말 큰일 날 뻔하셨네요.

문의자 블랙박스 영상 보고 기절하는 줄 알았다니까요. 그만하길 천만다행이죠. 그런데 국장님. 예전에 국장님이 대인 합의 처리해 주셨을 때 전치 2주 나와서 입원 3일 정도 하고 350만 원 받아주셨잖아요. 이번에는 왜 상대측 대인 보상과 담당자가 100만 원도 못 준다고 하는 걸까요? 저희 딸은 아직 합의 안 한다고 했고요.

골프 아드님이요? 아버님이요?

문의자 둘 다요. 제가 너무 어이가 없어서 그냥 계속 병원 다닌다고 하고 끊었거든요.

골프   혹시 아버님 연세가 어떻게 되세요?

문의자   올해 일흔 되셨어요.

골프   아직 일하세요?

문의자   작년까지 아파트 경비원 하시다가 올해 들어서 그만두시고 지금은 집에서 쉬고 계세요.

골프   일을 해서 돈을 벌 수 있을 것으로 인정되는 법적 한계 연령을 가동 연한이라고 하는데, 대법원에서 2019년 2월에 65세로 정했거든요. 그래서 65세가 넘으신 분들은 실제로 경제활동을 하셔서 근로 소득이 있으셔야 교통사고로 인해 병원치료를 받느라고 일을 못해서 생긴 휴업손해를 배상받으실 수 있는데, 아버님은 연세도 65세가 넘으시고 근로소득도 없으시니까 보험사에서 대인 합의금에 휴업손해를 인정하지 않고 위자료와 향후 치료비만 책정하다 보니 그 정도 금액만 제시한 걸 거예요. 아드님은 초등학생이니까 아역배우가 아닌 이상 그 나이에 근로소득을 받지는 않을 거고요. 아마 처음에는 그것보다 더 적은 돈을 불렀을 거 같은데요.

문의자   맞아요. 처음에는 초기 보상팀이라는 데서 50만 원씩 말하더니, 병원 더 다닌다 하니까 지역 담당자라는 사람한테 자기로 담당자가 바뀌었다고 전화 와서 98만 원에 합의하면 안 되겠냐고 하더라고요. 그것도 원래 안 되는 금액인데 사고가 크게 났으니 사고 규모를 감안해서 그 정도 주는 거라고 생색내듯 말하던데요. 그런데 제가 100만 원이면 100만 원이고 90만 원이면 90만 원이지 98만 원은 뭐냐고 하니까 자기는 100만 원 주고 싶은데 상사 눈치 보여서 배상금을 세 자릿수보다 두 자릿수로 맞추는 거라고 하더라고요.

골프   아까 말씀드린 대로 아버님이나 아드님이나 근로소득이 없으셔서 휴업손해금이 책정이 안 되어 그 정도 금액을 제시한 거고요. 향후 치료비, 위자료, 통원치료교통비는 애나 어른이나 똑같으니까 아버님하고 아드님 합의금도 동일 금액으로 맞췄을 거예요. 그 사람 말대로 사고 규모를 감안해서 100만 원 정도면 휴업손해 없는 2주 진단에 대한 합의금치고는 적게 부른 건 아니에요. 그런데 지금 아드님하고 아버님 몸 상태는 좀 어떠세요?

문의자   둘 다 괜찮은가 봐요. 아버지도 병원 가는 거 귀찮다고 하시고, 아들은 더 가기 싫어하고요.

골프   대인 보상과 담당자도 치료 기록 보면서 입원 안 했다는 것도 알고, 통원 치료를 자주 안 간다는 것도 아니까 더군다나 합의금을 그 정도로만 제시하는 걸 텐데요. 저번 사고 때도 말씀드렸다시피 병원을 오래 다니시는 것이 완벽한 치료뿐 아니라 합의금을 많이 받기 위해서도 유리한데, 두 분 모두 병원 가는 걸 싫어하시니 사모님께서 좀 더 다니실 수 있게 하셔서 150만 원 정도까지 올리시든지, 아니면 110만 원 주면 합의하겠다고 하시든지 두 가지 방법밖에 없는 상황이에요.

문의자   그 이유가 많이 안 다쳐서도 그렇지만 휴업손해가 인정이 안 되기 때문이라는 거죠?

골프   맞습니다. 소송을 해도 판사가 인정해 주지 않아요.

문의자   그럼 병원을 더 가게 하는 수밖에 없겠네요.

골프   하나 팁을 드리자면 아무래도 아버님이 아드님보다는 병원을 자주 가실 확률이 높고 통상적으로 대인 담당자들도 그렇게 인식하고 있어요. 대인 담당자가 합의금을 높여서라도 합의하려는 이유가 피해자가 병원을 계속 다닐 거 같으면 치료비가 계속 청구되니까 그런 건데요. 일단 아버님을 병원에 더 다니시도록 하시고 아버님의 대인 합의금을 150만 원 선에서 합의하세요. 그리고 그동안 아드님이 병원을 안 갔더라도 아버님이 150만 원 받았으니까, 아들도 똑같이 150만 원 달라고 하세요. 대인 담당자에게 지급기준이 같다고 사모님에게 설명하지 않았느냐고 하시면서요. 그럼 마지못해서라도 해줄 가능성이 높습니다. 병원 가기 싫다는 초등학생 아이를 병원 보내는 것이 워낙 힘드니까요.

문의자   아버님이 제 말을 잘 들으실지 모르겠지만 일단 말씀을 드려봐야겠네요. 합의금을 떠나서 저는 정말 몸이 괜찮으셔서 그러시는 건지, 아니면 병원 다니시기가 귀찮아서 그러신 건지를 모르겠어요. 차가 그렇게 파손되었는데 몸이 괜찮다는 것이 도무지 이해가 안 되거든요. 애도 아니고 참. 걱정되네요. 아들이야 어린애니까 빨리 회복될 수 있다고 쳐도요. 그나저나 우리 딸애는 어떡하죠?

골프 따님은 무릎 골절된 거 외에 찰과상을 입었다고 하셨는데 얼굴이나 그런데 다친 곳은 없어요?

문의자 손바닥하고 팔꿈치만 까졌어요.

골프 아무리 손바닥하고 팔꿈치라고 해도 흉터 안 남도록 피부과에서 흉터 제거까지 꼭 받게 하세요. 그리고 담당 의사에게 성장판에 이상이 있을 가능성이 있는지 꼭 확인해 보시고요. 의사가 100% 확실하게 절대 이상이 없다고 하지 않는 이상 따님이 성인이 돼서 성장이 완전히 멈출 때까지 절대 합의하시면 안 돼요. 여기에는 두 가지 이유가 있는데요. 만약에 성장판에 이상이 있어서 다친 다리가 저성장이나 과성장이 되어서 다치지 않은 다리의 길이와 다르다면 큰일이거든요. 그때는 짧은 쪽 다리의 길이를 늘여주는 일리자로프 같은 고비용의 치료를 받아야 하고, 또 다리의 길이가 0.5인치 차이나면 4%, 1인치 차이나면 12%의 장해율이 인정돼요. 12%의 영구장해가 나오면 1억 원 이상의 배상금이 나오거든요. 또 성인이 되기 전에 합의 또는 소송하는 것과 성인이 되고 나서 하는 것은 소득 산정율 때문에 배상금이 차이가 많이 나거든요. 이 두 가지 이유 때문에 만약에 성장판에 문제가 생기면 당장 합의하지 마시고 꼭 성인이 될 때까지 지켜보시고 나서 합의를 하시든 소송을 하시든 하셔야 해요.

문의자 그렇군요. 안 그래도 한창 크는 애 뼈가 부러졌는데, 꼭 그걸 챙겨야겠네요. 모르는 거 생기면 또 전화드려도 되죠?

골프 그럼요. 얼마든지요.

골프바라기의 TIP TIP TIP

TIP
- 피해자가 입원 및 통원 치료를 하지 않으면 휴업손해가 인정되지 않을 수 있다
- 성장 중인 아이의 경우 성장판 이상 가능성을 담당의에게 확인받고, 성인이 되기 전에 합의하지 않는 것이 안전하다

떼빙하는 차들을 따라간 것도 처벌받나요

문의자　제가 몇 주 전에 퇴근하고 제 차 타고 운전해서 집에 가다가 BMW M3 여러 대가 떼빙 하고 있는 걸 봤어요. M3가 제 드림 카인 데다가 여러 대가 일렬로 가니까 신기하기도 하고 엄청 멋있더라고요. 그런데 그 차들이 가는 길이 집 가는 길이었는지 계속 저랑 같은 길로 가더라고요. 그래서 저도 그 행렬 맨 뒤에 붙어서 같이 갔거든요.

골프　왜 따라가셨어요?

문의자　어차피 집으로 가는 길이었기도 하고, 그냥 저도 모르게 같이 따라가고 싶었어요. 그런데 도시고속도로로 접어들자 그 차들이 칼치기 하면서 과속으로 달리더라고요. 제 차는 그 정도로 빠르지도 않고 제가 그렇게 운전하는 게 무섭기도 해서 저는 그 차들이 그렇게 운전할 때부터는 같이 달리지 않았거든요.

골프　조금 따라가다가 떼빙 하는 차들이 과속으로 칼치기 할 때부터는 행렬에서 자연스럽게 이탈되었다는 거죠?

문의자　네, 맞아요. 그런데 어제 경찰서로 오라는 우편물이 집으로 왔어요. 공동 위험행위 금지 위반으로 조사를 받아야 한다고 하더라고요. 그래서 인터넷으로 이것에 대해서 검색하다가 골프바라기님을 알게 되어서 연락드리게 되었어요.

골프　검색을 해보셨다니 공동 위험행위가 뭔지는 아실 테고 경찰서에서 조사받으러 오라는 것 때문에 전화를 주신 거군요.

문의자　네, 맞아요. 공동 위험행위라는 것이 2대 이상 떼빙 하면서 다른 차들을 위험하게 하면 안 된다는 거잖아요? 저는 그 M3 운전자들이랑 아는 사이가 아닐뿐더러 잠깐 뒤를 따라간 건데 제가 그 차들이랑 같이 떼빙을 한 게 되는 건가요?

골프   혹시 얼마나 따라가셨어요?

문의자   글쎄요. 한 5분 정도요. 거리상으로는 대략 2~3킬로미터 정도 될 거예요.

골프   그 정도를 계속 뒤따라가신 거예요?

문의자   네. 평소에 너무 좋아하던 차라 왠지 저도 그 차들하고 같이 달리는 기분이 들어서 계속 따라갔어요.

골프   경찰이 단속을 해서 카메라로 떼빙한 것을 촬영했을 수도 있고 CCTV를 보고 분석했을 수도 있지만 그 정도 따라가신 것이 입증되면 집단 대열운전 속칭 떼빙을 한 것으로 간주되죠.

문의자   그럼 저는 처벌을 피할 수 없는 건가요?

골프   떼빙을 했다고 해서 무조건 처벌을 받는 것은 아니고요, 떼빙으로 인해서 다른 사람에게 위해를 끼치거나 교통상의 위험을 발생하게 해야 처벌을 받는 거예요. 그 무리를 따라가는 동안에 과속이라든지 신호위반, 무단 차선 변경 같은 위법 행위를 전혀 하지 않으셨나요?

문의자   제 기억엔 전혀 없어요.

골프   혹시 블랙박스에 따라가던 장면이 녹화가 되었을까요?

문의자   안 그래도 찾아봤는데 드문드문 녹화되어 있더라고요. 영상에는 물론 제가 그런 위법 행위를 한 것은 없고요.

골프   본인이 그런 행위를 하지 않았더라도 그 차들의 행렬을 따라가는 동안에 앞 차가 위법 행위를 했다면 같이 처벌받을 가능성도 있어요.

문의자   제가 직접 그런 운전을 하지 않았는데도 따라갔다는 이유만으로 처벌을 받는다고요?

골프   네 맞아요. 군용차량이나 국가 원수 차량 등 특수한 경우를 제외하고는 집단으로 행렬을 이루어서 운행하는 것을 엄격하게 금지하고 있어요. 1990년대에 폭주족들이 급격하게 늘어나면서 1960년대에 일본에서 만들어진 법을 참고해서 만든 건데요. 아무런 위험행위를 하지 않더라도 차량이 줄지어서 가는 것만으로 다른 운전자들의 시선을 뺏는다든지 교통의 흐름을 방해하는 등의 결과를 초래해서 교통사고를 유발할 가능성이 높기 때문이에요. 직접적인 교통사고를 유발하는 난폭운전 보다 더 처벌 수위가 높은 것도 이 때문이고요.

문의자   그럼 수학여행 버스나 장의 버스는 도로에서 줄지어 가는 경우가 많은데, 그것도

공동 위험행위의 금지

도로교통법 제46조

① 자동차등(개인형 이동장치는 제외한다. 이하 이 조에서 같다)의 운전자는 도로에서 2명 이상이
공동으로 2대 이상의 자동차등을 정당한 사유 없이 앞뒤로 또는 좌우로 줄지어 통행하면서
다른 사람에게 위해를 끼치거나 교통상의 위험을 발생하게 하여서는 아니 된다.
② 자동차등의 동승자는 제1항에 따른 공동 위험행위를 주도하여서는 아니 된다.

도로교통법 제46조

다음 각 호의 어느 하나에 해당하는 사람은 2년 이하의 징역이나 500만원 이하의 벌금에 처한다.
1. 제46조제1항 또는 제2항을 위반하여 공동 위험행위를 하거나 주도한 사람

집단대열운전 금지의 예외

도로교통법시행령 제7조

(차도를 통행할 수 있는 사람 또는 행렬) 법 제9조제1항 전단에서 "대통령령으로 정하는 사람이나
행렬"이란 다음 각 호의 어느 하나에 해당하는 사람이나 행렬을 말한다.

   1. 말 · 소 등의 큰 동물을 몰고 가는 사람
   2. 사다리, 목재, 그 밖에 보행자의 통행에 지장을 줄 우려가 있는 물건을 운반 중인 사람
   3. 도로에서 청소나 보수 등의 작업을 하고 있는 사람
   4. 군부대나 그 밖에 이에 준하는 단체의 행렬
   5. 기(旗) 또는 현수막 등을 휴대한 행렬
   6. 장의(葬儀) 행렬

다 불법인가요?

골프　엄밀히 말하면 공동 위험행위에 포함되죠. 장의 버스는 예외고요.

문의자　그렇군요. 아무튼 전 꼼짝없이 처벌받는다는 말씀이죠?

골프　그럴 가능성이 높아요. 물론 직접적으로 교통법규를 위반하지는 않으셨기 때문에 처벌 수위가 높진 않겠지만요. 경찰서에 가서 조사를 받으실 때 따라가는 동안 교통법규를 위반하지 않으셨다는 것을 적극적으로 강조하시고, 단순 호기심에 잠깐 따라갔다는 것과 이전에 동종 사건으로 처벌받은 적이 없다는 것을 꼭 말씀하세요. 그리

　교통사고 자력구제

고 다시는 그러지 않겠다는 내용의 반성문도 제출하시면 좋고요.

문의자 괜히 따라갔다가 이런 일을 자초했네요.

골프 그래도 아무런 사고가 나지 않으신 것을 다행으로 여기시고, 그렇게 운전하시는 것이 불법이라는 것을 몸소 알게 되어서 앞으로는 그렇게 운전 안 하시는 계기가 된 것으로 위안을 삼으셔야죠.

문의자 네, 그렇게라도 생각을 해야겠네요. 하지만 정말 억울한 것은 어쩔 수 없어요. 다 제 잘못이긴 하지만요. 상담해 주셔서 너무 감사합니다.

난폭운전 금지

도로교통법 제46조3

자동차등(개인형 이동장치는 제외한다)의 운전자는 다음 각 호 중 둘 이상의 행위를 연달아 하거나, 하나의 행위를 지속 또는 반복하여 다른 사람에게 위협 또는 위해를 가하거나 교통상의 위험을 발생하게 하여서는 아니 된다.

    1. 제5조에 따른 신호 또는 지시 위반

    2. 제13조제3항에 따른 중앙선 침범

    3. 제17조제3항에 따른 속도의 위반

    4. 제18조제1항에 따른 횡단 · 유턴 · 후진 금지 위반

    5. 제19조에 따른 안전거리 미확보, 진로변경 금지 위반, 급제동 금지 위반

    6. 제21조제1항 · 제3항 및 제4항에 따른 앞지르기 방법 또는 앞지르기의 방해금지 위반

    7. 제49조제1항제8호에 따른 정당한 사유 없는 소음 발생

    8. 제60조제2항에 따른 고속도로에서의 앞지르기 방법 위반

    9. 제62조에 따른 고속도로등에서의 횡단 · 유턴 · 후진 금지 위반

도로교통법 제151조의2

다음 각 호의 어느 하나에 해당하는 사람은 1년 이하의 징역이나 500만원 이하의 벌금에 처한다.

    1. 제46조의3을 위반하여 자동차등을 난폭운전한 사람

골프바라기의 TIP TIP TIP

TIP - 교통법규를 위반하지 않더라도 무리 지어 운전 중 무리에 속한 차의 위반이 발견될 경우 공동 과실이 있다고 간주된다

PART 08

피할 수 없는 소송,
제대로 보상받자

셀프 협의 v.s. 손해사정사 v.s. 변호사

유튜버　안녕하세요 구독자 님들! 오늘은 교통사고 보상 컨설턴트 권영록 사무국장님을 모시고 교통사고를 당했을 때 가장 많은 보상을 받으려면 누구에게 맡겨야 되는지, 컨설팅 받아보는 시간을 갖겠습니다. 안녕하세요 국장님.

골프　네, 안녕하세요. 교통사고 보상 컨설턴트로 일하고 있는 골프바라기입니다.

유튜버　저는 뵐 때마다 골프바라기님이라고 부르다가 오늘 법률사무소의 사무국장님으로 소개하려니까 좀 어색하기도 한데요. 자동차 동호회 네이버 카페에서는 '골프바라기'라는 닉네임으로 더 유명하시잖아요.

골프　제가 폭스바겐의 골프라는 자동차의 팬이라서 닉네임을 그렇게 지었는데요. 처음 들으시는 분들은 골프 치는 걸 좋아해서 골프바라기인 줄 아시는 분들도 계시더라고요.

유튜버　사실 저도 처음에는 그런 줄 알았어요. 오늘 국장님과 얘기 나눌 주제가 구독자님들이 댓글로 많이 물어보신 건데요. 교통사고가 났을 때, 셀프로 처리할지, 손해사정사에게 의뢰할지, 변호사에게 의뢰할지, 어떻게 처리해야 가장 효율적인가 하는 겁니다. 먼저 결론부터 빨리 말씀해 주시죠. 저도 너무 궁금해요.

골프　결론부터 말씀드리자면 답이 없습니다.

유튜버　답이 없다고요?

골프　'케이스 바이 케이스'입니다. 교통사고 합의금, 정확히는 배상금인데요. 케이스에 따라 결과가 달라지기 때문에 오늘 영상을 끝까지 시청하셔야 확실히 알고 가실 수 있습니다.

유튜버　국장님이 유튜버 하셔도 되겠어요. 지금 저희 구독자님들하고 밀당을 하고 계신데요. 방송을 좀 아시네요. 하하.

골프　그런가요. 하하. 왜 '케바케'라고 말씀드렸냐면, 셀프로 하시든, 손해사정사나 변호사를 고용하시든 결국 최종적인 목적은 가장 많은 돈을 받는 것이잖아요. 자 김밥집을 가정해 보죠. 한 줄에 3000원짜리 김밥 100줄을 팔고 받은 돈을 계산해 보면 김밥집 주인 손에는 얼마가 쥐어져있을까요?

유튜버　30만 원이겠죠.

골프　그런데 그 30만 원이 전부 순이익인가요?

유튜버　아니죠. 재료비나 임대료 등을 공제하고 남는 돈이 순이익이겠죠.

골프　맞습니다. 구독자님들이 받으시는 배상금도 그렇습니다. 배상금을 받는 과정에서 지불하신 비용이 있기 때문에 이 돈을 빼고 생각하셔야 해요.

유튜버　그렇겠네요. 손해사정사나 변호사의 수임료가 있을 테니까요.

골프　그 비용이 사실 가장 크고요. 병원에서 진단서를 발부받는다든지, 수리업체에서 견적서를 받을 때도 비용이 들고, 소송을 하는 과정에서도 송달료, 감정료 등이 소요되죠. 특히 저는 일을 처리하는 정신적인 스트레스도 비용으로 계산해야 한다고 생각합니다.

유튜버　그런 비용까지 계산해서 어떤 선택을 할지 결정하려면 전반적인 과정을 다 알아야 할 텐데 우리 구독자님들은 어디서 그런 정보를 얻을 수 있나요?

골프　우선 저 같은 교통사고 보상 컨설턴트에게 상담을 받아보실 수 있고요, 아니면 손해사정사나 변호사와 상담하셔서 직접 비교해 보실 수도 있죠.

유튜버　여기서 광고 들어가시나요? 하하하. 저도 예전에 국장님에게 크게 도움받은 적 있으니까요. 그때 역시 '약은 약사에게 보상은 골프바라기님에게'라고 느꼈었죠. 그런데 국장님! 스트레스까지 비용으로 계산해야 한다고 하셨는데요. 정확히 와닿지는 않네요.

골프　만약에 보험사에서 대인 합의금으로 100만 원까지 밖에 못 준다는 거 보상담당자와 열심히 싸워서 150만 원까지 받아 냈다고 가정하면, 스트레스 비용은 50만 원인 거죠. 본인이 스트레스 받아 가며 높은 금액이 스트레스 비용인 것입니다. 자, 그럼 이렇게 생각해 보세요. 예전에, 방금 말씀드린 상황과 같은 경험이 있는 사람이 교통사고를 당했어요. 신호 대기로 정차해있는데 뒤차가 살짝 후방 추돌을 해서 뒤 범퍼에 스크래치가 나는 정도의 충격이었어요. 대인 보험 접수해서 병원 가니까 의사가 가벼운 타박상 정도라고 하면서 2주 염좌의 진단서를 발부해 줬어요. 이 정도 상해로는 입원도 못 시켜준다고 하고 피해자도 회사일 때문에 어차피 입원은 못 할 상황이었어요. 가장 많이 일어나는 교통사고의 유형이죠. 이런 상황에서의 합의금은 얼마가 적당할까요? 합의금은 위자료, 휴업손해금, 향후 치료비 그리고 간접손해금으로 구성되어 있는데 치료로 인해 직장에서 급여가 삭감된 것이 없으니까 소송을 해도 판사가 휴업손해금은 인정을 안 해주고요, 2주 염좌 진단이면 상해급수 12급이고 위자료는 보험사에서는 15만 원, 법원에서는 50~100만 원 정도에요. 향후 치료비는 몇 십만 원 정도고, 간접손해금으로는 통원치료받으러 갈 때마다 회당 교통비 8,000원이 책정되죠. 피해자가 몇 날 며칠 책이나 인터넷으로 열심히 공부해서 소송을 한다 해도 150만 원 이상 받기는 힘든 상황이죠. 이럴 때는 사실 보상담당자를 괴롭혀서 150만 원 정도를 받는 것이 현실적인 베스트예요. 물론 계속 병원 다니면서 합의금 올려달라고 조르면 많게는 250만 원까지도 가능하기는 한데, 아프지도 않은데 직장 다니는 사람이 일부러 병원 다니는 것도 참 곤욕이거든요. 제가 농담처럼 보상담당자를 괴롭힌다는 표현을 썼지만, 별다른 법적인 논리가 필요한 것도 아니고, 예전에 나 이만큼 받았었다, 내지는 내 지인은 이만큼 받았는데 솔직히 나도 이 정도는 받고 싶다, 부탁 조로 점잖게 얘기하면 수용하는 보상담당자들이 의외로 많습니다.

유튜버 그렇군요. 무작정 생떼 부리고 징징거리고 민원 넣고 하는 것보다는 인간적으로 다가가는 것이 합의금 협상에 더 유리한 방식이라는 말씀이죠?

골프 보상담당자들도 사람이니까요. 그리고 합의금으로 150만 원에 협상을 했다고 하면 보상담당자들이 1~2만 원 빼서 148~9만 원에 하자고 할 거예요. 본인들 실적 때문이거나 상급자에게 눈치 보여서 그런 것인데요. 그 정도 양보해서 합의하시면 됩니다.

유튜버 국장님! 정리하자면 경미한 접촉사고는 보통 보험사에서 100만 원 정도로 제시를 하는데 소위 진상을 부리면 200만 원 이상도 가능하지만, 그건 스트레스도 크고 시간도 너무 오래 걸리니까 150만 원 정도에서 셀프로 하는 것이 좋다는 것이죠? 거기서 전문가를 고용해서 수임료를 빼면 그만큼 내가 가져가는 돈이 줄어드니까.

골프 맞습니다. 그렇게 하시면 되고요. 그런데 저희 법률사무소도 그렇습니다만 아주 저렴한 금액으로 소액 사건의 합의 대행 법률서비스를 해주는 곳이 늘어나고 있어요.

유튜버 아주 저렴한 금액이라면 얼마를 말씀하시는 거죠?

골프 20~30만 원 정도의 수임료를 받고 대인 합의를 대행해주는 법률사무소가 생겨나고 있습니다. 로스쿨을 통해 많은 변호사가 배출되다 보니 자유시장경쟁 체제에서 자연스럽게 나타나는 현상 같아요.

유튜버 그러게요. 저는 변호사는 무조건 몇 백만 원씩 받는 줄 알았거든요. 그럼 예를 들어 법률사무소에 20만 원 내고 170만 원 이상만 받으면 이득이네요. 아까 말씀하셨던 스트레스 비용도 안 들어가니까요.

골프 그렇죠. 본인이 스트레스 다 받아가면서 150만 원 받는 거에 비해 법률사무소에 20만 원 주고 신경을 아예 끈 다음 며칠 있다가 170만 원만 받아도 이익이라고 할 수 있죠. 대부분은 그 금액보다는 약간 더 받아주지만요.

유튜버 정리하자면 본인 과실이 없는 경미한 교통사고는 150만 원 선에서 셀프로 하거나 20~30만 원 정도의 수임료를 주고 170~180만 원 정도 받거나 하는 것이 베스트다. 맞죠?

골프 네, 그렇습니다.

유튜버 자, 그러면 이 정도 사고부터는 셀프로 하는 것보다는 무조건 손해사정사나 변호사 같은 전문가를 고용하는 것이 좋다. 어느 정도의 사고일까요? 포털사이트나 유튜브에 검색해 보면 이런저런 병명을 언급하면서 이런 사고를 당하면 변호사를 고용해라, 저런 사고를 당하면 손해사정사를 고용하라고 하던데 그 병명을 일일이 외울 수도 없고 단어도 생소해서 어렵더라고요.

골프 주로 골절, 추간판 탈출, 인대 파열 등 최소 6주 이상의 치료를 요하는 부상을 입었을 때부터인데, 말씀하신 것처럼 그 경우의 수를 일일이 기억하기 힘들죠. 그러니까 앞서 말씀드린 순수익의 개념만 생각하시면 됩니다. 받으실 배상금에서 전문가의 수임료를 공제한 금액이 본인이 스트레스 받아 가며 보험사의 제시 금액 보다 상향시킨 금액을 초과하는 경우가 됩니다.

유튜버   예를 들어주세요.

골프   보험사로부터 500만 원을 제시받으면 우선 하셔야 할 일이 더 달라고 열심히 조르시는 겁니다.

유튜버   어떤 근거를 대면서 더 달라고 해야 할까요?

골프   당연히 법적인 근거 같은 것들은 잘 모르시겠죠. 그래서 제가 조른다는 표현을 쓴 겁니다. 현실적으로 법적인 근거를 모르시니까 전문가를 고용하시는 거고요.

유튜버   그렇네요. 저도 예전에 보험사의 보상과 직원이 합의금 100만 원 준다고 했을 때 120만 원 주면 합의한다고 했었는데, 아마 구독자분들도 대부분 그렇게 하실 테고, 생각해보니 국장님 말씀대로 그냥 조르는 거네요. 하하.

골프   네. 그렇게 조르셔서 600만 원으로 상향이 됐다고 해보죠. 그다음에 네이버 검색이나 지인들을 통해서 손해사정사나 변호사 각 3명 정도에게 상담을 받아보세요. 5~7명의 전문가에게 전화로 상담받는데 총 1시간 정도 걸릴 겁니다.

유튜버   그럼 어느 정도 배상금을 받을 수 있는지와 얼마큼의 수임료를 내야 하는지를 알 수 있겠네요.

골프   그렇죠. 상담을 통해 알게 된 배상금과 수임료의 평균값을 구하신 다음 배상금의 평균값에서 수임료의 평균값을 빼보세요. 그렇게 도출된 금액이 600만 원을 넘으면 맡기시고 안 넘으면 셀프로 하시는 거죠.

유튜버   말씀하신 방식대로라면 600만 원만 받아도 이득이겠는데요. 자기가 열심히 싸워서 600만 원 받으니 전문가에게 맡겨 놓고 본인은 아무것도 안 하고 600만 원 받는 거니까요.

골프   그런 경우는 본인이 직접 보험사와 협의 보기 전에 즉 스트레스 비용이 발생되기 전에 맡겼을 때 성립하죠. 보험사와 교통사고 대인 합의금 한두 번 협의해보신 분들은 그것이 얼마나 스트레스 받는 일인지 아니까 본인이 아무것도 안 하고 전문가에게 맡기면 본인이 싸워서 받을 수 있는 금액하고 같기만 하더라도 의뢰하시는 분들도 있죠. 하지만 전문가에게 맡기면 대부분은 그 금액보다는 많이 받으실 거예요.

유튜버 그렇네요. 치료는 병원에서 의사가 해주는 거고, 손해사정사나 변호사에게는 돈을 많이 받아주는 것만 요구하면 되는 거니까 결국 셀프로 하느냐 전문가에게 의뢰하느냐를 결정짓는 포인트는 어떤 상해를 입었느냐가 아니고 어느 경우에 돈을 제일 많이 받을 수 있느냐로 귀결되는군요. 국장님이 하시는 일이 그런 일을 컨설팅해 주시는 거잖아요.

골프 그래서 제가 교통사고 보상 컨설턴트인거죠.

유튜버 그럼 교통사고 보상 컨설턴트로서 상담하실 때 손해사정사와 변호사 중에서 누굴 추천하시나요?

골프 그 역시 순수익의 개념을 바탕으로 컨설팅을 해드리는데요. 다만 이 경우에는 배상금, 전문가 수임료, 스트레스 비용 외에 하나가 더 추가됩니다. 저는 기다림의 비용이라는 용어로 설명합니다.

유튜버 누구를 기다리는 걸까요?

골프 바로 돈을 기다리는 겁니다. 피해자에게 배상금이 지불되기까지의 기간인데요.

유튜버 저는 저번에 보상과 직원하고 120만 원에 합의하니까 그다음 날 바로 입금되던데요.

골프 제가 질문 하나 드릴게요. 내일 바로 120만 원 받을 수 있는 상황에서 한 달 뒤에 10만 원 더 준대요. 그럼 한 달 뒤에 130만 원 받으실래요?

유튜버 10만 원 차이면 그냥 내일 받고 말래요. 한 달 동안 괜히 신경 쓰느니 내일 받고 잊어버리고 말래요.

골프 그럼 150만 원을 준다고 하면요?

유튜버 그 정도면 기다릴 만하죠.

골프 10만 원 더 드린다고 했을 때는 기다리느니 안 받고 말지만, 30만 원이 더 생길 때는 좀 고민되시죠? 바로 이 20만 원이 제가 말씀드린 기다림의 비용입니다. 이건 그냥 제가 상담할 때 쓰는, 개인적으로 부르는 용어입니다. 이 말씀을 왜 드리느냐면 손해사정사는 말 그대로 손해를 사정하는, 즉 제대로 된 손해를 책정하는 일을 하는 사람입니다. 보험사와 배상금에 대해서 구두로 협의를 한다든지, 피해자를 대신하여 소송을 한다든지 하는 업무를 할 수 없어요.

유튜버 제가 아는 분은 손해사정사에게 맡겼더니 그분이 보험사와 통화로 협상하셔서 처리하셨다고 하던데요.

골프 물론 하시는 분들도 계시겠지만 변호사법에 저촉되어 무거운 처벌을 받습니다.

유튜버 그럼 그렇게 하시는 분들은 뭐죠?

골프 보상 담당자들도 대부분의 경우에 피해자보다는 전문가들하고 협상하는 것이 편하기도 하고요. 한 마디로 말 통하는 사람들끼리 얘기하는 게 쉽다는 거죠. 또 많은 손해사정사들이 보상 담당자 출신이기도 해서 동종 업계의 선후배들이니까 서로 크게 싸움거리를 만들지 않는 이상 보험사에서 변호사법 위반으로 고소 고발을 하지는 않죠.

유튜버 어쨌든 법적으로는 손해사정사가 피해자를 대신하여 보험사와 구두로 협의하는 것은 불법이라는 거네요?

골프 그런데 그 손해사정사가 변호사에게 고용되어서 변호사의 업무지시를 받고 보험사와 구두로 협의하는 것은 불법이 아니에요. 변호사에게 고용되어서 변호사협회에 법률사무원으로 등록이 되면 손해사정사가 아닌 법률사무원도 변호사의 관리감독 하에 보험사와 구두로 협의를 할 수 있죠. 변호사에 고용되지 않은 손해사정사가 보험사와 구두로 협의를 하는 것은 변호사법 위반입니다. 정확히는 구두로 협의를 하고 그 수고비를 받으면 변호사법 위반이죠. 수고비를 안 받으면 불법은 아니지만, 공짜로 일을 해주는 손해사정사를 찾으실 수는 없을 테니까요. 이야기가 좀 다른 방향으로 흘러갔는데요, 손해사정사들은 실무적인 감각이 뛰어나기 때문에 숨어있는 배상금을 잘 찾아내서 손해사정서를 작성하고요, 보험사도 그러한 손해사정서가 들어오면 대부분 그대로 배상금을 지급하는 경우가 많습니다.

유튜버 숨어있는 배상금이요?

골프 한 마디로 교통사고 경험이 별로 없는 일반 피해자들이 잘 모르는 배상금인 거죠. 지연이자라든지, 입원 시 식대라든지 등등요. 보험사에서 피해자에게 지급하지 않아도 피해자가 몰라서 항의를 안 하거나 추후 감사를 받을 때도 크게 문제가 되지 않는 항목들입니다. 보험사에서는 손해사정사가 찾아낸 이런 항목들이 기재된 손해사정서를 받으면 지급하지 않을 수가 없죠. 왜냐면 서류로 남아있는 것은 나중에 감사를 받을 때 문제가 되기 때문이에요. 또 손해사정사들이 아무래도 실무적인 상황에 밝으니까 지급 기준을 상향시키는 근거도 잘 알고 있거든요. 이러한 방법으로 배상금을 높이는 거죠. 그리고 보상담당자들 입장에서도 근거 있는 서류가 들어오니까 상부에 결재받기도 편하고요. 손해사정사가 제출한 서류가 한 편으로는 보상과 직원들이 일을 편하게 하도록 도와주는 상황을 만들곤 하니까 보상과 직원들이 말 통하는 사람, 즉 업계 사정과 실무 상황을 잘 아는 전문가들하고 협상하는 것을 더 편해하는 거죠.

유튜버   같은 밥상에서 밥 먹던 사이라는 말씀이시군요.

골프   다 그런 건 아니지만요. 그런데 손해사정사가 아무리 금액을 높여도 지급 기준은 대부분 보험사의 지침을 따라요. 그러니까 보험사도 수긍하는 거고요. 여기에 한계점이 있습니다. 자동차 손해배상보장법을 따르는 법원의 판결금에는 한참 못 미치는 경우가 많죠. 그래서 평균적으로 보면 손해사정사들은 보험사 제시 금액의 120~140%의 금액을 받게 해주고 받은 금액의 7~15%의 수임료를 가져갑니다.

유튜버   그래도 셀프로 하는 것보다는 많네요.

골프   그러니까 맡기는 거죠. 그리고 시간도 얼마 안 걸려요. 길어야 몇 주 정도에요. 자 그런데 같은 사건을 변호사에게 맡기면 어떻게 되느냐. 배상금을 적게는 2배에서 정말 많게는 10배 이상도 받을 수 있지만, 기간이 최소 6개월 이상 걸립니다.

유튜버   최소 6개월이요? 그럼 길면 어느 정도에요? 1년이 넘을 수도 있나요?

골프   2년이 넘을 수도 있습니다. 물론 특별한 경우이지만요. 평균적으로 10개월은 잡아야 합니다. 그래서 제가 기다림의 비용을 말씀드린 건데요. 셀프로 하면 500만 원 받을 거 손해사정사에게 100만 원 주시고 800만 원 받는 게 낫겠죠? 그런데 변호사에게 300만 원 주시면 1200만 원 받을 수 있지만 10개월 기다려야 한대요. 손해사정사를 통해서 받는 것보다 200만 원 더 받을 수 있지만 10개월을 기다려야 한대요. 당장 배상금을 받아야 할 형편에 놓여있는 피해자라면 10개월을 기다리느니 200만 원을 덜 받더라도 손해사정사에게 맡기는 것이 낫겠죠.

유튜버   200만 원을 더 받을 수 있다면 기다릴 거 같아요. 저 같으면.

골프   당장 돈이 필요하지 않은 사람이라면 그러실 테고요. 기다림의 시간과 기다려서 얻어지는 돈을 따져 보시고 각자의 상황에 맞게 판단하시는 거죠.

유튜버   변호사를 선임하는 게 손해사정사를 통하는 것보다 배상금을 많이 받게 되는군요.

골프   100%는 아니지만 거의 그렇다고 보시면 됩니다. 그러니까 순수익의 개념과 스트레스 비용, 기다림의 비용을 잘 고려하셔서 각자의 상황에 맞는 선택을 하시면 됩니다. 저도 컨설팅을 해드릴 때 3가지의 경우를 말씀드리고 제가 의뢰인분의 상황이라면 저는 이렇게 하겠다고 상담을 해드립니다.

유튜버   저도 지인들 사고 때문에 국장님에게 몇 번 물어봤는데, 국장님은 대부분 변호사를 고용하는 것을 추천해 주셨었잖아요.

골프   요즘은 아까 말씀드렸다시피 변호사들끼리의 경쟁도 심해지고 같은 밥그릇에서 나눠 먹다 보니 수입도 줄어들고 해서 예전에 콧대 높은 변호사들이 하지 않았던, 주로 손해사정사들이 했던 업무를 변호사가 하는 경우도 있고요. 비용도 손해사정사와 비교해서 차이가 별로 없고요. 또 교통사고 전문변호사들은 실무 감각도 손해사정사 못지않기 때문에 손해사정사를 선임하는 것이 특별한 이익이 없는 한 저는 변호사를 추천하는 편입니다.

유튜버   맞아요. 그 교통사고 전문변호사. 국장님은 교통사고 전문변호사를 많이 언급하셨었죠. 그런데 의사들이야 병원 간판에 산부인과니 정형외과니 써 놓지만, 변호사들은 간판에 그런 거 잘 안 써놓지 않나요? 저는 교통사고 전문변호사라는 간판을 본 적이 없는 거 같은데요. 그래서 우리 같은 보통사람들은 그 변호사가 교통사고 전문변호사인지 알 길이 없어요.

골프   저도 참 왜 간판에 그걸 안 적어 놓는지 의문인데, 변호사업계의 관행인 거 같아요. 교통사고 전문변호사인지는 변호사협회에 문의해 보면 쉽게 알 수 있고요. 변호사에게 직접 물어보셔도 됩니다. 속이거나 함부로 교통사고 전문이라고 간판이나 명함에

적었다가는 처벌 받기 때문에 그것을 속이는 변호사는 없을 거예요.

유튜버 그런데 교통사고 전문변호사라는 타이틀은 누가 주는 거예요?

골프 교통사고 관련 소송을 얼마큼 했는지를 심사해서 법원에서 전문변호사 자격을 부여해 줘요.

유튜버 어쨌든 기다림의 비용을 감수할 수 있거나 손해사정사와 비교해서 배상금의 차이가 크다면 변호사를 선임하는 것이 더 나은 선택이라는 말씀이시네요?

골프 그렇죠. 배상금의 차이뿐 아니라 변호사를 통해 소송에서 승소하게 되면 패소한 상대방 측에서 변호사비용도 지불해 주고, 소송기간 동안 지연이자도 연 12%로 지급해 주니까 사실상 승소한 피해자는 변호사에게 준 착수금과 성공보수를 다 돌려받는 셈이 돼서 공짜로 소송을 하는 거나 마찬가지죠.

유튜버 10개월의 시간을 기다릴 수 있는 분들은 무조건 변호사에게 맡기셔야 하겠네요. 그럼 국장님! 변호사를 언제 선임하는 것이 가장 가성비가 좋을까요?

골프 요즘 제가 캠핑에 빠져서 캠핑장 근처의 마트에서 바비큐 할 음식재료들을 사러 갔는데요. 평소에 제가 요리를 잘 못하다 보니까 물론 구매 목록을 가지고 갔습니다만 어떤 재료를 사야 하는지도 헷갈리고 또 평소에 자주 갔던 마트가 아니니까 어디에 뭐가 있는지를 몰라서 여기 갔다 저기 갔다 하게 되더라고요.

유튜버 그렇죠. 자주 다니셨던 마트였더라면 머릿속으로 그린 동선 대로 움직여서 빨리 나오셨을 텐데요.

골프 소송의 경험이 없는 피해자들이 셀프로 보험사와 법적인 다툼을 하게 되면 잘 모르는 마트에 가서 우왕좌왕하다가 저처럼 시간 버리고 돈 버리는 꼴을 당하는 것과 같은 상황에 놓이게 되는 겁니다. 그때 만약 마트를 잘 아는 점원이 저를 따라 다니면서 여기서는 이걸 사시고 쌈장은 이 정도 용량을 사시고 고기는 차라리 옆 정육점에서 사시는 것이 더 좋고 싸다 등등의 코치를 해주셨더라면 더 빠른 시간에 싸고 좋은 음식재료를 살 수 있지 않았을까요?

유튜버 맞네요. 교통사고 피해자도 교통사고 처리의 경험이 많은 법률전문가의 코치를 받으면 더 빠른 시간에 더 많은 배상금을 받을 수 있겠네요.

골프   네, 그럼요. 교통사고가 난 직후부터 사고에 관련된 확인서류들, 치료를 받는 과정에서 챙겨 놓아야 할 진료서류 등등, 시간이 지나면 받을 수 없거나 유리한 타이밍을 놓치는 자료들은 반드시 전문가를 선임해야만 확보할 수 있는 입증자료들이죠.

유튜버   입증자료를 얼마나 확보하느냐가 소송 결과에 많은 영향을 미치겠네요.

골프   어떤 김치를 쓰고 어떤 고춧가루를 쓰느냐에 따라서 김치찌개 맛이 달라지듯이 입증자료의 질에 따라서 당연히 소송에 따른 배상금액도 차이가 납니다.

유튜버   결국 변호사에 위임하기로 결정했다면 사고 초기에 선임해서 그런 자료들을 꼼꼼히 챙겨야 하겠군요.

골프   그렇죠. 빠르면 빠를수록 고객 입장에서는 좋겠죠.

유튜버   고객이라면 변호사를 선임한 분을 말씀하시는 거 같은데, 그럼 반대로 보험사 입장에서는 초기부터 변호사가 꼼꼼히 준비해서 싸울 거니까 안 좋겠네요?

골프   그 말씀도 맞습니다만 변호사는 더 힘들겠죠. 초기부터 일을 해야 하니까 업무량이 늘어날 수밖에요.

유튜버   그럼 사고 초기에 의뢰를 하게 되면 변호사 비용이 아무래도 나중에 맡기는 것보다는 높겠네요?

골프   사실 사고 초기부터 변호사에게 맡겨야 하는 가장 결정적인 이유가 여기에 있는데요. 처음부터 위임하나 나중에 위임하나 변호사 선임료는 전혀 차이가 없습니다.

유튜버   그럼 고객 입장에서는 당연히 사고 나자마자 맡기는 것이 좋겠네요? 외람됩니다만 처음에 맡기나 나중에 맡기나 차이가 없는 것이 특별한 이유가 있나요?

골프   없습니다. 수십 년간 이어져 온 관행입니다. 변호사마다 선임료의 차이가 있을지는 몰라도 의뢰 시기에 따라 수임료의 차등을 두는 변호사는 없습니다. 뭐 물론 변호사 마음이기는 합니다만 어쨌든 저는 지금까지 한 번도 그런 경우를 본 적이 없고 저희 법률사무소에서도 그렇습니다.

유튜버   그렇군요. 자 오늘 긴 시간 동안 골프바라기 권영록 사무국장님을 모시고 배상금을 최대로 받기 위해서 셀프로 하느냐, 손해사정사에게 맡기느냐, 변호사에게 맡기느냐를 가지고 말씀을 나눠봤는데요. 우리 구독자님들에게 이런 고민을 할 시간이 찾아

교통사고 자력구제

오면 안 되겠지만 만약에라도 이런 결정이 필요하시다면 지금 영상 다시 돌려보시면서 골프님의 말씀을 참고하시면 많은 도움이 되실 거라고 생각합니다. 오늘 나와 주신 골프님, 감사드립니다.

골프바라기의 TIP TIP TIP

TIP

- 본인 과실 없는 경미한 교통사고는 셀프로 협의하거나 소액 수임료를 내는 방향으로 진행한다
- 기다림의 비용을 감수할 수 있고 손해사정사와 비교하여 배상금 규모가 크다면 변호사를 선임하자

소송하면 보상금을
더 많이 받을 수 있나요

후배　영록이 형, 잘 지냈어요?

골프　어, 기찬아. 부산은 요즘 날씨 어때? 참, 제수씨 작년에 교통사고 난 건 잘 해결됐어? 꽤 큰 사고였다고 했잖아.

후배　안 그래도 그거 때문에 연락드렸어요.

골프　왜? 보험사랑 합의 잘 안 됐어?

후배　그게 저번에 형이 당장 돈이 급한 게 아니면 충분히 치료받다가 사고일 기준으로 6개월 후에 후유장해진단 받아 보라고 하셨잖아요. 그래서 얼마 전에 병원 가서 받아 봤더니 후유장해 진단서에 사고기여도 50%, 한시장해 2년, 맥브라이드 수치 10% 이렇게 적혀있더라고요. 그 서류를 대인 보상과 담당자에게 줬더니 500만 원 정도 제시하기에, 합의금이 좀 적은 거 같다, 그냥 계속 병원 다니겠다고 했더니 다음 날 전화 와서 700만 원에 합의 보자고 엄청 조르는데 내심 700만 원이면 많은 거 같기도 하고, 이 정도로 합의해도 되는지 여쭈려고 전화드렸어요.

골프　한 마디로 700만 원보다 더 받을 수 있는지가 궁금한 거지?

후배　그렇죠, 뭐. 합의금의 최대 금액이 700만 원이 아닌 걸 나중에 알면 좀 억울할 거 같아서요. 보상담당자는 500만 원이 자동차보험표준약관상 최대치라고 하면서 자기가 상급자한테 특인 받아서 700만 원까지 주는 거라고 하더라고요. 그런데 특인이 뭐에요?

골프　특별히 인정해 준다는 것인데 초과심의라고 하지. 보상 담당자가 보험사 보상팀 기준금액으로 피해자와 직접 합의하지 못할 때 보상팀 관리자가 소송을 담당하는 송무팀에 보상팀 기준보다 초과되는 금액으로 심의를 올려 특별히 인정받는 금액으로 합의금을 도출하는 보험사 내부의 제도야.

후배   대인 담당자가 먼저 설득해 보다가 피해자가 깐깐하거나 민원 넣으려고 하거나 그러면 돈 더 줘서 해결하는 거군요. 그 사람들도 보험사에 고용돼서 보험사 돈 덜 쓰게 하는 게 직업이니까 그 입장을 이해 못하는 건 아닌데, 순진하게 조용히 주는 대로 받는 사람들은 좀 억울한 거네요.

골프   잘 몰라서 소송 안 하는 사람들도 소송해서 최대 금액을 받는 사람들에 비하면 억울한 건 매한가지지. 보험사에서 왜 특인까지 해가면서 돈을 더 주겠니? 그 사람들도 다 선수들인데. 어차피 소송하면 특인 금액보다 더 많이 나갈 걸 아니까 그러는 거야. 보험사에서 특인이라고 산출하는 금액도 어차피 보험사 내부의 자체적으로 만든 기준이거든, 법원 기준이 아니라. 보험사가 소송에서 패소하면 법원에서 판결받는 금액이 보통 특인 금액보다 20%는 많지, 자기네 변호사비용 나가지, 피해자 변호사비용 물어줘야 되지, 지연이자 줘야 하지. 패소가 예상되는 사건은 특인 금액보다 30% 이상은 더 줘

보험사의 법원판결금 지급 의무

자동차보험표준약관의 규정

제2조 (책임보험 보상의 한도와 범위)

(1) 회사가 보상하는 금액은 법 제5조 제①항과 동법 시행령 제3조에서 정한 금액을 한도로 합니다.

(2) 회사가 보상하는 손해의 범위는 다음 금액을 합친 액수로 합니다.

    ① 이 약관의 보험금 지급기준에 의하여 산출한 금액. 다만, 소송이 제기되었을 경우에는 대한민국 법원의 확정판결에 의하여 피보험자가 손해배상청구권자에게 배상하여야 할 금액 (지연배상금 포함)

    ② 이 약관에서 회사가 부담하기로 한 비용 나. 제16조 (대인배상 II 지급보험금의 계산) 회사가 대인사고로 피해자 1인당 지급하는 보험금은 다음 금액을 합친 액수에서 대인배상 I 로 지급되는 금액 또는 피보험자동차가 대인배상 I 에 가입되어 있지 아니한 경우에는 대인배상 I 로 지급될 수 있는 금액을 공제한 액수로 하며, 그 한도는 보험증권에 기재된 보험가입금액으로 합니다. 다만, 제②호의 비용은 보험가입금액에 불구하고 보상하여 드립니다.

    ① 이 약관의 보험금 지급기준에 의하여 산출한 금액. 다만, 소송이 제기되었을 경우에는 대한민국 법원의 확정판결에 의하여 피보험자가 손해배상청구권자에게 배상하여야 할 금액(지연배상금 포함)

    ② 보험계약자나 피보험자가 이 약관에 따라 지출한 비용

야 하니까 보상팀에서 제시한 금액보다 더 많이 줘가면서 합의하려고 하는 거야. 보험사는 패소 판결 나면 배상금을 바로 지급해 줘야 하거든.

후배　영록이 형! 그러면 보험사에서 특인으로 금액을 올려서 합의를 하려 한다는 것은 소송하면 더 받을 수 있다는 신호로 해석할 수도 있겠네요?

골프　그럴 가능성이 매우 높지.

후배　그럼 형이 좀 맡아서 해주실래요?

골프　법대 나온 놈이 이런 사건 정도는 나홀로소송할 줄 알아야지.

후배　언제 적 얘기를 하시는 거예요. 저 졸업한 지 10년도 넘었어요. 부산 내려와서 자리 잡고 식구들 먹여 살리느라고 법전은커녕 책 한 권도 읽을 새가 없어요.

골프　세월 참 많이 흘렀네. 근데 기찬아. 변호사 비용이 최소 200만 원은 하는데, 물론 소송에서 이기면 변호사 비용 200을 빼더라도 700만 원보다는 많겠지만, 이런 사건은 난이도가 그리 높지 않거든. 그러니까 변호사 비용 안 들이고 네가 직접 하면 좀 더 많이 받을 수 있잖아. 옛날 학교 다닐 때 생각하면서 한 번 해봐.

후배　제가 그럴 시간이 어디 있어요? 그리고 학교 다닐 때 과제로 소장 몇 번 써본 게 다인데 변호사가 전문적으로 작성하는 거 하고는 수준이 다르죠.

골프　요즘 같은 인터넷 시대에 무슨 말씀이십니까, 후배님. 포털사이트에 검색하면 소장이고 판결문이고 엄청 많이 올려져 있고, 대법원 홈페이지에도 소송 절차에 대해 자세하게 설명되어 있어서 아무것도 모르고 처음 하는 사람들도 쉽게 할 수 있어. 어쨌든 100만 원 이상은 더 생기는 거잖아.

후배　그럼 형이 좀 알려줘요.

골프　그래 알았어. 지금 바쁜 거 좀 끝내 놓고 다시 전화할게.

골프바라기의 TIP TIP TIP

TIP　- 보험사에서 특인으로 금액을 올려 합의하려는 것은 소송 시 보상액이 크다는 신호로 이해할 수 있다
- 인터넷 판례와 시스템을 이용하여 나홀로소송에 도전하는 것도 좋다

교통사고 자력구제

나홀로소송은
어떤 순서로 하나요

골프   기찬아, 통화되니?

후배   네 형. 말씀하세요. 메모지 준비해놓고 기다리고 있었습니다.

골프   그래. 먼저 포털사이트에 너희 집 근처 법률사무소 검색해서 변호사와 직접 상담받아 볼 수 있는 곳으로 최소 세 군데 이상 예약 잡아. 전화로만 상담하면 변호사한테 상담받기 힘들 거야. 사무장들이 해주는 건 피상적인 상담이 될 수 있어서 변호사에게 구체적인 상담을 받는 것이 좋아. 그리고 법률사무소들이 대부분 법원 앞에 모여 있으니까 이왕 가는 김에 여러 군데 가는 것이 좋고.

후배   나홀로소송을 할 건데 변호사한테 상담은 왜 받으러 가요?

골프   변호사한테 상담을 받으면 변호사들이 본인들은 어떻게 소송 준비를 할 거고 어떻게 승소를 할 것인지를 말해주거든. 그 얘기를 들으면 네가 소송전략을 짜는데 많이 참고될 거야.

후배   그렇군요. 상담을 갈 때 뭐 챙겨 가면 되나요?

골프   일단 후유장해 진단서는 꼭 챙겨야 하고, 교통사고 사실확인원 받아 놓은 거 있니?

후배   네 저번에 형이 말씀하셔서 발급받았죠.

골프   그거랑 제수씨 가정주부였나?

후배   아니요. 제 벌이가 시원찮아서 학습지 교사하고 있어요.

골프   혹시 급여가 얼마나 돼?

후배   좀 일정하지는 않은데 그래도 월 400만 원 정도는 돼요.

골프 그럼 사고 나고 입원해서 당연히 수업 못 다녔겠네?

후배 네, 그래서 사고가 난 달은 수입이 좀 줄었다고 하더라고요.

골프 그러면 사고 직전 3개월부터 사고 난 달까지 급여명세서를 회사로부터 받아 놓아.

후배 후유장해 진단서, 교통사고 사실확인원, 급여명세서 또 있어요?

골프 그거만 있으면 돼. 변호사 만나면 소송 기간하고 판결금 얼마나 예상하는지 물어보고, 변호사 비용 얼마인지도.

후배 혹시 말하면 안 되는 거 있어요?

골프 아니, 그냥 있는 사실 그대로 숨김없이 얘기하면 돼. 변호사에게 사실대로 말해야 정확한 안내를 받을 수 있지.

후배 근데 왜 3명 이상이에요?

골프 변호사마다 승소 전략이 다를 수 있으니까 다양한 의견을 들어보는 것이 아무래도 좋겠지. 아무튼 3명 이상의 변호사에게 상담을 받으면 어떻게 네 주장을 전개해야 하고, 그 주장을 어떻게 입증해야 할지 감이 잡힐 거야. 예를 들어 안내받은 판결금의 평균금액이 1,500만 원이고 변호사들의 평균비용이 300만 원이라고 가정하면 배상금으로 1,500만 원에 변호사 선임 비용 150만 원하고 지연이자 약 80만 원 정도를 받을 수 있는데, 네가 쓴 변호사 비용 300만 원을 빼면 실제로 남는 돈은 1,430만 원이 되겠지. 보험사 특인배상금 700만 원보다 높으니까 보험사랑 합의하는 거보단 이익이지. 그런데 변호사를 고용하지 않을 때보다는 150만 원이 적잖아. 이렇게 뻔히 승소가 예상되는데 난이도가 낮아 셀프로 할 수 있는 소송 중에 직접 쓴 변호사 비용을 전액 환급받지 못할 때는 수고스럽더라도 나홀로소송을 하는 것이 최종적으로 남는 돈이 더 많아.

후배 난이도를 떠나서 변호사 비용 몇 백만 원이 없는 사람들은 손해 보기 싫으면 공부해서라도 꼭 해야겠네요?

골프 그렇지. 반대로 변호사 비용을 전액 환급받을 수 있을 정도의 판결금이 나오는 사건은 아무리 쉬워도 굳이 직접 할 필요가 없겠지. 판결금이 너무 적어서 변호사 비용을 거의 환급받지 못하더라도 난이도가 높으면 셀프로 할 수 없는 것과 마찬가지로, 자 그럼 다시 집으로 돌아와서 상담받은 내용을 잘 정리해서 어떻게 네 주장을 펼칠지

교통사고 자력구제

를 잘 고민해봐. 포털사이트에 '대한법률구조공단' 검색 → 법률정보 → 법률 서식 → 손
해배상 클릭해 보면 실제 소장 샘플이 있으니까 구체적으로 어떻게 소장을 써야 하는지
알 수 있을 거야. 포털사이트에 '대법원 종합법률정보' 검색해서 판결문을 보면 소장을
쓸 때 근거를 작성하는데 많은 도움이 될 거고.

골프   자료들을 참고해서 소장을 완성했으면 포털사이트에 '대법원 나홀로 소송'이
라고 검색해봐. 대법원 홈페이지에 안내된 자료만으로도 충분히 소송과정을 파악할 수
있어. 그 정도로 자세히 설명되어 있더라고.

후배   형이 말씀하신 것보다 간단치는 않겠네요. 하하. 그래도 되는 데까지 해보고
막히는 거 있으면 전화드려도 되죠?

골프   그럼. 옛날에 너 성적 좋았잖아. 오랜만에 실력 발휘 좀 해봐.

후배   그 실력 세월 따라 다 흘러갔습니다. 알려주셔서 감사하고 또 전화드릴게요.

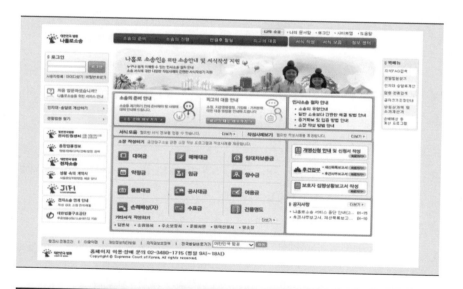

골프바라기의 TIP TIP TIP

TIP   - 직접 소송을 준비하더라도 소송의 흐름과 전략을 파악할 수 있도록 다수의
법률상담을 받아보자
- 실제 소장 샘플은 대한법률구조공단 홈페이지에서 열람할 수 있다

혼유사고가
났어요

문의자   안녕하세요, 골프님. 다름이 아니라 제가 지난 주에 주유소에서 기름을 넣다가 혼유 사고를 당했거든요. 그런데 자꾸 저에게도 과실이 있다고 제 자동차 수리비를 다 못 물어주겠다는 거예요. 그래서 포털사이트며 유튜브며 혼유 사고 배상받는 법에 대해서 엄청 찾아봤거든요. 아무리 찾아봐도 혼유 사고를 예방하는 방법, 혼유 사고를 당해서 차량이 고장 나면 싸게 잘 고치는 방법, 혼유 사고를 당해도 운전자의 책임이 있다는 판례를 소개하고 그것을 설명하는 내용 같은 것만 있고 저 같은 상황에서 현실적으로 손해 보지 않고 처리하는 방법에 대해서 알려주는 곳은 없더라고요.

골프   경유 차량 모시나 봐요?

문의자   어떻게 아셨어요?

골프   경유 주유기가 휘발유 차량 주입구보다 커서 안 들어가거든요. 반대로 휘발유 주유기는 경유 차량 주입구에 들어가고요.

문의자   맞아요. 유튜브에서도 그러더라고요.

골프   유튜브로 공부 많이 하셨다니까 차주분 과실이 왜 발생하는지는 아시겠네요?

문의자   법원에서는 주유원에게 유종을 말하지 않으면 10%, 주유 시 시동을 켜놓고 있으면 20% 정도로 운전자에게 과실을 부여하더라고요.

골프   경유 차량과 휘발유 차량의 외관이 다르지 않으므로 운전자에게도 알맞은 유종을 주유원에게 알려줄 의무가 있고, 차량의 시동을 끄고 주유하는 것이 일반적인

혼유 사고의 일반적인 판례

서울중앙지방법원 2017나36856 판결

경기도 시흥시의 한 주유소에서 유종을 지정하지 않고 주유해 달라고 했는데 주유소 직원이 경유차에 휘발유를 주유했고, 중간에 운전자의 남편이 이를 발견하고 정지시켰으나 이미 18L 가량의 휘발유가 혼유되어 세척 및 수리가 필요했던 사건에서 법원은 "이 사건 차량의 경우 외관상 경유 차량인지, 휘발유 차량인지 구별이 어려운 점, 원고가 주유를 요청할 당시 시동을 끄지 않은 채 주유를 요청하였을 뿐만 아니라 유종도 알려주지 않은 점 등에 비추어 보면, 이 사건 혼유사고 발생 및 손해의 확대에 대한 운전자의 과실은 30%"라고 판결했다.

서울동부지방법원 2014가단128855, 2014가단53661 판결

서울 강동구의 어느 주유소에서 경유와 휘발유가 같이 있는 복식주유기 앞에 경유차를 세우고 "3만 원이요~"라고만 하자 주유원이 "휘발유 3만 원이요~"하면서 주유하는 걸 중간에 발견하고 멈추게 했지만 연료계통 세척이 필요했던 사건에서 법원은 "어떤 유종인지 정확하게 밝히고 그에 따른 주유를 명시적으로 요구하면서 정상적으로 주유되고 있는지 확인했어야 했는데 그러지 않은 건 잘못이고 그 비율은 10%로 본다"라고 판결했다.

데 반해 주유 중에도 운전자가 시동을 켜놓아 차량의 파손 상태가 더 심해졌다는 취지인데요.

골프　　2018년도에 대구지방법원에서 운전자가 주유원에게 유종을 구두로 고지하지도, 영수증을 확인하지도 않은 데다가 주유 직후 운전까지 했는데 운전자의 과실이 전혀 없다고 판단한 판례가 있습니다. 주유구 입구에 경유라고 크게 쓰여 있기도 하고, 그동안 많이 발생한 혼유 사고로 주유원의 사회적 경험이 축적되어 이제는 주유원이 스스로 주유 전에 유종을 미리 확인해야 한다는 취지죠.

문의자　맞아요. 그것도 포털사이트에서 봤어요. 그런데 저는 너무 억울한 게 주유원에게 '디젤이요.'라고도 분명 말했고, 제 차 주유구 입구에 'DIESEL FUEL ONLY'라고 표시되어 있는데, 주유원이 자기는 죽어도 저에게 그 말을 못 들었다는 거예요. 주유소 CCTV에 녹음되었을 리도 없고, 혹시나 제 블랙박스에 녹음되어 있을까 해서 봤더니 안 돼 있더라고요.

골프　문의자분께 과실이 있다고 주장하는 사람이 주유소 사장인가요?

문의자　아니요. 주유소에서 가입한 배상책임보험의 손해사정사가 제 과실 10%를 주장하고 있어요. 주유소 사장은 자기는 보험사에게 맡겼으니 손해사정사랑 얘기하라고 뒷짐지고 있어요. 처음에는 보험접수도 안 해준다는 거, 제가 주유소가 배상책임 가입 안 되어있다고 민원 넣을 거라고 했더니 그제야 자기도 가입해놓았는지 몰랐다는 말도 안 되는 변명을 하면서 억지로 보험접수해 주더라고요.

골프　사실 경유를 넣어달라는 운전자의 말을 주유원이 들었는데도 실수로 그렇게 했다고 인정하면 보험사에서도 운전자님에게 과실을 묻지는 않을 텐데, 그런 식으로 나오는 사람이면 인정할 리 만무하겠네요. 금융감독원에 보험사의 부당한 주장에 대해서 민원을 넣어보는 것은 어떠세요? 이런 경우는 과거 금융감독원의 조정사례를 보면 운전자님의 손을 들어줄 가능성이 높아요. 보험사는 금융감독원의 조정을 거의 모든 경우에 따르는 것은 아시죠?

문의자　금융감독원에서 설사 제 과실이 없다고 조정한다고 할지라도 저도 과거에 교통사고 과실 때문에 민원을 넣어봤지만, 조정안이 나오기까지 너무 오래 걸리더라고요. 저는 보험 영업하는 사람이라 차가 없으면 안 되는데, 그 시간을 기다리기가 현실적으로 어려워서요. 이번에 유튜브 보고 알았는데 DD손해보험의 운전자보험에서는 혼유 사고를 보장하는 특약이 있더라고요. 혼유 사고가 자동차보험에서 자기차량손해 담보로 보장이 안 되는 줄 알아서 보험설계사인 저도 운전자보험까지는 생각도 못 했는데, 미리 알아서 저거라도 가입해놓을 걸 그랬어요.

골프　예전에는 많은 손해보험회사에서 운전자보험에 혼유 사고보장 특약을 포함해서 판매를 했는데요. 혼유 사고로 보험 사기 치는 사람들도 생겨나고, 조심하지 않

주유소의 배상책임보험 가입 의무

「시설물의 안전관리에 관한 특별법」 제2조에 따른 시설물 및 특정관리대상시설 중 대통령령으로 정하는 시설은 재난배상책임보험에 의무적으로 가입해야 합니다. (「재난 및 안전관리 기본법」제76조)

- 재난이 발생할 경우 타인에게 중대한 피해를 입힐 우려가 있는 시설로써 대통령령에서 규정하는 20개 시설은 다음과 같습니다.

> 1. 숙박시설 2. 과학관 3. 물류창고 4. 박물관 5. 미술관 6. 1층 음식점 7. 장례식장 8. 경륜장 9. 경정장 10. 장외매장 11. 국제회의시설 12. 지하상가 13. 도서관 14. 주유소 15. 여객자동차 터미널 16. 전시시설 17. 15층 이하의 공동주택 18. 경마장 19. 장외발매소 20. 농어촌민박

- 과태료 부과 기준 (「재난 및 안전관리 기본법」 시행령 별표 5)

가입하지 않은 기간 10일 이하 | 10만원

10일 초과 30일 이하 | 10만원 + 11일째부터 1일당 | 1만원

30일 초과 60일 이하 | 30만원 + 31일째부터 1일당 | 3만원

60일 초과 | 120만원 + 61일째부터 1일당 | 6만원

※다만, 과태료의 총액은 300만원을 넘지 못합니다.② 보험계약자나 피보험자가 이 약관에 따라 지출한 비용

고 혼유 사고를 너무 많이 내는 도덕적 해이가 불거지자 금융감독원에서 지난 2014년에 관련 상품 판매를 중단토록 권고하고, 모든 손해보험사가 판매를 중단했었죠. 그런데 실수를 한 주유소 직원뿐 아니라 운전자에게도 10~20%의 과실이 있다는 판례가 잇따라 나오기도 하고, 이 특약에 대한 소비자들의 니즈가 생겨나니까 보험시장에서 자사의 매출을 키우려고 몇몇 보험사들이 혼유 사고 보장 특약을 다시 신설하고 있더라고요.

문의자　국장님! 직업상 매일 차량이 필요한 저에게 금융감독원에 민원을 넣는 것도 시간이 너무 많이 걸리고, 더군다나 소송은 시간뿐 아니라 수리비도 먼저 제 돈으로 해야 되니까 너무 부담이 되는데 현실적으로 제가 손해 보지 않고 배상받을 수 있는 방법이 있을까요?

금융감독원의 혼유 사고 조정 사례

민원인 주장

B주유소 종업원에게 경유 3만 원을 주유해 줄 것을 요청했으나, 종업원의 실수로 휘발유가 주유된 것이므로 보험사가 혼유 사고로 인한 차량피해를 모두 보상해주어야 함.

보험사 주장

B주유소 직원이 "민원인이 주유할 기름의 종류를 정확하게 고지하지 않았다"고 진술하고 있으며, 혼유 사고 발생 이후 차량운행을 계속하는 등 민원인에게도 일부 과실(20%)이 있으므로 차량 수리비용 전액을 보상해줄 수는 없음.

금감원 분쟁조정

민원인이 주유를 요청하면서 기름의 종류를 언급하지 않았을 가능성이 낮고, 설령 민원인이 기름의 종류를 언급하지 않았다고 하더라도 B주유소 직원이 민원인에게 기름의 종류를 물어보았어야 한다는 점, 민원인이 혼유 사고를 인식한 시점부터 차량을 운행하지 않은 점 등을 고려할 때 민원인에게 과실이 있다고 보기 어려움.

골프   혼유가 되었다는 사실을 알고 나서 차량을 이동시킬 때 차량의 시동을 걸어서 움직이셨어요?

문의자   아니요. 그 이후로 아예 시동을 안 걸었어요. 제 자동차 보험사에 요청해서 견인차로 옮겼죠.

골프   어디로요?

문의자   견인기사가 추천하는 공업사로요.

골프   그나마 다행이네요. 보험사 협력업체라 과도한 주차비를 받을 거 같지는 않은 거 같으니까. 일단 차량을 공식 서비스센터로 입고시키세요.

문의자   안 그래도 공식 서비스센터에 전화해서 수리비를 물어봤었는데, 엄청 많이 나오더라고요. 이것저것 다 교체해야 한다고. 그렇게 되면 보험사에서 제 과실을 주장하는 만큼 제가 부담하는 금액이 커지는 거 아니에요?

골프   공식 서비스센터에서는 수리 후에 발생하는 하자에 대해서 전적으로 책임을 져야 하니까 무조건 해당 부품을 전부 교체하려고 합니다. 그러니까 수리비도 비싼 거고요. 그런데 유튜브로 보셨겠지만 혼유 후에 시동을 전혀 걸지 않은 차량은 관련부품을 깨끗하게 세척하는 것만으로도 충분한 수리가 돼요. 세척하는 방법의 수리 비용은 그다지 높지 않고요.

문의자   저도 그렇게 싸게 수리해서 그냥 보험사에서 주장하는 제 과실만큼 조금 내고 말까 하는 생각도 해봤는데 고치고 나서 하자 생기면 어쩌나 하는 생각 때문에 불안하더라고요.

골프   세척하는 수리를 하고 하자 보증을 해주는 수리업체들도 많이 있으니까 하자보증서 받아 놓으시면 되죠. 그리고 혼유 사고로 인해 고장 나는 차량이 많아서 수리업체들도 노하우를 많이 가지고 있고, 시동이 걸리지 않았으면 실제로 크게 고장 나지 않은 거라 차량수리 전문가들은 그 정도 수리로도 충분하다고 권유해요.

문의자   그래도 어쨌든 제 돈이 조금이라도 들어가네요?

골프   자, 우선 공식 서비스센터에서 수리비 견적서를 받은 다음 보험사에 제출하셔서 미수선배상금을 협의하세요. 견적서의 금액보다 감액도 되고 과실 부분만큼 공제도 되겠지만, 그래도 그렇게 받은 금액이 세척 수리 비용 보다 많을 거예요. 그렇게 되면 문의자님 돈 나가는 일도 없고, 수리도 빨리 되겠지요. 남은 돈으로 수리 기간 동안 렌터카를 이용하셔도 되고요.

문의자   저도 유튜브 보니까 많은 전문가들이 그런 수리방법을 추천하긴 하더라고요. 알겠습니다. 그렇게 해봐야겠네요. 오늘 하나 또 배웠어요. 국장님.

골프   그럼 보험사 손해사정사와 잘 협의해 보시고 문의사항 있으시면 언제든지 편하게 연락 주세요.

자동차보험약관상 혼유 사고를 보상하지 않는 근거

자기차량손해

1. 보상내용

(1) 보험회사는 피보험자가 피보험자동차를 소유, 사용, 관리하는 동안에 다음과 같은 사고로 인하여 피보험자동차에 직접적으로 생긴 손해를 보상합니다. 이 경우 피보험자동차에 통상 붙어있거나 장치되어 있는 부속품과 부속기계장치는 피보험자동차의 일부로 봅니다. 그러나, 통상 붙어 있거나 장치되어 있는 것이 아닌 것은 보험증권에 기재한 것에 한합니다.

① 타차 또는 타물체와의 충돌, 접촉, 추락, 전복 또는 차량의 침수로 인한 손해

② 화재, 폭발, 낙뢰, 날아온 물체, 떨어지는 물체에 의한 손해 또는 풍력에 의해 차체에 생긴 손해

③ 피보험자동차 전부의 도난으로 인한 손해. 그러나, 피보험자동차에 장착 또는 장치되어 있는 일부 부분품, 부속품, 부속기계장치만의 도난에 대해서는 보상하지 아니합니다.

※ 용어정의 | 물체

구체적인 형체를 지니고 있어 충돌이나 접촉에 의해 자동차 외부에 직접적인 손상을 줄 수 있는 것을 말하며, 엔진내부나 연료탱크 등에 이물질을 삽입하는 경우 물체로 보지 않습니다.

골프바라기의 TIP TIP TIP

TIP
- 유종을 알려주지 않은 운전자에게도 혼유사고의 과실이 일부 있다
- 세척 수리 후 하자 보증을 해주는 수리업체에 맡기는 것이 안전하다

교통사고 자력구제

STORY 50

스쿨존에서 사고가 났어요

문의자　제가 한 달 전에 스쿨존에서 교통사고를 당했거든요. 경찰에서는 제가 피해자라고 했는데, 저에게 과실이 전혀 없는 건 아니어서 형사 처분을 받게 될 거라고 하더라고요.

골프　사고가 어떻게 발생했죠?

문의자　제가 영업사원이라 외근이 많거든요. 거래처로 상담가는 길에 스쿨존에 진입하니까 내비게이션에서 30km/h 알림이 뜨더라고요. 블루투스로 통화하고 있어서 그 알림 소리 안 나게 하려고 20km/h로 갔었거든요. 사거리에서 우회전하려고 하는 찰나에 갑자기 사거리 왼쪽에서 오토바이가 쌩하고 빠르게 제 쪽으로 우회전을 하는 거예요. 순간 왜 저렇게 빠르게 우회전을 하지라고 생각했는데, 그대로 제 차 앞을 박더라고요. 그때는 너무 놀라서 사고 당시가 잘 기억이 안 났는데, 경찰서에서 조사받을 때 블랙박스랑 CCTV 보니까 운전하고 있던 학생은 제 차 보닛으로 떨어지고, 뒤에 타고 있던 어린이는 날아가서 앞 유리에 머리를 박았더라고요.

골프　오토바이에 타고 있던 사람들이 어린애들이었나 보죠?

문의자　네. 운전자는 중학생이고, 동승자는 초등학생이더라고요. 애들이 배달 오토바이를 재미로 훔쳐 탔나 봐요. 뒤에서 오토바이 주인이 막 쫓아오니까 도망가려고 갑자기 방향을 꺾다가 속도를 이기지 못하고 넘어지려고 하는 찰나에 마침 거기에 있던 제 차를 박은 거죠. 운전하던 애는 전치 6주 나왔고, 뒤에 탔던 애가 문제인데 지금 중환자실에서 아직 깨어나지 못하고 있어요.

골프 저런, 큰일이네요. 그런데 선생님 말씀만 들어보면 선생님은 아무런 잘못이 없어 보이는데 경찰은 왜 선생님이 처벌을 받게 될 거라고 하던가요?

문의자 사거리 끝에 불법 주차된 차가 있어서 그 차를 피해서 가야 하니까 중앙선을 넘을 수밖에 없었거든요. 경찰서에서 조사관이 사고 현장 사진 보고 측정해보니까 운전석 쪽 앞바퀴가 중앙선을 13cm 넘어있다고 하더라고요. 조사관도 블랙박스나 CCTV 보면 제 입장에선 억울할 거 충분히 아는데 스쿨존에서 애가 많이 다치면 민식이 법이 적용되어 저에게 조금이라도 과실이 있을 경우 무조건 형사처분 받는다고 하더라고요. 제가 불법 주차된 차를 피해서 가려고 중앙선을 살짝 넘은 상태에서 오토바이와 추돌한 것 때문에 저에게도 과실이 있어서 어쩔 수 없이 검찰에 넘겨야 한다고 하더라고요.

골프 경찰 조사관이 검찰에 기소 의견으로 송치를 한 모양이군요. 민식이 법이 취지는 좋은데 이렇게 억울한 사람들을 만들어 내는 경우가 가끔 있어요. 스쿨존, 즉 어린이보호구역에서 자기의 과실이 단 10%라도 있는 교통사고를 일으킨 경우, 13세 미만의 어린이가 다치면 종합보험에 가입되어 있고 합의를 했더라도 무조건 형사처분을 하게 되어있거든요.

문의자 인터넷 보니까 처벌 수위가 너무 높던데요. 심하게는 강간이나 살인만큼 형량이 정해지는 경우도 있다 하더라고요.

어린이보호구역 내 교통사고 처벌
어린이보호구역 내에서 교통사고를 일으키면 교통사고처리특례법상 12대 중과실에 해당되어 피해자와의 합의 여부와 상관없이 형사처벌 된다. 1995년 도로교통법에 의거해 도입된 어린이보호구역에서는 민식이법에 따른 대책으로 2020년 1월 7일부터 자동차 등의 통행속도가 40km/h에서 30km/h 이내로 제한되었다. 주정차위반 과태료 및 범칙금도 현행 일반도로의 3배로 상향되었고, 안전신문고와 생활불편신고를 활용한 불법 주·정차 시민 신고 대상(소화전, 교차로, 버스정류장, 건널목)에 어린이보호구역이 추가되었다. 또한 어린이를 상해에 이르게 한 경우에는 1년 이상 15년 이하의 징역 또는 5백만 원 이상 3천만 원 이하의 벌금에 처하고, 어린이를 사망에 이르게 한 경우에는 무기 또는 3년 이상의 징역에 처한다.

교통사고 자력구제

골프　　맞아요. 굉장히 높죠. 가벼운 접촉사고를 일으켰다고 해서 형사적으로 처벌하면 우리나라에 범죄자 아닌 사람이 어디 있겠어요. 그래서 교통사고처리 특례법으로 종합보험에 가입되어 있어서 피해자가 보험 처리를 받을 수 있고, 12개의 중대한 과실이 아니면 형사처분을 면제해 주거든요. 바꿔 말하면 12대 중과실을 저지른 가해자에게만 형사처분을 하는데 스쿨존 사고는 12대 중과실의 처벌에 더해 추가로 가중처벌하게 되어있어서 교통사고 처벌 형량 중에서는 수위가 가장 높다고 할 수 있어요. 아까도 말씀드렸지만, 종합보험에 가입되어 있고 피해자와 합의를 해도 무조건 처벌을 받아요.

문의자　　합의를 해도 무조건 처벌받을 거면 형사 합의를 할 필요가 없는 거 아닌가요?

골프　　형사 합의를 하면 아무래도 벌금을 조금 줄여 주거나, 형량을 좀 낮춰주죠. 혹시 운전자보험 가입하셨나요?

문의자　　네, 골프바라기님 나오신 유튜브 영상에서 운전자보험 가입하라고 하도 강조하셔서 들어 놓은 거 있어요.

골프　　그렇다면 굳이 형사 합의를 안 하실 필요도 없겠죠. 보험 처리가 되니까요.

문의자　　그렇죠. 제가 형사 합의금을 피해자에게 지급하면 제 보험사에서 저에게 주겠죠. 그런데 상대측 부모들이 제가 민식이 법에 적용되고 제 운전자보험에서 형사

교통사고처리 특례법

제3조(처벌의 특례)

② 차의 교통으로 제1항의 죄 중 업무상과실치상죄(業務上過失致傷罪) 또는 중과실치상죄(重過失致傷罪)와 「도로교통법」 제151조의 죄를 범한 운전자에 대하여는 피해자의 명시적인 의사에 반하여 공소(公訴)를 제기할 수 없다.

제4조(보험 등에 가입된 경우의 특례)

① 교통사고를 일으킨 차가 「보험업법」 제4조, 제126조, 제127조 및 제128조, 「여객자동차 운수사업법」 제60조, 제61조 또는 「화물자동차 운수사업법」 제51조에 따른 보험 또는 공제에 가입된 경우에는 제3조제2항 본문에 규정된 죄를 범한 차의 운전자에 대하여 공소를 제기할 수 없다.

합의금 나오는 거 알고는 보험사 지급 한도 금액보다 3,000만 원 더 달라고 하고 있어요. 사실 피해자는 저인데도 불구하고 말이죠.

골프　　그렇죠. 그래서 선생님이 파손된 자동차를 수리하면 선생님 측 자동차보험 회사에서 먼저 수리비를 전액 지급하고, 상대방의 과실만큼은 상대방의 부모들에게 구상 청구할 거예요. 하지만 그것은 어디까지나 보험사가 처리하는 민사적인 문제이고 민식이 법 적용 때문에 선생님의 과실이 얼마로 정해질지는 모르지만 단 10%라도 잡히면 형사 처분을 받는 거고, 그 처벌의 수위가 높으니까 선생님에게 문제가 되는 거죠.

문의자　　저는 제 과실이 10%라도 있다는 거에 전혀 동의할 수가 없어요. 불법 주차된 차를 피해 가기 위해서 중앙선을 살짝 넘긴 했지만 제가 아무리 조심했어도 절대 피할 수 없는 사고였으니까요. 말 그대로 불가항력적인 사고였다고요.

골프　　일단 검찰에 송치가 되었고, 상대측 아이가 많이 다쳤으니까 민식이 법 관련 교통사고는 법원에 기소될 가능성이 높아요. 검찰에 의해 기소가 되면 운전자보험에서 변호사비용이 나오니까 변호사 선임하셔서 적극적으로 무혐의, 즉 과실이 전혀 없다는 것을 입증하셔야 해요.

문의자　　저는 지금 너무 불안해서 제 돈으로라도 변호사 수임료 내고 빨리 도움을 받고 싶어요. 그래서 골프바라기님에게 전화드린 거고요.

골프　　네, 알겠습니다. 선생님의 무혐의를 입증하려면 중앙선을 넘지 않았다 하더라도 추돌할 수밖에 없는 상황이었다는 것과, 추돌의 원인이 전부 상대측에 있다는 것을 논리적으로 주장해야 해요. 상대측 아이들이 선생님 차에 가로막혀 중앙선을 넘지 않은 것이지, 불법 주차된 차가 없어서 선생님이 중앙선을 넘지 않고 주행했더라면, 분명 중앙선을 넘어서 선생님 차를 추돌할 수밖에 없는 상황이었다는 것을요.

문의자　　맞아요. 딱 그 상황이에요. 제가 뭐부터 준비해서 드리면 될까요?

골프　　경찰서에서 사고를 조사한 내용이 기재되어 있는 교통사고 사실확인원 하고요 블랙박스 영상을 준비해 주세요.

문의자　　빨리 준비해서 드릴게요. 그런데 국장님. 오토바이를 운전했던 아이가 면허가 있을 리 만무하고, 그렇다면 무면허 운전에다가 그 아이의 상당한 과실로 교통사고가 일어났는데 그 아이는 처벌을 못 한다고 하더라고요. 나이가 어려서. 13살인가 그렇다던데.

골프　　13살이면 촉법소년일 텐데 만 10세부터 14세까지는 형사책임무능력자라고 해서 처벌을 못해요. 기껏 해봐야 보호 처분이 다인데, 이번 사건은 흉악범죄가 아니라서 아무런 처벌도 안 할 거예요.

문의자　　오토바이 훔친 것도 모자라서 교통사고까지 낸 녀석을 나이가 어리다는 이유만으로 아무런 처벌을 못 한다니, 참. 답답합니다.

골프　　그러니까 말입니다. 그런데도 영국은 18세가 되어서야 형법을 적용해서 처벌한다고 하더라고요. 그나마 우리나라는 14세부터 적용은 하는데. 아무튼 선생님의 무혐의를 입증하는 것이 관건이니까 부탁드린 자료 주시면 최선을 다해서 방어하겠습니다.

소년법

소년 | 19세 미만자

범법소년 | 10세 미만자, 아무런 법적 규제를 하지 않음.

촉법소년 | 10세 이상 14세 미만자, 소년부에 보호처분 할 수 있음.

범죄소년 | 14세 이상 19세 미만자, 소년부에 보호처분 하거나 공소하여 형벌을 과할 수 있음.

골프바라기의 TIP TIP TIP

TIP
- 어린이보호구역 내에서 교통사고가 발생할 경우 12대 중과실에 해당하므로 합의 여부와 상관없이 형사처벌된다
- 형사사건에 있어서도 합의를 통해 벌금과 형량을 조정할 수 있다

민식이법

2019년 9월 충남 아산의 한 어린이보호구역(스쿨존)에서 교통사고로 사망한 김민식 군(당시 9세) 사고 이후 발의된 법안으로, 어린이보호구역 내 신호등, 과속단속카메라, 과속방지턱 설치 의무화 등을 담고 있는 '도로교통법 개정안'과 어린이보호구역 내 안전운전 의무 부주의로 사망이나 상해사고를 일으킨 가해자를 가중처벌하는 내용의 '특정범죄 가중처벌 등에 관한 법률 개정안'으로 이뤄져 있으며, 2020년 3월 25일부터 본격 시행되었다.

- 도로교통법에 신설된 내용은 다음과 같다.

지방경찰청장, 경찰서장 또는 시장 등은 제3항을 위반하는 행위 등의 단속을 위하여 어린이보호구역의 도로 중에서 행정안전부령으로 정하는 곳에 우선적으로 제4조의2에 따른 무인 교통단속용 장비를 설치하여야 한다. <신설 2019. 12. 24>

시장 등은 제1항에 따라 지정한 어린이보호구역에 어린이의 안전을 위하여 다음 각 호에 따른 시설 또는 장비를 우선적으로 설치하거나 관할 도로관리청에 해당 시설 또는 장비의 설치를 요청하여야 한다. <신설 2019. 12. 24>

1. 어린이보호구역으로 지정한 시설의 주 출입문과 가장 가까운 거리에 있는 간선도로상 횡단보도의 신호기
2. 속도 제한 및 횡단보도에 관한 안전표지
3. 「도로법」 제2조제2호에 따른 도로의 부속물 중 과속방지시설 및 차마의 미끄럼을 방지하기 위한 시설
4. 그 밖에 교육부, 행정안전부 및 국토교통부의 공동부령으로 정하는 시설 또는 장비

- 특정범죄 가중처벌법에 신설된 내용은 다음과 같다.

자동차(원동기장치자전거를 포함한다)의 운전자가 「도로교통법」 제12조 제3항에 따른 어린이보호구역에서 같은 조 제1항에 따른 조치를 준수하고 어린이의 안전에 유의하면서 운전하여야 할 의무를 위반하여 어린이(13세 미만인 사람을 말한다. 이하 같다)에게 「교통사고처리 특례법」 제3조제1항의 죄를 범한 경우에는 다음 각 호의 구분에 따라 가중처벌한다.

1. 어린이를 사망에 이르게 한 경우에는 무기 또는 3년 이상의 징역에 처한다.
2. 어린이를 상해에 이르게 한 경우에는 1년 이상 15년 이하의 징역 또는 5백만 원 이상 3천만 원 이하의 벌금에 처한다.

교통사고 자력구제

하준이법

2017년 10월 경기도 과천의 한 놀이공원 주차장 경사도로에서 굴러 내려온 차량에 치여 사망한 최하준 군(당시 4세) 사고 이후 발의된 법안으로, 경사진 곳에 설치된 주차장에 대해 고임목 등 주차된 차량이 미끄러지는 것을 방지하는 시설과 미끄럼 주의 안내표지를 갖추도록 하는 내용을 담고 있는 '주차장법 개정안'과 아파트 단지도 '도로'에 포함시키는 내용의 '도로교통법 개정안'으로 이루어져 있으며, 2020년 6월 25일부터 본격 시행되었다.

해인이법

2016년 4월 경기도 용인의 한 어린이집 하원길에 교통사고를 당했으나 어린이집의 응급조치가 늦어지면서 사망한 이해인 양(당시 4세) 사고 이후 발의된 법안으로, 어린이 이용시설 관리 주체 또는 종사자가 해당 시설을 이용하는 어린이에게 위급 상태가 발생한 경우, 즉시 응급의료기관 등에 신고하고 조처하도록 하는 내용의 '어린이 안전관리에 관한 법률'이며, 2020년 11월 27일부터 본격 시행되었다.

한음이법

2016년 4월 전라도 광주의 한 특수학교에서 동행교사의 방치로 통학차량 안에서 사망한 박한음 군(당시 8세) 사고 이후 발의된 법안으로, 어린이 통학버스 안에 CCTV 설치를 의무화하는 내용 등을 담은 '도로교통법 일부개정법률안'(2016년 8월 22일 발의)과 어린이통학버스 안에 영상정보처리기기를 의무적으로 장착하고, 안전교육을 받지 않은 운영자·운전자에 대한 처벌을 벌금형에서 징역형으로 강화하는 내용을 담은 '도로교통법 개정안'(2016년 8월 11일 발의)과 특수학교·특수학급에 CCTV를 설치할 수 있도록 하고 기록된 영상정보를 최소 60일 이상 보관하도록 하는 내용의 '특수교육법 개정안'(2016년 8월 31일 발의)이며, 2016년 11월 17일 국회 본회의를 통과한 '도로교통법 일부개정법률안'을 제외한 나머지 2개의 개정안은 아직 국회 상임위원회에 계류돼 있다.

SPECIAL

부록

나홀로 격락손해배상청구소송 방법 (소장 작성 방법)

나홀로 격락손해배상청구소송 방법

챕터 16 「차를 수리해도 예전 가격은 못 받을 것 같아요」의 상황처럼 차량이 파손되거나 보험처리 이력이 남으면 중고차 가격 하락손해가 일어나는 것은 당연한 일입니다. 하지만 자동차보험표준약관상의 격락손해 배상금 지급 기준에 못 미쳤다는 이유로 보험사로부터 배상금 지급을 받지 못한다면, 피해자로서는 원치 않았던 사고의 경험과 금전적 손해를 모두 감당해야 하니 억울한 일이 아닐 수 없습니다. 약간의 비용을 지불하고서라도 손해사정사에게 의뢰하거나 변호사를 통해 소송을 하는 방법도 있겠습니다만, 이러한 경우에는 반드시 법원의 판결을 통해야만 배상금을 지급받을 수 있으므로 승소하더라도 그 과정에 따른 시간과 비용을 제하고 나면 남는 게 없거나 오히려 손해를 입는 상황이 되기도 합니다. 이러한 이유로 많은 피해자들이 마땅히 받을 수 있는 배상금을 포기할 수밖에 없었고, 이와 같은 사례를 관리 및 감독해야 할 금융감독원 등의 국가기관의 대처와 방안은 여전히 아쉬운 부분이 많기만 합니다.

저는 오랜 기간 교통사고 보상컨설턴트로 일하면서 피해자가 모든 손해를 감당하고 마는 사례를 자주 목격했습니다. 그래서 이 책의 챕터 16을 통해 사례를 보여드리며 대응할 수 있는 방법을 설명했지만, 때로는 소송이 불가피한 상황이 일어나기도 합니다. 책의 마지막 장, 특별부록에서 격락손해 배상금 청구 소송을 위한 '소장 작성 방법'을 쉽고 자세하게 알려드리고자 합니다.

격락손해 배상금 청구 소송은 그 방법만 안다면 쉽다고 여길 만한 소송 중 하나입니다. 절차가 정형화되어있을 뿐 아니라 고도의 전략이나 변호 기술도 필요 없으며, '소송을 신청하고 감정을 받는' 식의 비교적 간단한 소송입니다. 다시 말해 변호사의 역량에 따라 배상금이 많아지고 적어지는 소송이 아니기 때문에 법조인이 아닌 일반인도 누구나 나홀로 소송을 진행할 수 있을 정도입니다. 그러나 아쉽게도 막상 포털사이트나 유튜브에 검색해 보면 광고성 글만 있을 뿐 상세한 절차와 방법을 알려준 콘텐츠나 소장의 샘플은 찾아보기 어렵습니다. 나홀로 소송을 통해 승소했다는 후기를 간혹 보기도 하지만 그 과정을 자세히 공유하지도 않고요. 그래서 이 특별부록에서는 제가 교통사고 보상컨설턴트로서 오래 겪은 경험을 토대로 작성한 실제 소장 샘플을 제공합니다. 각자의 상황에 맞게 글자와 숫자만 바꿔 쓰셔도 될 정도로 자세하게 기재해 두었으니, 만약 이 책을 읽고 계신 독자 여러분 중에서 원치 않는 사고의 경험과 격락손해라는 금전적 피해까지 이중으로 곤란한 상황을 겪고 계신 분들이 있다면 다음의 방법을 꼼꼼히 숙지하셔서 모든 손해로부터 자유로워지시길 바랍니다.

챕터 16 「차를 수리해도 예전 가격은 못 받을 것 같아요」 상황 요약

1. 가해자가 주차장에서 빠져나오다가 주차되어 있던 피해차량을 추돌함.

2. 피해차량의 수리비가 550만 원으로 산정됨.

3. 가해차량의 자동차 보험사는 사고 당시 피해차량의 중고차 시세를 3,000만 원으로 주장함.

4. 가해차량의 자동차 보험사는 자동차보험표준약관상 수리비가 중고차 시세의 20%를 넘지 않았으므로 격락손해(중고차 시세 하락손해) 배상금을 지급할 수 없다고 함.

5. 차량수리와 보험처리 이력으로 피해차량의 중고차 시세가 감가됨.

소 장

원 고 왕 손 애 (주민등록번호)

주소 서울 용산구 ○○로 12길 3

전화 010-1234-5678

피 고 ◇◇화재해상보험 주식회사 (법인등록번호)[1]

서울 서초구 △△대로 4길 56

대표이사 AAA

손해배상(자)[2]청구의 소

청 구 취 지[3]

1. 피고는 원고에게 2,000,000원[4] 및 이에 대하여 사고 당일인 2022년 3월 1
일부터 소장부본 송달일까지는 연 5%[5], 그 다음날부터 다 갚는 날까지는 연
12%[6]의 각 비율로 계산한 돈을 지급하라.
2. 소송비용은 피고가 부담한다.[7]
3. 제1항은 가집행할 수 있다.[8]

라는 판결을 구합니다.

$^{(1)}$보험사는 자신의 보험계약자인 가해자의 불법행위에 따른 배상책임을 갖고 있습니다. 그러므로 여기서 소송을 당하는 피고는 ◇◇화재해상보험 주식회사입니다. 피고가 법인회사이므로 피고의 등기사항일부증명서(법인 등기부 등본)를 인터넷등기소에서 발급받은 후(현재 유효 사항 및 제출용으로 신청), 등기사항일부증명서에 기재된 법인등록번호, 회사의 본점 주소, 그리고 대표이사의 이름을 기재하면 됩니다. 내용에 오타가 있으면 소장을 다시 제출해야 하므로 주의해야 합니다.

$^{(2)}$사건명을 기재하는 것인데, 손해배상을 청구하는 사건이므로 '손해배상'을 표기하되, 자동차 사고로 인한 손해배상청구인 경우 괄호 안에 자동차 사고의 약자인 '자'를 표기해주면 됩니다.

$^{(3)}$청구해서 받고 싶은 것, 즉 상대방으로부터 받고 싶은 것을 뜻합니다.

$^{(4)}$원고가 지급받고자 하는 금액을 기재하면 되고, 청구 금액은 소송과정 중에 변경할 수 있습니다. 과도한 청구 금액은 그에 따른 인지대가 책정되므로 적절한 금액을 청구해야 합니다.

$^{(5)}$민법이 정한 법정이율.

$^{(6)}$소송촉진 등에 관한 특례법이 정한 법정이율.

$^{(7)}$소를 제기한 원고로서는 피고의 보험계약자인 가해자가 차량파손이라는 불법행위를 저지르지 않았다면 소송이라는 행위를 하지 않아도 되었으므로 원고가 소송으로 인해 지급한 금액을 피고가 지불하라는 뜻입니다.

$^{(8)}$피고가 1심 판결에 불복하여 항소를 하더라도 1심 판결에 의해 정해진 손해배상금을 원고가 피고의 재산에 대하여 일단 강제 집행해서 받아 올 수 있게 해달라는 의미입니다.

청 구 원 인

1. [사고내용의 기재] 원고는 ◎◎자동차 소나타 12가3456호 2021년식의 소유자인데, 2022년 3월 1일 서울 강남구 코엑스 인근 주차장에서 주차장을 빠져나오려고 주행하던 손오공이 운전한 산타페 34나5678호 승용차가 위 소나타 차량의 운전석 후미 부분을 충격하는 사고를 발생시켰습니다. (갑 제1호증, 갑 제2호증, 갑 제3호증 참조)

2. [피고의 책임(손해배상의무) 및 원고의 과실유무에 관하여 기재] 위 사고는 손오공의 전적인 과실에 따른 것이고, 피고는 손오공이 위 산타페 차량에 관하여 가입한 자동차 종합보험의 보험자이므로, 원고가 위 사고로 입은 재산상 손해를 배상할 책임이 있습니다.

3. [손해의 범위에 관하여 기재] 위 사고로 위 소나타 차량은 550만 원 상당의 수리비가 소요될 정도로 중대한 파손을 입었으며, 피고는 위 수리비 전액에 관하여 보험처리를 해주었으나, 위 소나타 차량에 대한 수리 이후 발생한 시세 하락 손해에 관하여는 그 보험처리를 거부하고 있는데, 피고가 위 소나타 차량에 관하여 중고차시세를 확인하여 본 결과, 위 사고 당시에는 3,000만 원의 중고차 시세를 형성하고 있었으나, 원고가 위 사고로 인한 차량 수리 후 중고차 시세를 알아보기 위하여 대중적으로 널리 이용하는 ★딜러 어플리케이션에 경쟁입찰을 의뢰해본 결과 위 사고에 따른 사고 이력으로 인하여 최고매입가격이 2,800만 원에 불과하다는 것을 알게 되었고, 결국 위 사고로 인하여 200만 원의 시세 하락이 발생한 것인데, 이는 원고의 재산상 손해라고 할 것입니다. (갑 제4호증, 갑 제5호증, 갑 제6호증, 갑 제7호증, 갑 제8호증 참조)

4. [청구의 요지 기재] 그렇다면 피고는 원고에게 위 시세 하락에 따른 재산상 손해액인 200만 원과 위 금액에 대하여 위 사고일인 2022년 3월 1일부터 이 사건 소장부본이 피고에게 송달된 날까지는 민법이 정한 연 5%의, 다음 날부터 다 갚는 날까지는 소송촉진 등에 관한 특례법이 정한 연 12%의 각 비율로 계산한 지연손해금을 지급할 의무가 있다고 할 것입니다. 이에 원고는 피고로부터 위와 같은 손해배상을 받고자 소의 제기에 이르게 되었습니다.

교통사고 자력구제

입 증 방 법⁽⁹⁾

1. 갑 제1호증   자동차 등록증
1. 갑 제2호증   교통사고 사실확인원
1. 갑 제3호증   사고 당시 현장 사진
1. 갑 제4호증   피해차량의 파손 사진
1. 갑 제5호증   수리비 견적서
1. 갑 제6호증   ◇◇화재 지급결의서
1. 갑 제7호증   중고차 시세 감정표
1. 갑 제8호증   ★딜러 입찰결과표

첨 부 서 류

1. 위 입증방법⁽¹⁰⁾   각 1부
1. 송달료/인지대 납부서⁽¹¹⁾   각 1부
1. 등기사항일부증명서(피고)⁽¹²⁾   1부

2022. 5. .

원고 왕 손 애

서울중앙지방법원 귀중⁽¹³⁾

(9)입증방법은 청구원인에서 주장하는 사실관계를 뒷받침하는 증거를 말하며, 원고가 제출하는 증거는 '갑'으로, 피고가 제출하는 증거는 '을'로, '제○호증'의 방법으로 순번을 부여해서 제출해야 하는데, 되도록 청구원인의 논리적 전개나 시간 순서에 따라 순번을 부여하는 것이 좋습니다. 여기에 제시된 여덟 가지 외에 자신의 주장을 입증할 만한 증거가 더 있다면 추가해도 되며, 소송 도중에 필요한 증거는 언제든지 수시로 제출할 수 있습니다.

(10)입증방법(증거)에서 표시한 증거자료를 소장에 첨부한다는 의미입니다.

(11)영화표를 사고 표를 검표원에게 보여줘야 입장을 할 수 있듯이, 송달료와 인지대를 납부하고 납부서를 제출해야 법원에서 소송을 진행합니다.

(12)피고가 일반적인 개인이거나 개인사업자이면 필요 없지만 법인일 경우에는 본점 주소지와 대표자를 확정하기 위해서 반드시 제출해야 합니다.

(13)일반적으로 피고의 주소를 관할하는 법원으로 하지만, 손해배상청구소송의 경우에는 원고의 주소지를 관할하는 법원에 소를 제기해도 무방합니다. 피고인 ◇◇화재의 주소지가 서울시 서초구이기 때문에 서울중앙지방법원에 소를 제기했지만, 만약 원고의 주소가 부산에 있다면 부산에서 서울까지 왔다 갔다 할 필요 없이 주거지를 관할하는 부산지방법원에 소를 제기해도 됩니다.

답 변 서[14]

사 건 2022가소[15]○○○○ 손해배상(자)[16]
원 고 왕손애
피 고 ◇◇화재해상보험 주식회사

위 사건에 관하여 피고는 원고의 청구에 대하여 다음과 같이 답변합니다.

청구 취지에 대한 답변[17]

1. 원고의 청구를 기각한다.
2. 소송비용은 원고가 부담한다.
라는 판결을 구합니다.

청구 원인에 대한 답변[18]

1. 원고의 주장요지[19]
2. 다툼이 없는 사실[20]
3. 손해배상의 범위

　　원고는 ★딜러라는 애플리케이션을 통해 받은 입찰 결과를 근거로 중고차 시세하락 손해를 주장하고 있지만 공신력이 없는 사설업체의 사업 수단은 증거로써의 신빙성을 담보할 수 없습니다. 따라서 피고가 보다 객관적인 방법을 통해 이를 입증하여야 할 것입니다.

4. 결론

　　따라서 원고의 청구를 기각하여 주시기 바랍니다.

입 증 방 법

1. 을 제1호증 　　　　□□□□

첨 부 서 류

1. 위 입증방법　　　　　　　　　　　　　　　1부
1. 송달료/인지대 납부서　　　　　　　　　　　1부

2022. 6. .

피고의 소송대리인

법무법인 □□ 담당변호사 나잘란

서울중앙지방법원 민사▲▲단독(소액) 귀중

(14)피고가 법원으로부터 원고가 제출한 소장을 받고 난 후 소장에 기재된 원고의 청구에 대하여 최초로 반박의견을 밝히는 서면의 제목입니다. 원고가 최초로 제출하는 서면은 소장, 피고가 최초로 제출하는 서면은 답변서, 원고나 피고가 각자의 상대방의 주장에 반박 의견을 밝히는 서면은 모두 준비 서면이라고 합니다.

(15)민사소송의 사건번호는 소장이 접수된 연도를 맨 앞에 기재하고, ①가소, ②가단, ③가합을 중간에 기재하는데, 여기서 ①가소란 원고가 청구하고 있는 소송목적의 값(소가)이 3,000만 원 이하인 소액사건을 말하며 한 명의 판사가 재판을 담당하고, ②가단은 소송목적의 값이 3,000만 원을 초과하고 2억 원 이하인 경우로 일반적으로 한 명의 판사가 재판을 담당합니다. ③가합은 소송목적의 값이 2억 원을 넘는 사건을 칭하는 것으로, 세 명의 판사가 함께하는 합의부가 재판을 담당하게 됩니다. 원고 왕손애가 청구한 금액은 200만 원이므로 소액사건에 해당하고, 따라서 '가소' 사건번호가 부여된 것입니다.

(16)소장 접수 후에 담당재판부와 사건번호 및 사건명이 부여되므로, 소장접수 이후에 원고나 피고가 제출하는 서면에는 반드시 사건번호 및 사건명, 그리고 당사자인 원고와 피고를 표시해야 합니다.

(17)원고가 소장 청구 취지에서 밝힌 청구내용에 대한 답변으로, 통상적으로 어느 사건이나 피고는 위와 같이 원고의 주장을 부인하는 동일한 내용을 기재합니다.

(18)원고가 소장 청구원인에서 주장한 바에 대하여 원고의 주장 요지를 밝히고, 원고의 주장에 대하여 인정하는 부분과 인정하지 못하는 부분을 개괄적으로 밝힌 후, 피고의 입장에서 인정하지 못하는 부분에 대하여 논리를 전개하는 방식으로 기재하는 것이 통상적입니다.

(19)원고가 주장한 내용을 요약해서 설명합니다. 피고 보험사 입장에서는 원고의 주장을 개괄적으로 설명하여야 이하의 내용에서 원고 왕손애의 주장 중 다투지 않는 부분(즉 인정하는 부분)과 다투는 부분을 명확하게 드러낼 수 있기에, 원고의 주장이 서두에 오기 마련입니다.

(20)원고의 주장 중에서 피고 보험사가 다투지 않는 부분을 밝힙니다. 예를 들어 사고 내용, 원고의 무과실, 자동차수리비의 보험처리 사실 등이 기재 됩니다.

평생 법원은커녕 파출소 문턱도 밟아보지 않은 피해자로서는 소송을 제기한 순간부터 하루하루가 스트레스이고 소송이 빨리 끝나기를 바랄 터이지만, 소송을 대리하는 변호사 입장에서는 매일 반복되는 하나의 소송일 뿐일 겁니다. 초조한 원고의 마음을 헤아려주면 좋겠지만, 피고의 법률대리인인 보험사 측 변호사는 '청구 취지'에 대한 답변만 기재한 형식적인 답변서만 제출하고, '청구 원인'에 대한 구체적인 답변을 기재한 준비서면은 한참 후에 제출하면서 소송을 지연시키는 일이 비일비재합니다. 원칙적으로는, 법원에서 보낸 소장부본을 송달받은 날로부터 30일 내에 답변서를 제출해야 하지만(민사소송법 제256조 제1항 본문), 피고 보험사가 답변서 제출 기한을 지키지 않더라도 해당 피고 보험사에게 특별히 불이익이 따르지 않기 때문인데요. 우리가 알 수 없는 여러 다른 이유도 있겠지만, 이러한 상황 때문에 소송을 '심리전'이라고 하기도 합니다. 원고는 보험사가 시세 하락 손해를 인정하지 않아서 소를 제기한 것이므로, 피고 보험사는 답변서에서도 당연히 시세 하락 손해를 인정할 수 없다는 주장과 함께 그 논거를 밝힐 것입니다. 사건의 경험이 많은 변호사가 작성한 것일 테니 처음 그 답변서를 읽다 보면 정말 원고인 내 말은 다 틀렸고 상대방의 주장이 옳은 것처럼 느껴질지도 모릅니다. 그러나 최종 판결은 법원에서 하는 것이고, 법원에서 지정한 차량 감정인의 감정 결과에 따라 결정되는 사건이므로 너무 겁먹지 말고 침착하게 다음 단계를 준비하시기 바랍니다.

답변서를 보면 피고가 원고의 주장을 인정하지 않기 때문에 피해입증에 대한 의무가 있는 원고는 법원이 선정한 감정인에게 시세 하락에 대한 손해배상금을 책정해달라는 감정을 신청해야 합니다. 감정인이 감정한 금액은 객관적이고 공신력이 있는 증거가 됩니다. 특별한 사정이 없으면 판사는 감정금액으로 선고해야 합니다.

감정신청서[21]

사 건 2022가소○○○○ 손해배상(자)
원 고 왕 손 애
피 고 ◇◇화재해상보험 주식회사

위 사건에 관하여 원고는 주장사실을 입증하기 위해 감정을 신청합니다.

1. 감정의 목적[22]

원고 소유의 ◎◎자동차 소나타 12가3456호는 2022. 3. 1. 발생한 이 사건 사고로 2022. 4. 1. 수리를 완료하였으나, 수리완료 이후 위 차량에 대한 시세가 사고 당시의 시세보다 하락하였는지 여부 및 그 가격하락의 범위를 입증하고자 본건 감정을 신청합니다.

2. 감정의 목적물[23]

가. 등록번호 : 12가3456
나. 차 종 : 중형 승용
다. 용 도 : 자가용
라. 차 명 : 소나타
마. 형 식 : 9YSD
바. 모델연도 : 2021 (최초등록일 : 2021. 2. 6.)
사. 차대번호 : 3453IJ878DDF89900
아. 원동기형식 : DCB

3. 감정사항[24]

가. 감정사항

1) 감정목적물인 차량이 그 수리를 완료하였을 당시를 기준으로, 수리 이후에도 수리가 불가능한 부분이 있는지 여부 및 그 부분이 어디인지

2) 감정목적물인 차량이 그 수리를 완료한 후에 사고 당시 및 수리완료 당시를 비교하였을 때 그 교환가치(시세)의 하락이 발생하였는지 여부 및 그 하락된 가치(시세)가 얼마인지

3) 위 항에서 교환가치(시세)의 하락이 발생하였다고 보는 경우 그 하락의 원인이 무엇인지

4) 감정목적물인 차량의 위 사고 및 수리이력은, 자동차관리법 제58조 제1항 및 같은 법 시행규칙 제120조 제1항에 따른 '중고자동차성능·상태점검기록부'의 기재사항인지 여부

나. 감정인 지정에 관한 사항[(25)]

　　자동차관리법 제58조의 5 '자동차가격 조사·산정자의 자격 요건'에 따라 국토교통부장관으로부터 공인받은 자동차 진단 평가에 관한 자격증을 소지한 자(자동차진단평가사)가 본건 감정을 수행하기를 바랍니다.

4. 첨부서류[(26)]

　　갑 제1 내지[(27)] 8호증

2022. 6. .

원고 왕 손 애

서울중앙지방법원 민사▲▲단독(소액) 귀중

⁽²¹⁾시세 하락의 존부 및 그 금액의 범위를 입증하기 위하여 실무에서 일반적으로 사용하는 감정신청서 양식입니다.

⁽²²⁾원고가 감정을 신청하게 된 이유를 기재하는 부분입니다.

⁽²³⁾해당 차량의 자동차등록원부를 보고, 해당 항목에 맞는 내용을 기재해 넣으면 됩니다.

⁽²⁴⁾본건 감정신청이 시세 하락이 있었는지 여부와 시세 하락의 범위를 감정하는 것이므로, 감정 사항 1)에서 4)항의 내용을 참고하여 기재하면 되고, 특별한 사정이 없다면 위 내용을 그대로 사용하셔도 됩니다.

⁽²⁵⁾감정인 지정에 관한 의견을 밝히는 것인데요. 실무에서는 중고차 시세에 관한 전문가인 자동차진단 평가사를 감정인으로 지정하여 달라는 의견을 밝히는 경우가 많으며, 반대로 보험사가 감정을 신청하는 경우에는 (차량)손해사정사를 감정인으로 지정하여 달라고 하는 경우도 종종 있습니다. 어디까지나 감정인 지정에 관한 감정신청자의 의견이므로 법원이 이에 구속되지는 않습니다.

⁽²⁶⁾감정신청에 따라 법원이 감정신청을 채택하고 감정인에게 감정을 촉탁하게 되면, 감정인으로서는 감정하는데 필요한 자료가 있어야 할 것인데, 감정에 필요한 자료를 첨부하는 것이며, 통상 이미 제출한 증거서류를 첨부하는 것이 일반적입니다.

⁽²⁷⁾~부터 ~까지, 즉 원고가 제출한 소장의 제1부터 제8까지의 호증을 의미합니다.

청구취지 및 청구원인 변경신청서

사 건 2022가소○○○○ 손해배상(자)

원 고 왕 손 애

피 고 ◇◇화재해상보험 주식회사

위 사건에 관하여 원고는 다음과 같이 청구취지 및 청구원인의 변경을 신청합니다.

변경된 청구취지

1. 피고는 원고에게 금 1,800,000원[28] 및 이에 대하여 2022. 3. 1.부터 이 사건 청구취지 및 청구원인 변경신청서 부본 송달일[29]까지는 연 5%, 그 다음날부터 다 갚는 날까지는 연 12%의 비율로 계산한 돈을 지급하라.
2. 소송비용은 피고가 부담한다.
3. 제1항은 가집행할 수 있다.

라는 판결을 구합니다.

변경된 청구원인[30]

1. [감정결과를 기초하여 청구원인을 변경하는 것이며, 그 외에는 종전에 주장한 청구원인의 내용을 모두 그대로 원용함을 기재] 원고는 감정인 □□□이 2022년 ○월 ○일 제출한 감정서의 내용에 따라 아래와 같이 청구원인을 변경하는 것 이외에는 종전 청구원인을 모두 그대로 원용합니다.
2. [감정서의 내용을 원용하여 변경하는 청구원인 부분을 기재함] 감정인 □□□이 2022년 ○월 ○일 제출한 감정서의 내용에 따르면, 원고 소유의 ◎◎자동차 소나타

차량은 이 사건 사고로 인하여 그 수리가 완료된 후 시세하락이 발생하였다는 것이며, 그 시세하락의 범위는 180만 원이라는 것이므로, 따라서 피고는 이 사건 사고로 인하여 원고가 입은 위 180만 원의 재산상 손해를 배상할 의무가 있습니다.

3. [변경된 청구의 요지 기재] 그렇다면 피고는 원고에게 위 시세하락에 따른 재산상 손해액인 180만 원과 위 금액에 대하여 위 사고일인 2022년 3월 1일부터 이 사건 청구취지 및 청구원인 변경신청서 부본이 피고에게 송달된 날까지는 민법이 정한 연 5%의, 그 다음날부터 다 갚는 날까지는 소송촉진등에관한특례법이 정한 연 12%의 각 비율로 계산한 지연손해금을 지급할 의무가 있다고 할 것입니다.

입 증 방 법

1. 갑 제9호증   감정서[31]

2022. 7. .

원고 왕 손 애

서울중앙지방법원 민사▲▲단독(소액) 귀중

(28)시세 하락에 관한 감정 결과, 시세 하락이 180만 원이라고 감정된 경우, 종전에 청구했던 청구 금액 200만 원은 감정 결과를 넘는 청구 금액이기 때문에 인용될 가능성이 없으므로 청구 금액을 감축합니다. 감축하지 않으면 20만 원을 패소하게 되고 그에 따른 소송비용의 손해가 발생하게 됩니다. 물론 감정 결과 200만 원을 넘는 시세 하락 손해가 발생한 것으로 감정되었다면 당연히 청구 금액을 늘릴 수 있습니다.

(29)소장의 청구 취지에서는 소장부본 송달일까지라고 하였으나, 청구 취지 및 청구원인 변경신청서가 실질적으로는 최종적인 소장의 역할을 하므로, 본건 청구 취지 및 청구원인 변경신청서 부본 송달일까지로 수정해야 합니다.

(30)종전 청구원인 중에서 변경하는 부분만 특정해서 기재하면 되는 것이고, 본건 청구취지 및 청구원인 변경신청서는 시세 하락에 관한 감정 결과가 도착하여 이에 근거하여 변경하는 것이므로 이하의 내용과 같이 기재하면 됩니다.

(31)감정인이 재판부에 제출한 감정서를 의미하는데 원고는 그를 증거로 제출한다는 의미입니다.

교통사고 자력구제

2023년 10월 2일 초판 1쇄 발행

지은이 | 권영록
펴낸이 | 차승현
편집 | 강민영 김미래
디자인 | 이민정
인쇄 | 상지사

펴낸곳 | 프랙티컬 프레스 Practical Press
주소 | 서울 용산구 신흥로22가길 8, 1층
전화번호 | 070-4007-6690
전자우편 | hi.practicalpress@gmail.com
등록번호 | 제2019-000053호

ISBN | 979-11-967707-7-8 (13320)